KB234655

용기를 내어 당신이 생각하는 대로 살아야 합니다.
그렇지 않으면 머지않아 당신은 사는 대로 생각하게 될 것입니다.
– 폴 부르제(프랑스의 시인, 철학자)

Il faut vivre comme on pense,
sans quoi l' on finira par penser comme on a vècu.
- Paul Bourget

소셜 네트워크 사용자를 위한 **친절한**

페이스북 7일 완성 DIY

이영희 지음

터닝 포인트

소셜 네트워크 사용자를 위한
친절한 페이스북 7일 완성 DIY

2011년 7월 10일 1판 1쇄 인쇄   2011년 7월 20일 1판 1쇄 발행

지은이 이영희   **펴낸이** 정상석   **펴낸 곳** 터닝포인트   **등록번호** 2005. 2. 17 제6-738호
주소 주소 서울시 마포구 서교동 375-26번지 2층   **대표전화** 02-332-7646   **팩스** 02-3141-7646
홈페이지 www.diytp.com
ISBN 978-89-94158-26-6 13000   **정가** 12,800원
기획·진행 김은숙   **편집** 앤미디어   **표지 디자인** 공종욱

원고 집필 문의 diamat@naver.com
(터닝포인트는 삶에 긍정적 변화를 가져오는 좋은 책을 함께 만들 작가분의 좋은 원고를 환영합니다.)

PREFACE

처음 페이스북에 접속하고 한동안 군중 속의 고독, 외딴섬에 버려진 듯 홀로 바다 한 가운데 쪽배에 타고 있는 느낌이었습니다. 다른 사람들은 페이스북을 통해서 많은 친구들을 사귀고, 모임을 만들고, 새로운 정보를 나눈다고들 하는데, 도대체 어디서 그런 활동을 하는 지 눈을 씻고 찾아봐도 찾을 수 없었습니다. 그렇게 하루하루 지나면서 누군가 친구 신청을 하고, 친구 수락을 하고, 또 친구의 친구를 찾아가면서 한 명, 두 명씩 페이스북의 친구가 늘어나고, 인사를 나누게 되면서 그룹에 가입하고, 특별한 페이지의 팬이 되면서 페이스북에 대해서 알게 되었습니다.

이렇듯 페이스북은 혼자서 할 수 있는 것이 아닌 소셜 네트워크라는 의미에 맞게 많은 친구들과 소통을 하면서 더욱더 많은 친구들과 인맥을 다져나가는 것입니다. 페이스북은 이처럼 수많은 사람들이 거미줄처럼 서로 얽혀있는데, 이러한 관계와 관계를 비즈니스에 이용하거나 홍보 마케팅에 활용하려는 업체들까지 경쟁적으로 페이스북에 뛰어들어 이익 창출을 노리고 있습니다. 실제로 트위터처럼 페이스북도 기업의 페이지를 만들어 자사의 제품을 홍보하거나 각종 이벤트를 이용하여 기업 브랜드 가치를 높이고 있습니다. 페이스북은 다양한 사람들과 실시간으로 소통을 할 수 있으며, 올바르고 유익한 정보의 공유를 통해서 수많은 사람들의 입소문을 기대할 수 있습니다.

처음에 느끼는 당혹감을 알고 있기에 원고를 진행하면서 페이스북에 처음 접속하는 초심자의 심정으로 꼼꼼하고 자세히 따라할 수 있도록 설명하였습니다. 이 책을 통하여 페이스북에 쉽게 접근하고 재미있게 활용할 수 있기를 바랍니다.

이 책이 나오기까지 도움을 주신 StartPDA.kr의 정원형(동글래미), 김진호(Huyu), 조우영(도리안), 김경식(Ersione) 님과 페이스북에서 즐겁게 소통을 하고 있는 친구들에게도 감사의 말씀을 드립니다. 또한, 책이 예쁘게 나올 수 있도록 조율해주신 김은숙 님과 멋진 아이패드 앱으로 기획해주신 백정수 이사님 그리고 오프라인 책과 온라인 책이 동시에 나올 수 있도록 열정을 보내주신 정상석 사장님께도 감사의 말씀을 올립니다.

저자 이영희

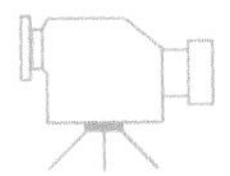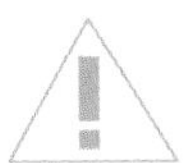

CONTENTS

facebook

CONTENTS

4 Day 비즈니스에 강한 페이스북

5 Day 페이스북, 좀 더 가까이

Facebook으로 할 수 있는 것들

Friends

친구 초대하기
알 수도 있는 사람 친구요청하기
친구 신청하기
친구 요청 수락하기
— 친구 찾기

이름 또는 이메일로 검색
출신학교, 직장 등 네트워크로 검색
MSN과 연동

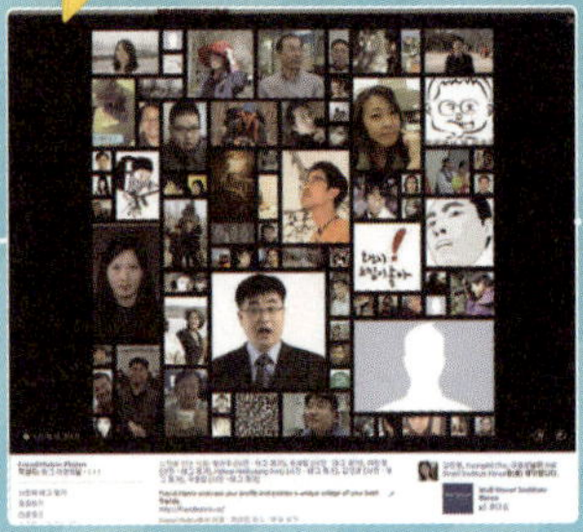

소통

Like
Share

Application

Webuzz
Twitter
Touchgraph
RSS tab
Docs
Poll

Facebook 위젯

Like button
Activity Feed
Recommendations
Like Box
Live Stream

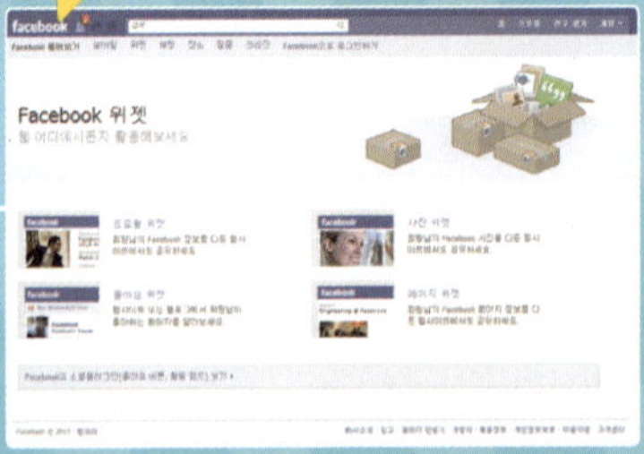

Social Commerce

Amazon
Levi's
야생화

Games

Farm Vill
GoStop

Mobile

안드로이드폰
아이폰

Profile

- 개인 프로필
- 최대 5,000명까지 친구
- 개인 정보 보안 설정
- URL 설정
- 친구들이 볼 수 있는 담벼락

News Feed

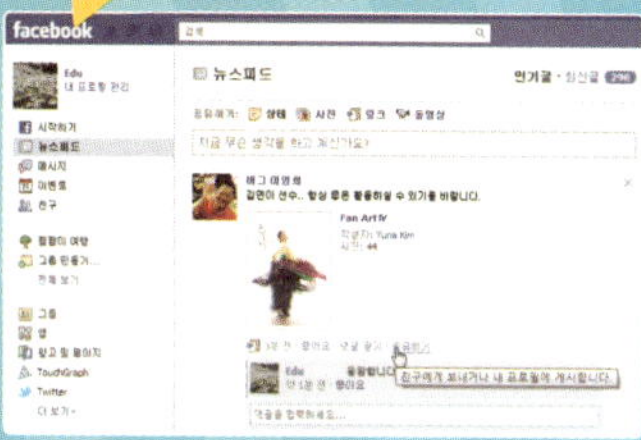

- 내 글과 친구들 활동 내역 표시
- 친구들의 글을 모아놓은 곳
- 나만 볼 수 있는 담벼락
- 최신글/인기글 정렬

Group

- 그룹 만들기 — 공개 · 비공개 · 비밀 그룹 / 그룹 설정하기 · 그룹원 초대하기 / 컨텐츠 올리기
- 외부 어플리케이션 사용 불가
- 5,000명까지 쪽지 발송 가능
- 다양한 그룹 활동 보기

Pages

- 페이지 만들기 — 페이지 꾸미기 · 컨텐츠 올리기 / 페이지 알리기
- Insights(통계 정보 제공)
- 팬 인원수 제한 없음
- URL 설정
- 실시간 스트림 퍼블리싱
- 다양한 페이지 보기

페이스북이란 무엇인가?

어느 날 갑자기, 페이스북(Facebook)으로 초대한다는 메일을 받아본 경험이 있을 것입니다. 페이스북은 친구의 친구까지 연결된 연결 고리를 이용하여 초청 메일을 보내고, 초청 메일을 받은 사람이 가입을 통해 점점 더 많은 인맥의 고리를 만들어 나가는 구조입니다.

새로운 인터넷 환경은 유선, 무선망으로 인해서 언제 어디서든지 연결되어 있는 소셜 네트워크(Social Network)이기 때문에 스마트폰 사용자와 트위터나 페이스북 등과 같은 소셜 네트워크 서비스의 사용자가 증가하고 있습니다. 우리나라에서 가장 많은 사람들이 사용하고 있는 SNS(Social Network Service)는 트위터와 페이스북입니다. 처음에는 트위터가 월등히 많은 사용자 수를 보유했지만, 지금은 페이스북 사용자가 더 많습니다.

페이스북 사용자는 전 세계적으로 5억 명이 넘었으며 하루 사용자만 해도 2억여 명을 훨씬 웃돌아 인터넷에서 인구수가 가장 많은 가상 제국이라고 할 수 있습니다. 얼마 전까지는 기업 채용 시 인사담당자들이 지원자들의 블로그를 참조하는 경우가 있었지만, 요즘에는 지원자의 페이스북이나 트위터를 참조하는 경우가 많아졌다고 합니다. 페이스북이나 트위터를 통해서 지원자의 평소 생활태도, 가치관, 인맥 등의 다양한 정보를 볼 수 있기 때문입니다.

◀ 트위터 초기 화면

페이스북 초기 화면 ▶

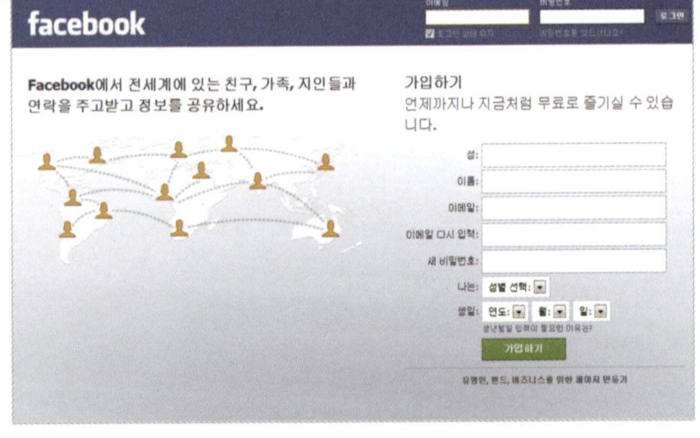

우리나라의 페이스북 사용자는 4백만 명을 넘어섰는데, 다른 나라보다 사용자 증가 추세가 높은 편입니다. 이는 스마트폰 사용자의 증가와 함께 SNS 서비스를 접속할 수 있는 환경이 좋아졌기 때문이라고 생각합니다. 앞으로도 사용자 수가 증가할 것이라고 단언할 수 있습니다. 페이스북의 사용자 증가 추세를 알아보기 위해서 http://www.socialbakers.com/facebook-statistics에 접속하면 전 세계의 페이스북 사용자 수와 각 지역별 사용자 수를 확인해 볼 수 있습니다. 이처럼 많은 사용자층을 가지고 24시간 왕성하게 활동하고 있는 페이스북 사용자들에게 기업이나 유명인, 개인들이 자신을 알리기 위해서 열심히 움직이고 있습니다.

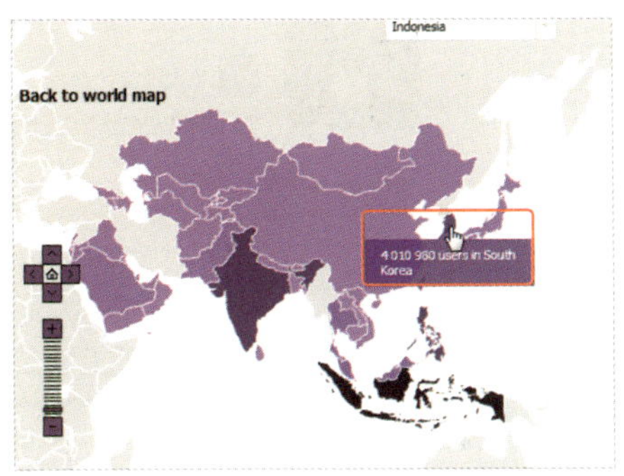

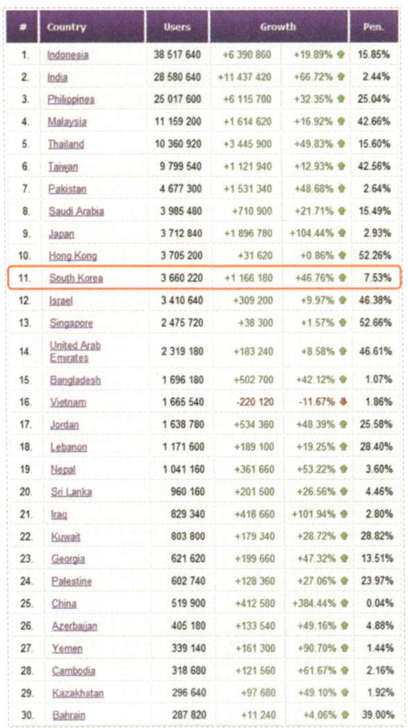

#	Country	Users	Growth		Pen.
1.	Indonesia	38 517 640	+6 390 860	+19.89% ⬆	15.85%
2.	India	28 580 640	+11 437 420	+66.72% ⬆	2.44%
3.	Philippines	25 017 600	+6 115 700	+32.35% ⬆	25.04%
4.	Malaysia	11 159 200	+1 614 620	+16.92% ⬆	42.66%
5.	Thailand	10 360 920	+3 445 900	+49.83% ⬆	15.60%
6.	Taiwan	9 799 540	+1 121 940	+12.93% ⬆	42.56%
7.	Pakistan	4 677 300	+1 531 340	+48.68% ⬆	2.64%
8.	Saudi Arabia	3 985 480	+710 900	+21.71% ⬆	15.49%
9.	Japan	3 712 840	+1 896 780	+104.44% ⬆	2.93%
10.	Hong Kong	3 705 200	+31 620	+0.86% ⬆	52.26%
11.	South Korea	3 660 220	+1 166 180	+46.76% ⬆	7.53%
12.	Israel	3 410 640	+309 200	+9.97% ⬆	46.38%
13.	Singapore	2 475 720	+38 300	+1.57% ⬆	52.66%
14.	United Arab Emirates	2 319 180	+183 240	+8.58% ⬆	46.61%
15.	Bangladesh	1 696 180	+502 700	+42.12% ⬆	1.07%
16.	Vietnam	1 665 540	-220 120	-11.67% ⬇	1.86%
17.	Jordan	1 638 780	+534 360	+48.39% ⬆	25.58%
18.	Lebanon	1 171 600	+189 100	+19.25% ⬆	28.40%
19.	Nepal	1 041 160	+361 660	+53.22% ⬆	3.60%
20.	Sri Lanka	960 160	+201 500	+26.56% ⬆	4.46%
21.	Iraq	829 340	+418 660	+101.94% ⬆	2.80%
22.	Kuwait	803 800	+179 340	+28.72% ⬆	28.82%
23.	Georgia	621 620	+199 660	+47.32% ⬆	13.51%
24.	Palestine	602 740	+128 360	+27.06% ⬆	23.97%
25.	China	519 900	+412 580	+384.44% ⬆	0.04%
26.	Azerbaijan	405 180	+133 540	+49.16% ⬆	4.88%
27.	Yemen	339 140	+161 300	+90.70% ⬆	1.44%
28.	Cambodia	318 680	+121 560	+61.67% ⬆	2.16%
29.	Kazakhstan	296 640	+97 680	+49.10% ⬆	1.92%
30.	Bahrain	287 820	+11 240	+4.06% ⬆	39.00%

페이스북을 이용하면 실시간으로 상대방과 대화를 나눌 수 있으며, 이런 실시간 대화 기능을 이용한 다양한 어플리케이션도 개발되어 있습니다. 대표적인 어플인 칫챗(Chit Chat)이라는 어플이 있습니다. 칫챗은 페이스북에 접속하지 않은 상태에서도 일반 메신저 프로그램처럼 페이스북에 접속되어 있는 친구들과 실시간으로 대화를 나눌 수 있습니다.

일반적으로 많이 사용하고 있는 윈도우 라이브 메신저를 페이스북과 연동해 놓으면, MSN을 사용하면서 페이스북의 글들도 바로 확인할 수 있습니다. 뉴스피드, 프로필, 사진 등을 별도의 웹 브라우저를 실행하지 않아도 손쉽게 확인할 수 있습니다.

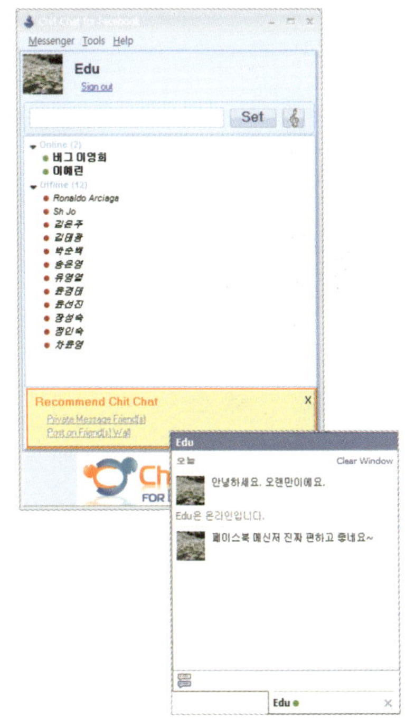

페이스북에 접속하면 가장 먼저 보이는 뉴스피드 화면에
서 친구들이 올린 글을 보고 '댓글'을 달거나 '좋아요'를
선택함으로써 친구들과 소통을 할 수 있습니다. 또한, 뉴
스피드에 올라온 글을 '최신글, 인기글' 순으로 정렬하여
볼 수 있습니다. 프로필을 선택하면 페이스북 친구들이
방문하여 볼 수 있는 화면이 표시되고, 친구들이 글을 올
릴 수 있습니다. 뉴스피드 화면은 자신만 볼 수 있으며 프
로필 화면은 내 페이스북을 방문한 친구들이 볼 수 있는
곳입니다.

▲ 뉴스피드 화면

페이스북은 인터넷 동호회(카페)에서 활동하는 것처럼
그룹을 만들어 새로운 멤버를 초대하거나 가입을 승인
하여 페이스북 동호회 활동을 할 수 있습니다. 페이지
를 개설하여 유명인 팬 페이지나 개인용 블로그처럼
활용할 수도 있습니다.

▲ 그룹 활동 화면

◀ 유명인 팬 페이지 화면

많은 기업들이 페이스북의 페이지 기능을 이용하여 수억 명에 달하는 페이스북 사
용자들에게 자신들의 상품을 홍보하거나 이벤트를 진행하면서 큰 홍보 효과를 누
리고 있습니다.

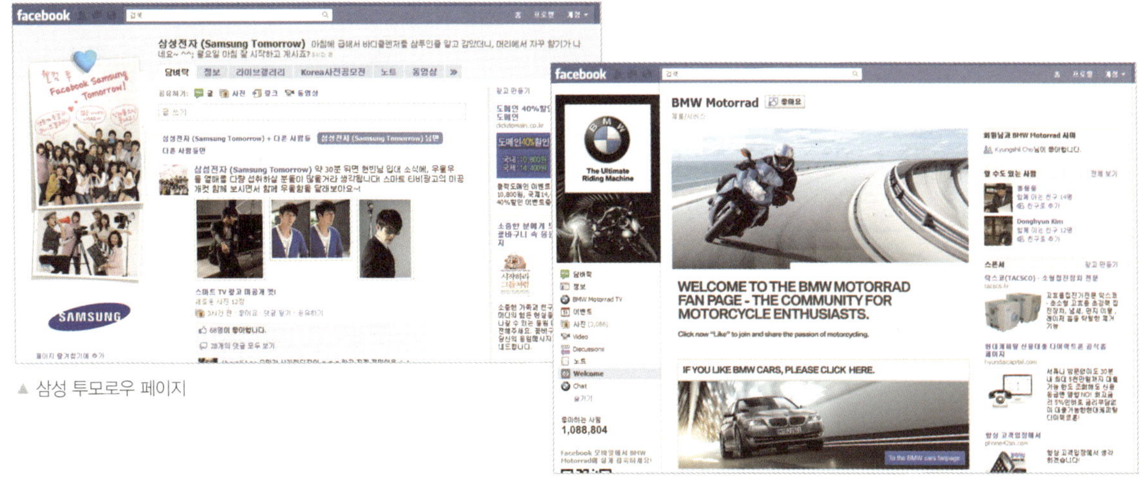

▲ 삼성 투모로우 페이지

▲ BMW 페이지

페이스북을 이용하면서 친구들과 함께 게임도 즐길 수 있습니다. 우리나라 사람들의 국민게임인 고스톱도 페이스북 친구들과 함께 즐길 수 있습니다. 별도의 게임 사이트에 접속하지 않고 페이스북에서 바로 이용할 수 있기 때문에 틈나는 대로 간단하게 게임을 즐길 수 있습니다.

02 페이스북, 인맥의 재구성

페이스북의 TouchGraph 어플리케이션을 이용하면 현재 자신과 친구 관계를 맺은 인맥들을 마인드맵 형식의 그래프로 확인할 수 있습니다. 한눈에 인맥 관계를 알아볼 수 있기 때문에 좀 더 적극적으로 인맥을 형성하기 위해서 성실하게 페이스북을 활용하여 많은 활동을 할 수 있습니다.

페이스북의 인맥은 인원이 많다고 좋은 것이 아니며 상대방과 적극적으로 소통하는 자세가 가장 중요합니다. 상대방과 적극적인 소통 방법으로 '좋아요 누르기'와 '댓글 달기'입니다. 페이스북 친구의 수만 잔뜩 늘려놓고, 전혀 활동하지 않는다면 자칫 군중 속의 고독을 맛볼 수 있습니다. 페이스북에서 많은 인맥 관계를 유지하고 친해지기 위해서는 '좋아요'와 '댓글' 기능을 자주 사용해야 합니다.

친구들의 페이스북 프로필 화면을 한명씩 찾아다니는 것이 불가능하다면 자신의 뉴스피드 화면에 올라오는 글들을 읽고 '좋아요'를 누르던가 아니면 관련 '댓글'을 달아주세요. 내 노력이 들어가는 만큼 좋은 인맥을 형성할 수 있는 곳, 그곳이 바로 페이스북입니다.

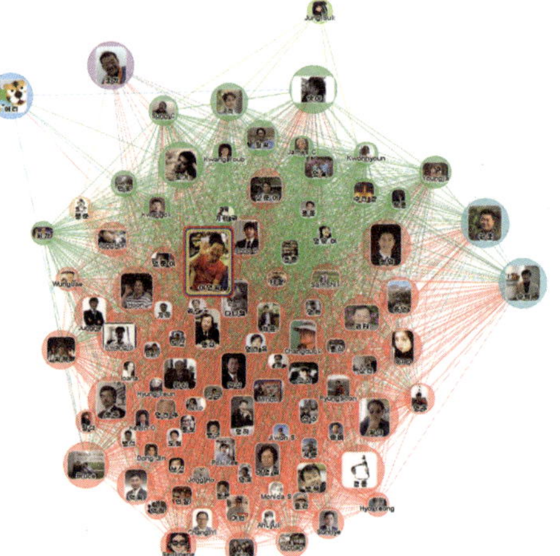

03 다양한 페이스북 활용

페이스북은 사무실이나 집에 있는 컴퓨터, 노트북을 이용하여 접속할 수 있습니다. 요즘에는 많은 사람들이 사용하고 있는 스마트폰(안드로이드폰, 아이폰)을 이용하면 이동 중에도 접속하여 새로 올라온 글을 확인하고 댓글을 다는 등 신속하게 반응을 표현할 수 있습니다.

1. 웹 브라우저

많은 사용자들이 사용하고 있는 인터넷 익스플로러나 크롬 웹 브라우저를 이용하여 페이스북에 접속하고 다양한 활동을 할 수 있습니다.

▲ 인터넷 익스플로러 9

◀ 크롬

2. SNS 전용 웹 브라우저

SNS 전용 웹 브라우저를 이용하면 페이스북은 물론 트위터, 유투브와 각종 블로그의 글들을 RSS 기능으로 손쉽게 확인할 수 있습니다. 프로그램을 설치하기 위해서는 http://www.rockmelt.com에 접속하여 프로그램을 다운로드받아 설치한 후 사용할 수 있습니다.

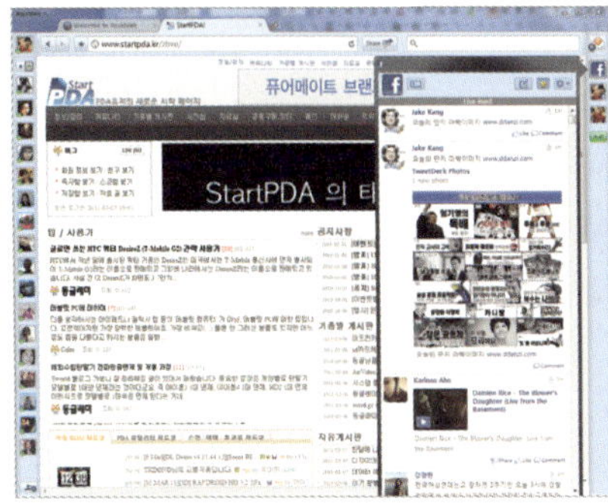

3. 페이스북, 트위터 통합 어플

스마트폰에서 사용할 수 있는 SNS 통합 어플리케이션인 트윗덱 (TweetDeck)입니다. 페이스북, 트위터, 포스퀘어 등 스마트폰에서 사용할 수 있는 SNS 통합 어플리케이션으로 안드로이드 마켓이나 애플의 앱스토어에서 무료로 다운로드받아 사용할 수 있습니다.

▲ 안드로이드폰　　　　▲ 아이폰

4. 페이스북 전용 어플리케이션

페이스북만 전용으로 사용할 수 있는 어플리케이션입니다. 안드로이드폰용과 아이폰용이 있는데 각 마켓이나 앱스토어에서 다운로드받아 사용할 수 있습니다.

▲ 안드로이드폰　　　　▲ 아이폰

페이스북의 기본이라고 할 수 있는 프로필(Profiles)과 뉴스피드(NewsFeed)에 대해서 알아보겠습니다. 페이스북에 접속하면 복잡할 것 같지만 프로필과 뉴스피드 화면에 대해서만 정확히 알고 있다면, 다른 기능들도 손쉽게 활용할 수 있습니다. 페이스북의 주인은 프로필이나 뉴스피드 중 아무 곳에나 글을 남길 수 있지만 친구들은 프로필 화면에만 글을 남길 수 있습니다.

1. 프로필(Profiles)

프로필 화면은 페이스북 친구들이 나의 페이스북을 방문했을 때 내용을 확인할 수 있는 곳입니다. 프로필 담벼락에 친구들이 글을 남길 수 있으며 나의 정보도 확인할 수 있습니다.

2. 뉴스피드(NewsFeed)

페이스북에서 나의 활동이나 친구들이 활동하는 내역을 보여주는 곳입니다. 친구들이 새로운 글을 올리거나 '댓글'을 달고, '좋아요'를 누르는 등 다른 친구들과 소통한 내역을 모두 보여주는 곳입니다. 뉴스피드 화면은 페이스북 주인만 볼 수 있으며 다른 친구들은 볼 수 없습니다.

페이스북의 그룹(Group)은 인터넷 동호회(카페)처럼 가입하거나 새로 개설하여 그룹 활동을 할 수 있습니다. 또한 공개와 비공개 여부를 설정하여 운영할 수도 있고, 친구들이나 같은 취미를 공유하는 친구들과 함께 그룹을 운영할 수도 있습니다.

1. 그룹 검색하기

페이스북 검색창을 이용하면 관심 있는 분야의 그룹을 검색하고 찾아갈 수 있습니다. 또 마음에 드는 그룹일 경우 가입 신청과 가입 승인 후 그룹 활동을 할 수 있습니다.

▲ 그룹 검색하기

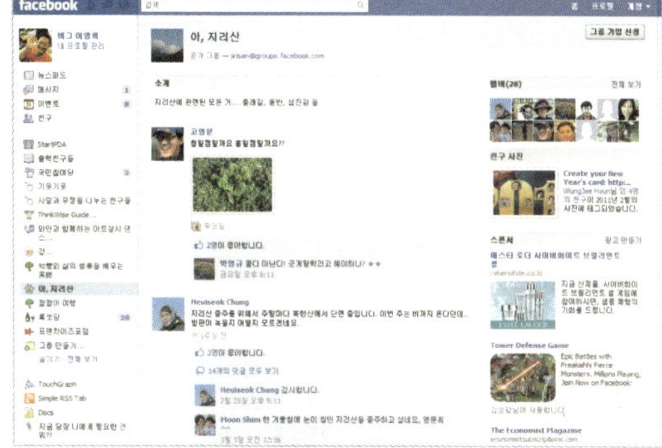

▲ 새로운 그룹 가입하기

2. 새로운 그룹 개설하기

그룹 만들기로 그룹을 개설한 후 그룹 멤버를 초대하여 인터넷 카페처럼 그룹 활동을 할 수 있습니다.

▲ 페이스북 그룹 개설하기

▲ 페이스북의 다양한 그룹들

페이스북의 페이지(Pages)는 개인 블로그나 특정 브랜드 광고, 유명인, 스포츠 스타 등 내가 가지고 있는 제품이나 상품, 전문적인 정보 등을 페이스북 페이지를 통해서 꾸준히 홍보할 수 있는 웹 사이트라고 생각하면 됩니다. 즉, 페이지는 전 세계의 페이스북 사용자에게 자신을 지속적으로 홍보할 수 있는 인터넷의 공간입니다. 페이지에 새로운 정보를 올리면 친구들에게 자동으로 업데이트 소식을 알려 다양하게 페이지를 활용할 수 있습니다.

1. 지역 홍보 페이지

아직까지 많은 페이지는 없지만 각 지자체에서 페이스북을 통한 지역 홍보 페이지를 개설하여 홍보할 필요가 있어야 하지 않을까 생각합니다. 아직까지 개인이 페이지를 만들어 지역 사람들과 소통의 장으로만 사용하고 있지만, 앞으로는 지역 홍보 페이지가 더욱 많아질 것이라고 생각됩니다.

2. 기업 상품 홍보 페이지

많은 기업들이 페이스북으로 진출하고 있는데, 전 세계의 5억 명이 넘는 어마어마한 사용자로 이루어진 커뮤니티를 기업 상품 홍보의 장으로 이용하는 셈입니다. 페이스북을 통하여 홍보뿐 아니라 판매처를 명시하여 쇼핑몰로도 활용할 수 있습니다.

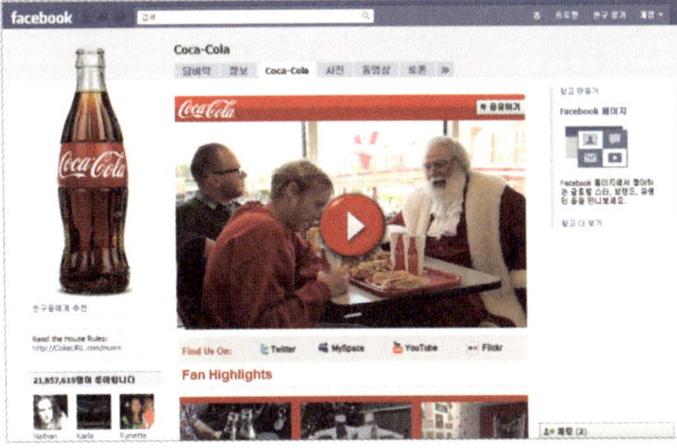

3. 유명인 팬 페이지

유명한 스포츠 스타, 연예인, 정치인들도 페이스북에 페이지를 만들어 많은 팬들과
소통을 하고 있습니다. 팬 페이지를 통해서 유명인이 최근 근황을 올리면 그에 따른
팬들의 반응인 댓글로 1 대 1 소통을 하는 것과 같은 기분을 즐길 수 있습니다.

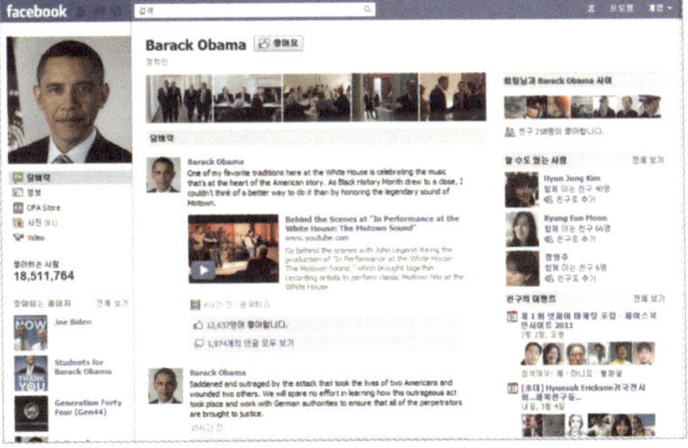

페이지에서 RSS 불러오기

페이스북의 페이지를 이용하면 좀 더 다양하고 재미있는 페이스북 어플리케이
션을 이용할 수 있습니다. 만일 페이스북 말고 개인적으로 운영하던 블로그가
있다면 페이지에 블로그의 내용을 불러와서 메뉴를 개설해 놓을 수 있습니다.
다음은 페이스북의 페이지에 블로그에 있는 글을 RSS로 불러들인 화면입니다.

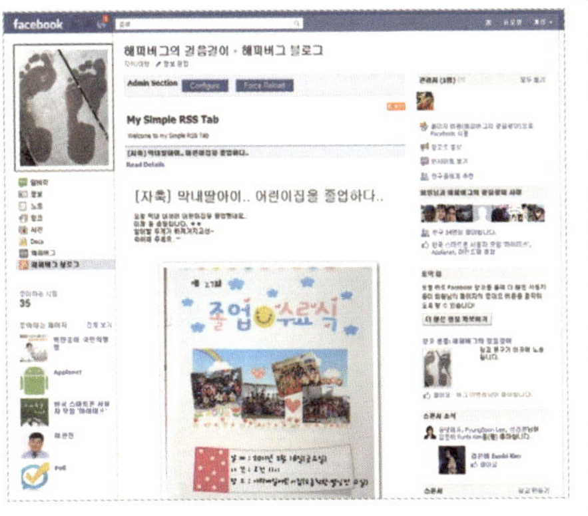

페이스북 첫걸음

많은 사람들이 SNS에 관심을 가지고 있으며 다양하게 활용하고 있습니다. 대표적인 SNS로 트위터와 페이스북이 있습니다. 이 책에서는 페이스북에 대해서 알아보겠습니다. 가입부터 활용까지 하나씩 따라하면서 익혀보기 바랍니다.

페이스북 가입하기

페이스북(facebook)을 이용하면 전 세계 80여 개국 이상, 6억여 명 이상의 페이스북 사용자들과 친구가 될 수 있습니다. 먼저 페이스북에 무조건 가입하고, 따라하면서 페이스북이 어떤 것인지 익혀보세요.

1 웹 브라우저를 실행한 후 http://www.facebook.com에 접속하여 개인 정보를 모두 입력하고 [가입하기]를 클릭합니다.

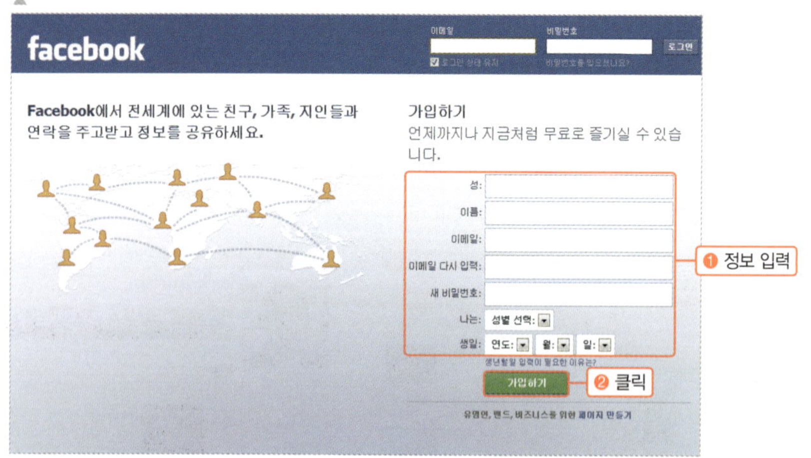

Talk Talk 로그인 정보를 꼭 외워두기

개인 정보를 입력할 때 이메일(E-mail)을 두 번 입력해야 합니다. 비밀번호는 한번만 입력하기 때문에 잊어버리지 않도록 조심해야 합니다. 만일 비밀번호를 잊어버렸을 때에는 조금 전에 입력한 이메일 주소를 이용하여 비밀번호를 찾을 수 있습니다. 또한 13세 미만일 경우에는 페이스북에 가입할 수 없습니다.

2 보안 확인 화면이 나타나면 자동으로 가입하는 스패머들을 방지하기 위해서 특정 단어를 보여줍니다. 띄어쓰기를 포함해서 두 개의 단어를 입력한 후 [가입하기]를 클릭합니다. 만일 단어가 잘 보이지 않을 때에는 [다른 단어]를 눌러 새로운 단어로 입력할 수 있습니다.

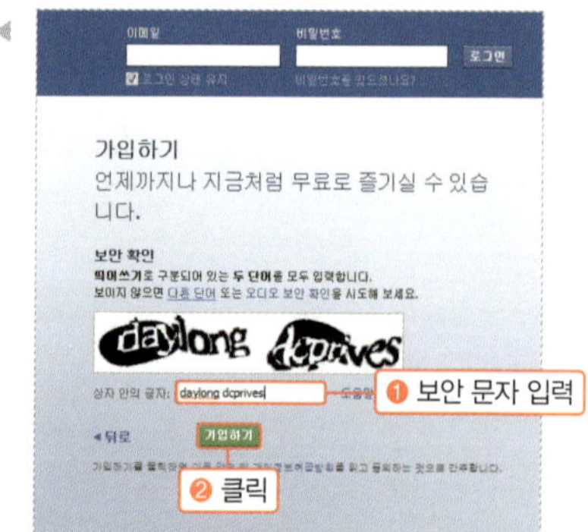

스패머(Spamer)는 스팸을 보내는 사람 또는 스팸 메일 발송자를 말합니다. 페이스북에 회원 가입할 때 보안 문자를 입력하는 이유는 자동으로 회원 가입을 하고 무작위로 광고성 글을 남기는 자동 프로그램들을 차단하기 위해서입니다. 귀찮아도 보안문자를 입력해야 회원 가입을 할 수 있습니다.

▶ **3** 회원 가입을 완료한 후 1단계 친구 찾기입니다. 입력한 이메일 주소를 제시하면서 친구를 찾을 것인지 묻습니다. 비밀번호를 입력한 후 [친구 찾기]를 클릭하면 이메일로 소통했던 사람들에게 페이스북 초청 메일을 자동으로 보내줍니다. 만일 친구 찾기를 다음에 하려면 [건너뛰기]를 클릭합니다.

4 2단계 프로필 정보입니다. 프로필 정보를 나중에 입력하려면 [건너뛰기]를 클릭합니다. 만일 정보를 입력했을 경우에는 [저장 후 계속하기]를 클릭합니다.

▶ **5** 3단계 프로필 사진입니다. 아직 프로필 사진을 준비하지 않았다면 다음에 업로드하기로 하고 [건너뛰기]를 클릭합니다.

6 화면 상단에 이메일을 확인한 후 가입 절차를 완료하라는 메시지가 나타납니다. [이메일을 확인]을 클릭하여 페이스북에서 발송한 메일을 확인하세요.

7 페이스북에 가입할 때 등록한 메일 주소로 페이스북 가입 완료 확인 메일이 온 것을 확인할 수 있습니다. 메일 내용을 확인하고 [가입 완료하기]를 클릭합니다.

8 페이스북 로그인 화면이 표시되면 등록한 이메일과 비밀번호를 입력한 후 [로그인]을 클릭합니다.

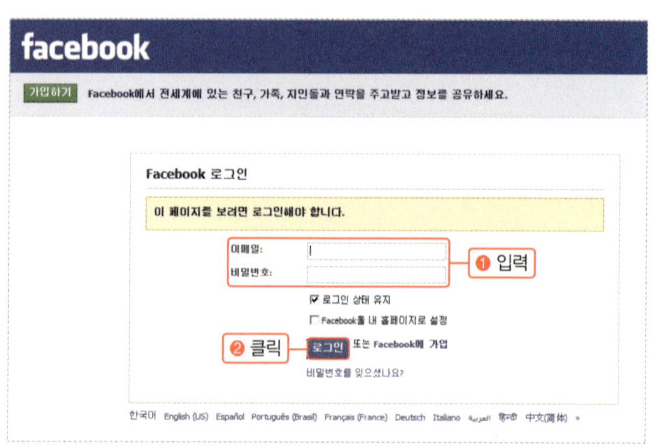

9 페이스북에 로그인하면 계정을 확인하였다는 메시지가 표시되는데 [확인]을 클릭합니다. 이제부터 마음껏 페이스북의 세상을 즐겨보세요.

▶ **10** 가입 절차 과정을 성공적으로 완료하면 환영인 사 메일을 받게 됩니다. [시작하기]를 클릭하여 페이스북을 시작할 수 있습니다.

Talk Talk 비즈니스를 위한 페이지 만들기

페이스북은 친구를 5,000명까지만 등록할 수 있는데, 그 이상이 될 경우에는 '페이지'라는 것을 만들어 관리하는 것이 좋습니다. 페이지는 페이스북에 가입한 회원이면 누구나 만들 수 있으며, 여러 개의 페이지를 만들어 관리할 수도 있습니다. 보통 개인들은 페이지를 블로그처럼 이용하지만, 비즈니스용 페이지는 자사의 제품을 홍보하거나 다양한 이벤트 등을 페이스북 친구들에게 알리는 역할로 이용하고 있습니다. 페이지와 관련된 자세한 설명은 108쪽을 참조하세요.

1 페이지를 만들기 위해서 페이스북 초기화면에서 [페이지 만들기]를 클릭합니다. 또는 주소 입력창에 http://www.facebook.com/pages/create.php를 입력합니다.

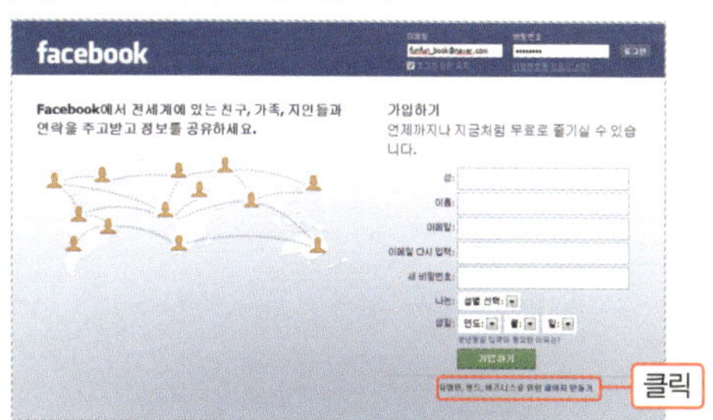

2 개인적으로 페이지를 만들 때에는 만들고자 하는 페이지의 특성에 따라서 원하는 카테고리를 선택합니다.

3 만일 [지역 비즈니스 또는 장소] 카테고리를 선택하면 세부적인 메뉴가 표시됩니다. 정보를 입력한 후 약관 동의 항목을 체크하고 [시작하기]를 클릭합니다.

1 홈 화면(뉴스피드)에서 세부적인 프로필을 설정하기 위해 [내 프로필 관리]를 클릭합니다.

2 내 프로필 관리 화면에서 [기본 정보]를 클릭하여 정보를 입력할 화면이 나타나면 세부 정보를 입력합니다.

3 거주지, 출신지를 입력할 때에 한두 글자만 입력해도 자동으로 예상 지역 목록을 보여주는데, 이때 원하는 지역을 선택하면 자동으로 입력됩니다. 세부 정보의 입력을 마치면 새로 입력하거나 수정한 정보를 저장할 수 있도록 [변경 내용 저장]이 활성화됩니다. [변경 내용 저장]을 클릭하여 입력한 정보를 저장합니다.

4 만일 프로필 변경사항을 저장하지 않고 다른 화면으로 이동 할 경우에는 실수를 방지하기 위해서 팝업창을 보여줍니다.

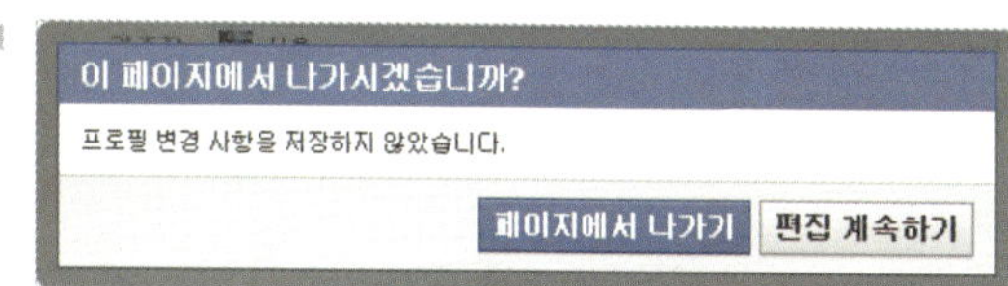

5 왼쪽 메뉴에서 [프로필 사진]을 클릭합니다. 프로필 사진을 선택하기 위해서 [파일 선택]을 클릭합니다. 만일 웹캠이 설치되어 있을 경우에는 [사진 찍기]를 눌러 촬영한 사진을 바로 프로필 사진으로 등록할 수 있습니다.

Talk Talk 프로필 사진

[프로필 사진] 메뉴를 통하여 전 세계에 있는 페이스북 사용자들에게 자신의 첫인상을 멋지게 심어줄 사진을 등록할 수 있습니다. 페이스북에서 많은 친구들을 사귀기 위해서는 첫인상인 프로필 사진이 중요합니다. 자신의 페이스북에 방문하는 친구들에게 좋은 인상을 줄 수 있는 프로필 사진을 골라서 등록하기 바랍니다.

6 프로필 사진을 올리는 방법을 알아보기 위해서 여기에서는 얼굴 사진대신 꽃 사진을 이용해 보겠습니다. 프로필 사진으로 사용할 사진이 있는 폴더로 이동하여 파일을 선택한 후 [열기]를 클릭합니다.

Talk Talk
프로필 사진에 직접 자신의 사진을 업로드해보세요. 사진 파일의 용량은 최대 4MB까지입니다. 보통 가로 크기가 250픽셀 정도면 프로필 사진으로 사용하기에 충분합니다.

7 선택한 프로필 사진이 등록되었습니다. 같은 방법으로 프로필 사진을 등록하거나 수정할 수 있습니다.

8 [프로필 표시 친구] 메뉴는 프로필 화면에서 보여주는 친구들을 목록 별로 구분해 놓을 수 있습니다. [새 목록 만들기]를 클릭합니다.

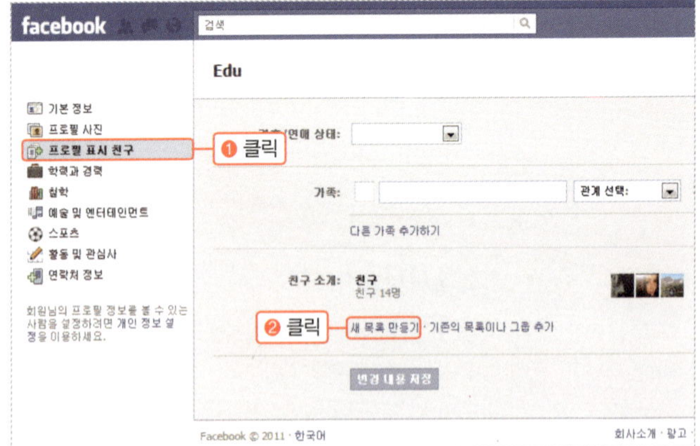

9 [새 목록 만들기]가 나타나면 목록 이름과 친구들을 선택한 후 [목록 만들기]를 클릭합니다.

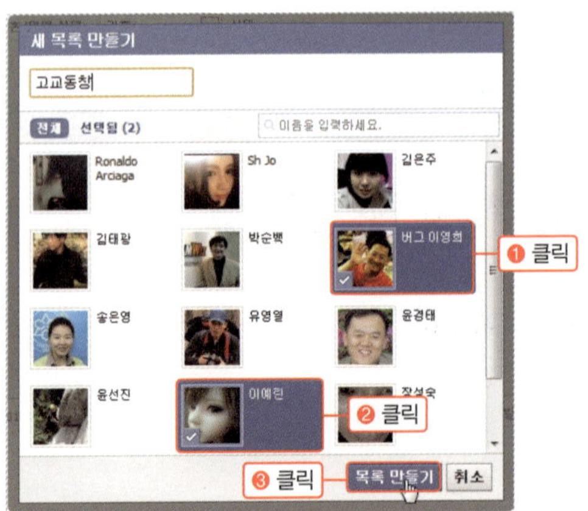

10 새로운 친구 목록이 만들어지면 [변경 내용 저장]을 클릭한 후 페이스북의 프로필 화면으로 이동하세요. 왼쪽 메뉴에 새로 만들어진 친구 목록이 보이는 것을 확인할 수 있습니다.

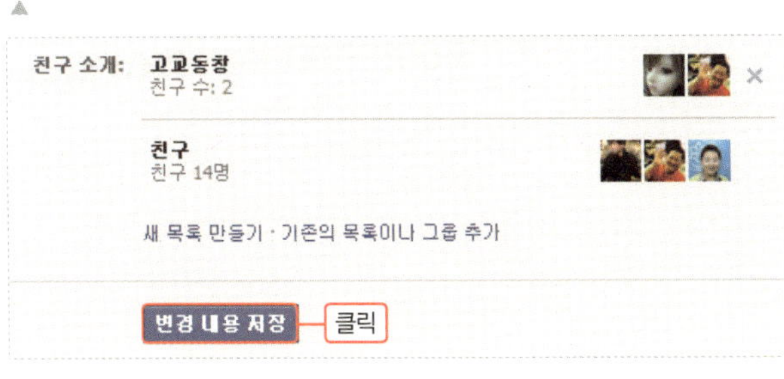

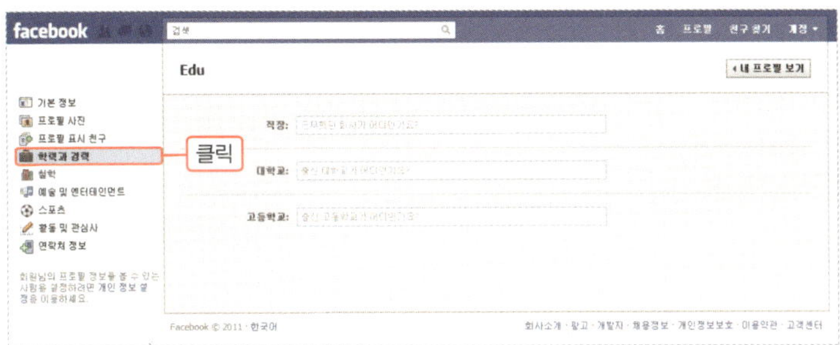

11 [학력과 경력] 메뉴를 선택한 후 세부 정보를 입력합니다.

> **Talk Talk** 학교명 앞 두 글자만 입력해도 자동으로 학교 목록을 보여주기 때문에 자신의 학교를 쉽게 선택할 수 있습니다. 학교를 선택하고 나면 세부 정보를 입력할 수 있는 항목이 표시됩니다.

12 그 외의 각 항목 메뉴를 선택한 후 세부 정보를 입력합니다. 프로필 정보를 모두 입력하였으면 [변경 내용 저장]을 클릭하여 입력한 정보를 저장합니다.

▶ **13** [프로필] 메뉴를 클릭하여 페이스북 프로필 화면으로 이동합니다. 프로필 화면의 [정보] 메뉴를 클릭하면 조금 전에 입력해 놓은 정보가 표시되는 것을 확인할 수 있습니다.

Talk Talk 세부 정보는 원하지 않을 경우에는 입력하지 않아도 페이스북을 사용하는 데 전혀 이상이 없습니다. 하지만, 자신의 기본 정보를 입력해 놓으면 다른 친구들이 나를 알아보는데 좀 더 수월하기 때문에 자세히 입력하는 것이 좋습니다.

Famous Facebook 페이지를 다양하게 활용하는 사람들

기업이나 유명인들은 페이스북의 페이지를 개설하여 개인 블로그처럼 운영하거나 페이지를 통하여 많은 사람들과 소통을 하거나 이벤트 등으로 다양한 커뮤니티를 생성해나갈 수 있습니다.

한글과컴퓨터로 유명한 이찬진님의 페이지입니다. 지금은 페이스북 개인 페이지를 개설하여 다양한 IT 관련 정보를 꾸준히 업데이트하고 있어, 다양한 정보들을 볼 수 있습니다.

피겨 여왕 김연아님의 팬 페이지입니다. [좋아요] 버튼을 클릭하여 팬으로 등록하고, 인사말 등을 남겨 놓을 수 있습니다.

삼성전자의 팬 페이지입니다. 페이지를 통하여 다양한 이벤트와 상품에 대한 홍보 등을 통하여 많은 고객들과 다양한 커뮤니케이션을 하고 있습니다.

아이폰 관련 팬 페이지로 다양한 상품 정보를 볼 수 있습니다.

미국 대통령 버락 오바마의 팬 페이지로 팬이 2천만 명이 넘습니다. 다양한 의견들을 주고받으면서 소통할 수 있습니다.

'야생화 꽃차'라는 페이지로, 팬으로 등록해 놓으면 야생화와 관련된 다양한 정보들과 함께 재미있는 이벤트에도 참여할 수 있습니다.

프로필 사진 예쁘게 꾸미기

SPECIAL PAGE

페이스북의 프로필 사진을 등록할 때 프로필 사진에 과도한 포토샵 효과나 원본을 알아볼 수 없을 정도로 보정을 하는 것은 좋지 않습니다. 그러나 간단한 보정을 통해 보기 좋게 올리는 방법에 대해서 알고 있으면 좋겠지요. 간단히 웹에서 프로필 사진을 보정할 수 있는 곳을 알아보겠습니다.

❶ 웹 브라우저를 실행한 후 주소 입력창에 http:// foodpic.net을 입력하고 이동합니다. 프로필 사진을 선택하기 위해서 홈페이지 화면의 [찾아보기]를 클릭합니다.

Talk Talk 음식 사진을 좀 더 예쁘게 보정해주는 사이트로, 인물 사진도 화사하게 보정할 수 있기 때문에 포토샵을 모르더라도 편리하게 자신의 프로필 사진을 예쁘게 만들 수 있습니다.

❷ [열기] 대화상자가 나타나면 프로필 사진으로 사용할 사진을 선택한 후 [열기]를 클릭합니다.

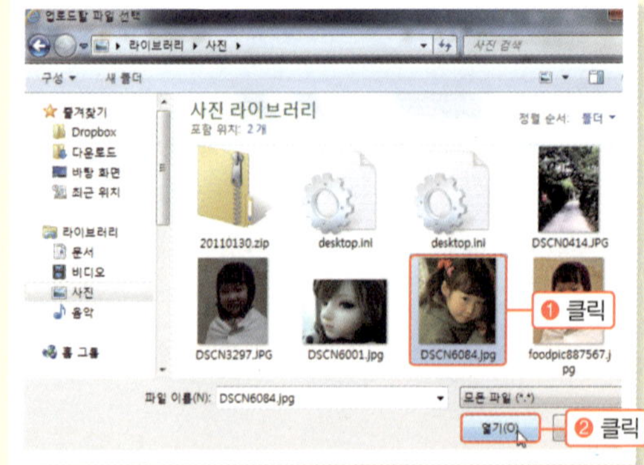

❸ 파일을 선택한 후 홈페이지 화면에 있는 [UPLOAD]를 클릭합니다.

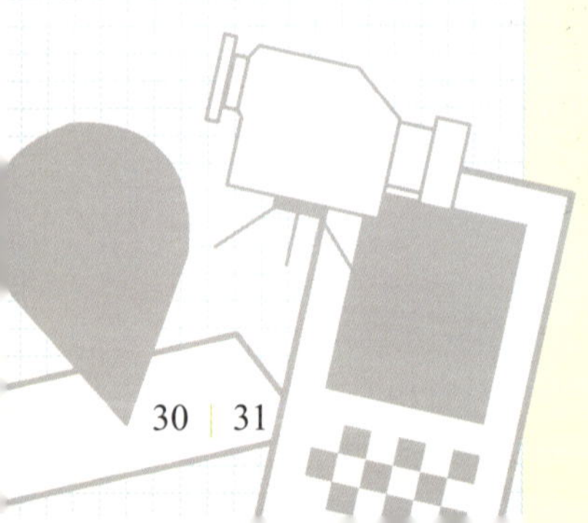

❹ 보정 전후(before/after)의 사진을 비교해 볼 수 있습니다. 사진이 화사하고 산뜻하게 보정된 것을 확인할 수 있습니다. 보정한 사진을 다운로드받기 위해서 [DOWNLOAD]를 클릭합니다.

❺ [다른 이름으로 저장] 대화상자가 표시되면 저장할 파일명을 입력한 후 [저장]을 클릭하여 내 컴퓨터로 사진 파일을 저장합니다.

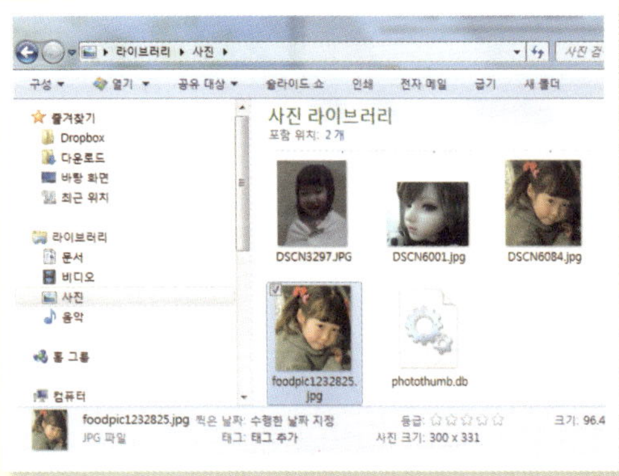

❻ 다운로드받은 파일을 페이스북 프로필 사진으로 등록하면 예쁜 프로필 사진을 보여줄 수 있습니다. 다음의 웹 사이트에서도 간단하게 프로필 사진을 편집할 수 있습니다.

▲ http://www.pixlr.com/editor

▲ http://www.sumopaint.com/app

03 정보 공유 범위 설정하기

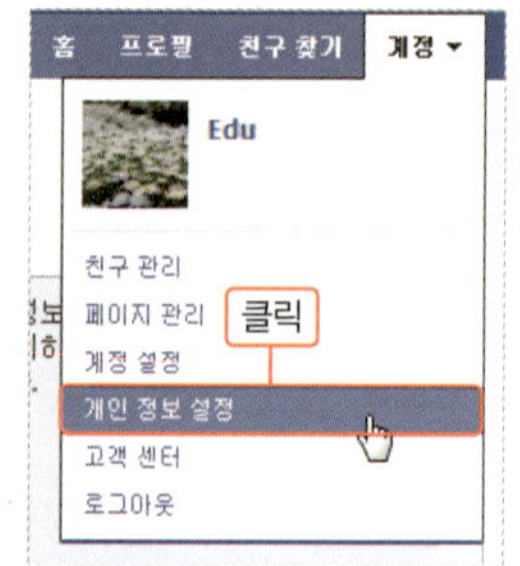

1 페이스북 화면의 오른쪽 위에 있는 [계정]을 클릭하면 나타나는 메뉴에서 [개인 정보 설정]을 선택합니다.

Talk Talk [친구 찾기] 메뉴는 일정 시간이 지나면 자동으로 사라집니다.

2 개인 정보 설정 관리 화면이 나타나면 [Facebook 정보 설정]의 [설정 보기]를 클릭하여 현재 설정되어 있는 정보를 확인합니다.

3 개인 정보 설정 관리 – Facebook 정보 설정 화면이 나타납니다. 기본 설정값으로 되어 있습니다.

4 각 항목 별로 공개 범위를 지정할 수 있습니다. [메시지 받기]에서 [친구의 친구]까지만 받을 수 있도록 설정한 후 [개인 정보 설정 페이지로 돌아가기]를 클릭하여 되돌아갑니다.

5 [정보 공유 범위 설정]에서 [Facebook이 권장하는 설정]으로 되어 있는데, 자신이 원하는 공유 범위를 [모든 사람], [친구의 친구], [친구만] 중에서 설정할 수 있습니다.

6 [모든 사람]을 선택하면 모든 사람들에게 내 프로필을 보여줍니다.

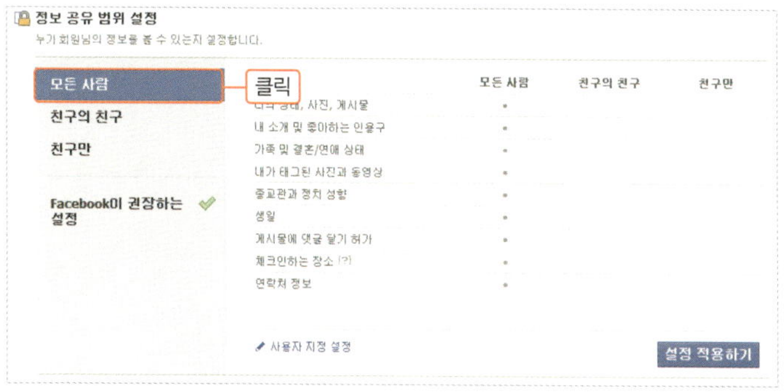

개인 정보 설정으로 자신을 검색할 수 있도록 정보 공유 범위를 설정하였다면, 계정 설정은 자신의 계정 정보와 관련된 사항을 수정하거나 추가할 수 있습니다. 이곳에서 이름을 변경하거나 페이스북 URL 주소를 설정하고, 비밀번호를 변경하는 등 계정 설정과 관련된 다양한 설정을 할 수 있습니다.

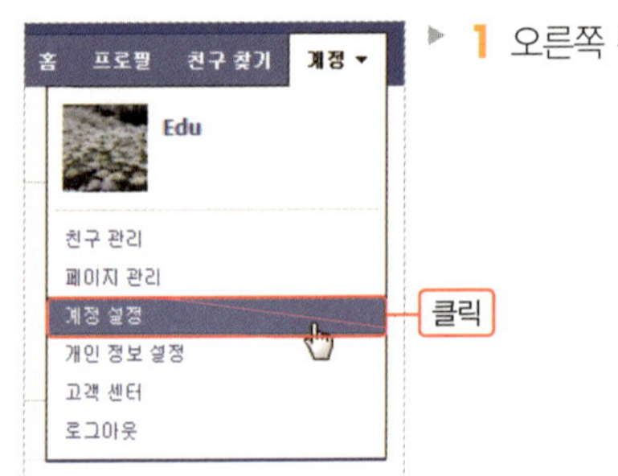

1 오른쪽 위에 있는 [계정] – [계정 설정]을 선택합니다.

2 계정 설정 화면이 나타나면 [설정] 탭에서 [이름] 등 여러 가지 설정을 변경할 수 있습니다. 만일 이름을 변경하고 싶다면 [이름]의 [변경]을 클릭하여 이름을 바꿀 수 있습니다.

3 [네트워크] 탭을 선택하면 자신이 소속된 직장, 학교 등을 입력하고 공통된 사람들을 찾을 수 있는 네트워크에 가입할 수 있습니다.

4 [알림] 탭에서는 페이스북에서 발생하는 상황을 메일로 받을 것인지 선택할 수 있습니다.

5 [모바일] 탭을 선택하면 일부 스마트폰(핸드폰)과 관련된 서비스를 사용할 수 있습니다.

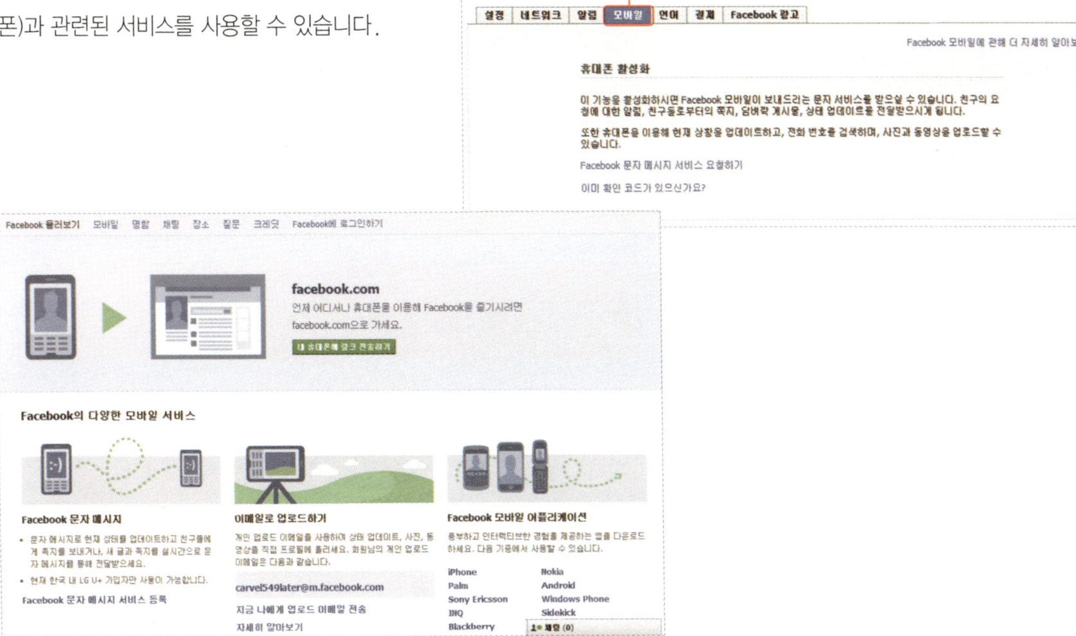

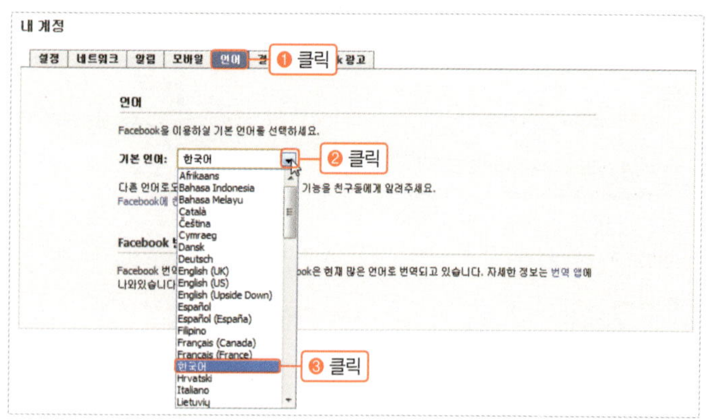

▶ **6** [언어] 탭을 선택하면 페이스북에서 서비스 하는 언어를 선택해서 사용할 수 있습니다.

7 [기본 언어]에서 원하는 언어를 선택합니다.

09 페이스북 URL 주소 만들기

페이스북의 계정 설정 메뉴를 이용하여 나만의 페이스북 URL 주소를 설정할 수 있습니다. 처음에는 페이스북 URL 주소가 없지만, 별도의 URL을 설정한 후 명함이나, QR코드로 등록하여 사용할 수 있습니다. 페이스북 URL을 발급받기 위해서는 전화번호를 이용해서 인증을 받아야 합니다.

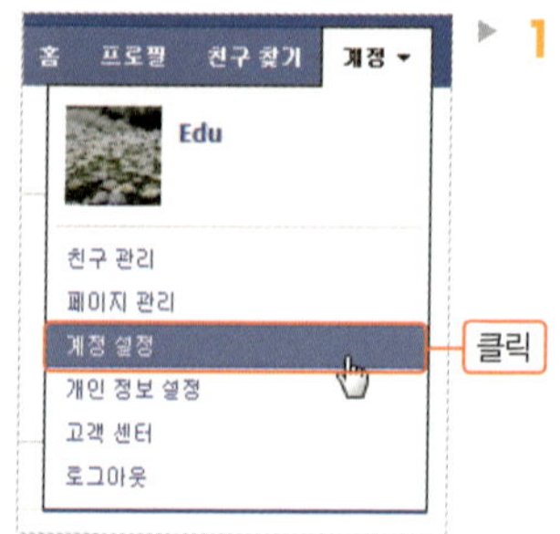

▶ **1** 오른쪽 위에 있는 [계정] – [계정 설정]을 선택합니다.

2 [설정] 탭에서 [사용자 이름(Facebook URL)]의 [변경]을 클릭합니다. ◀

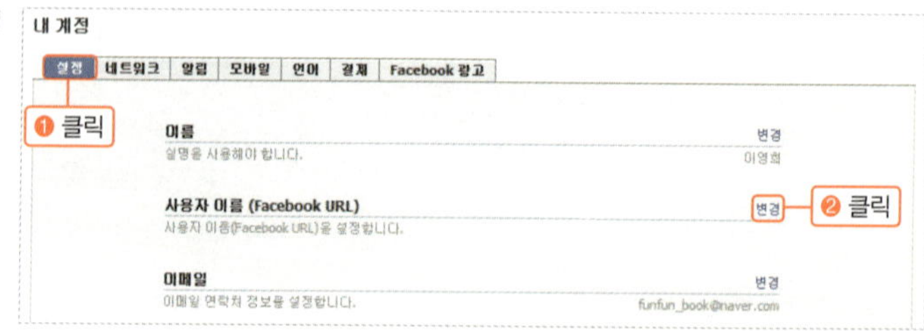

3 [계속하기]를 클릭합니다. 페이스북 URL 주소를 갖기 위해서는 문자 메시지를 받을 수 있는 휴대폰으로 계정을 확인해야 합니다.

4 문자 메시지를 받을 수 있는 전화번호를 입력한 후 [확인]을 클릭합니다.

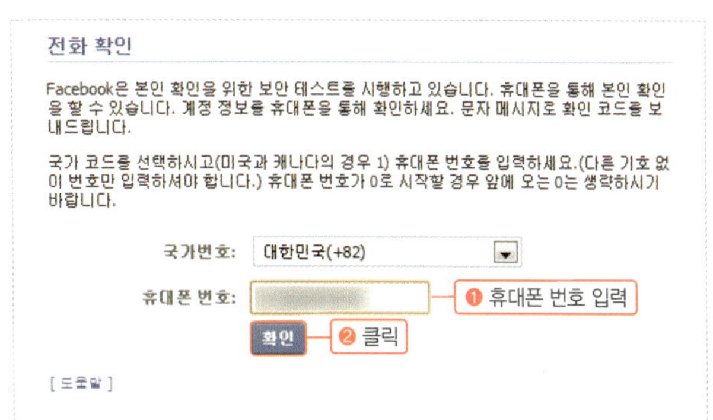

5 핸드폰으로 인증번호 문자가 도착하면 인증번호를 입력하고 [확인]을 클릭하면 계정이 인증되었다는 메시지가 표시됩니다.

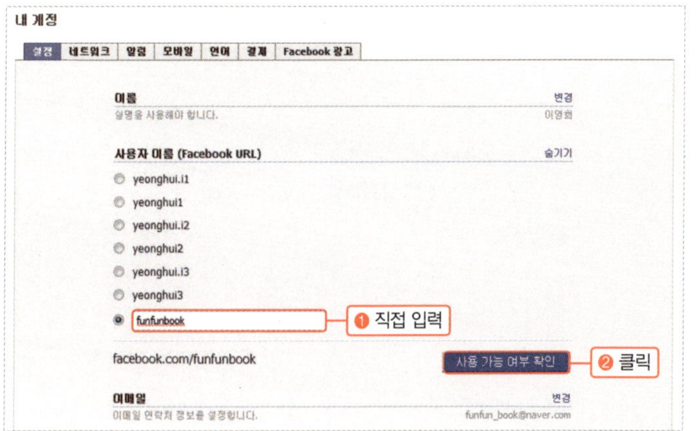

6 페이스북에서 몇 가지 예를 보여주는데 마음에 들지 않을 경우 영어로 직접 주소를 입력한 후 [사용 가능 여부 확인]을 클릭합니다.

7 입력한 주소를 사용할 수 있다는 메시지가 표시되면 [확인]을 클릭합니다. 만일 입력한 주소를 다른 사용자가 사용할 경우에는 다른 주소를 입력해야 합니다.

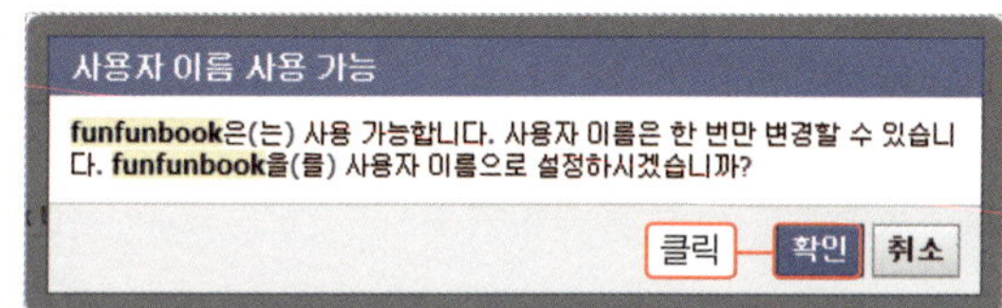

8 여기에서 설정한 주소를 웹 브라우저에 입력하면 자신의 페이스북으로 바로 접속할 수 있습니다. 이 주소를 명함이나 블로그에 넣어두어도 좋습니다.

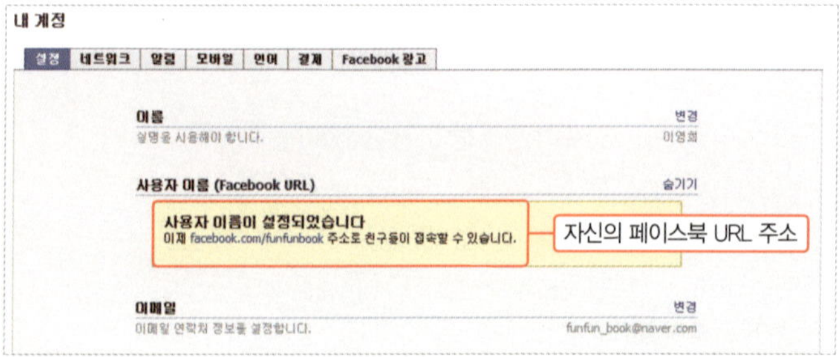

아이패드용 SNS 앱 FlipBoard

다양한 SNS 관련 앱들이 개발되고 있는 가운데, 아이패드에서 사용할 수 있는 플립보드(FlipBoard)를 소개합니다. 아이패드의 넓은 화면에서 완벽하게 활용할 수 있도록 잡지 형태로 보이는 SNS를 즐길 수 있습니다. 또 구글 리더를 등록하여 자신만의 RSS 리더기로 활용할 수도 있습니다. 아이패드를 사용하는 사용자라면 강력하게 추천하는 아이패드용 SNS 앱입니다.

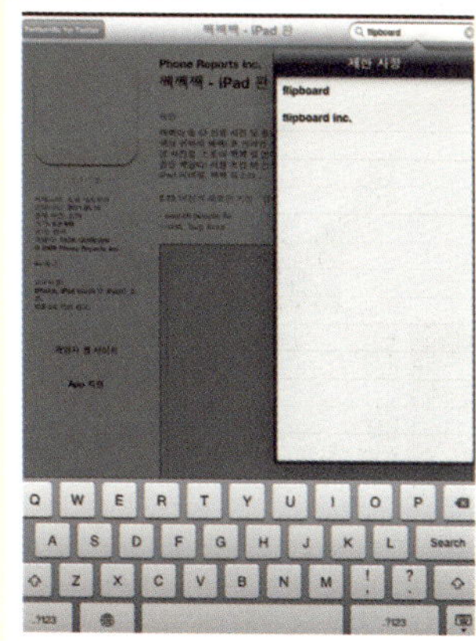

❶ 아이패드 앱스토어를 실행한 후 flipboard 검색어를 입력한 후 아이패드에 FlipBoard 앱을 설치합니다.

❷ 앱을 설치한 후 실행한 화면입니다. 화면 오른쪽 가운데에 있는 [FLIP]을 책장을 넘기듯이 왼쪽으로 드래그하면 FlipBoard의 첫 화면을 볼 수 있습니다. 이 화면에서 페이스북, 트위터, 구글 리더 등을 등록하여 사용할 수 있습니다.

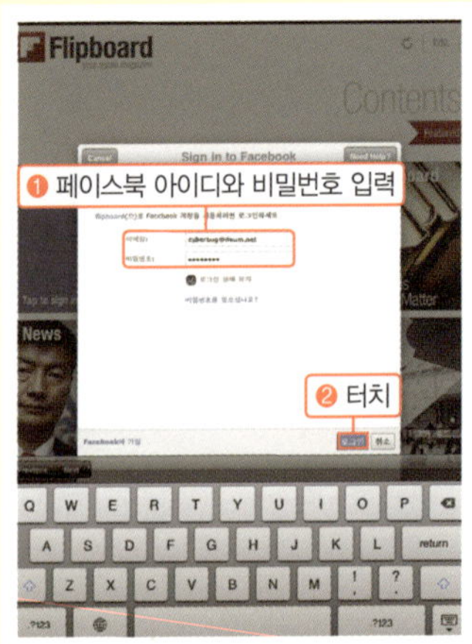

❸ FlipBoard 첫 화면에서 [Facebook]을 선택하고 자신의 페이스북 아이디와 비밀번호를 입력한 후 [로그인] 버튼을 누릅니다. [Facebook]에 페이스북 버튼이 생성된 것을 확인할 수 있습니다. [Facebook]을 선택하면 페이스북을 사용할 수 있습니다.

❹ [Facebook]을 눌러 페이스북 화면으로 이동하였습니다. 화면 상단에 있는 [Facebook] 메뉴를 눌러 원하는 곳으로 이동할 수 있습니다.

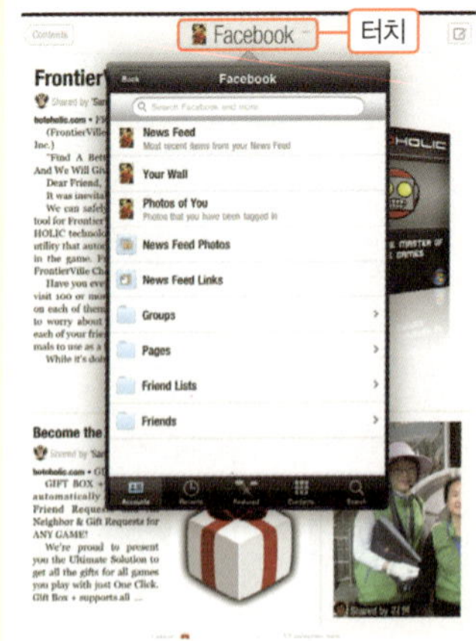

❺ Flipboard 첫 화면에서 [Twitter]를 눌러 트위터 아이디와 비밀번호를 입력합니다. 첫화면에 트위터 버튼이 생성된 것을 확인할 수 있습니다. [Twitter]를 눌러 트위터 화면으로 이동할 수 있습니다.

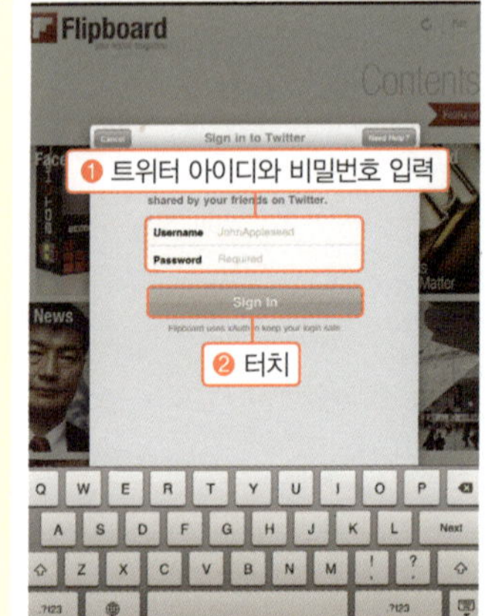

❻ 트위터 화면에서 상단에 있는 [Twitter] 메뉴를 누르면 원하는 트위터 메뉴별로 이동할 수 있습니다.

▲

❼ 이번에는 구글 리더를 등록하기 위해서 [Add a Section]을 클릭하고 [Add an Account] 메뉴를 선택합니다.

▲

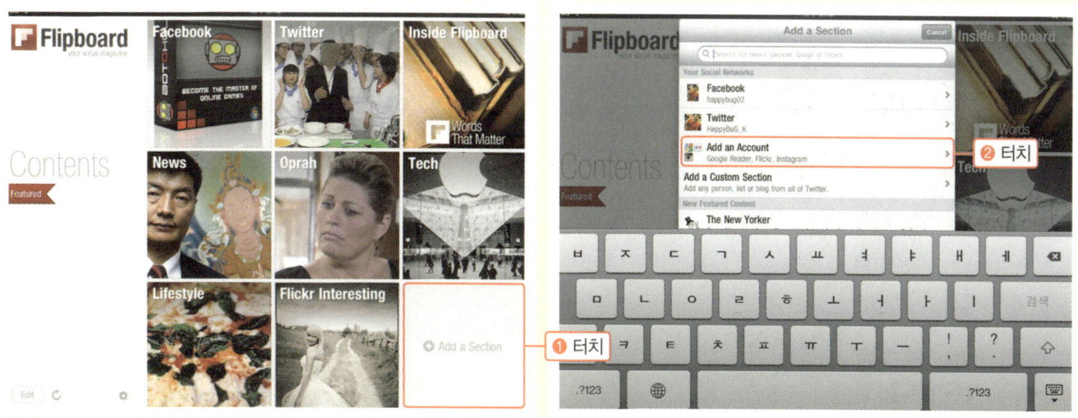

❽ [Add an Account]에서 [Google Reader]를 선택한 후 구글 계정으로 로그인
합니다.

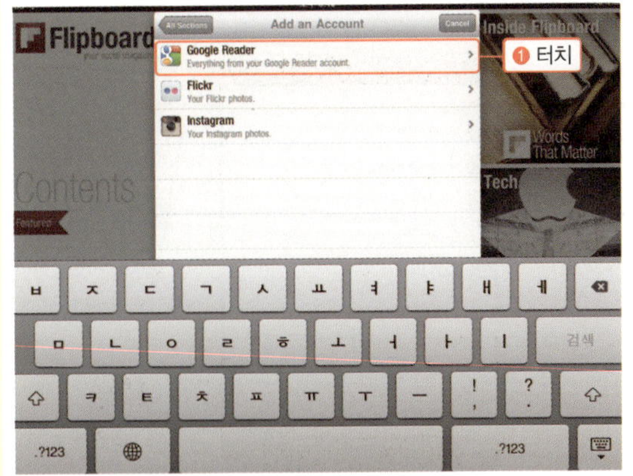

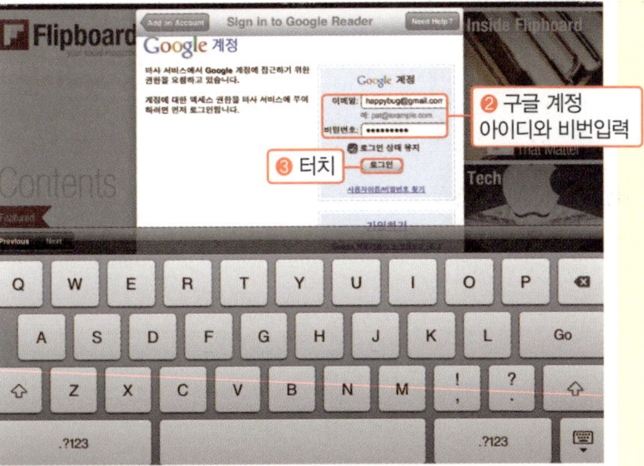

❾ [Google Reader] 버튼이 생성되는데 화면에 표시되어 있는 버튼을 홀드하면 원하는
위치로 버튼을 옮길 수 있습니다. [Google Reader]를 클릭하여 구글 리더로 접속합니다.

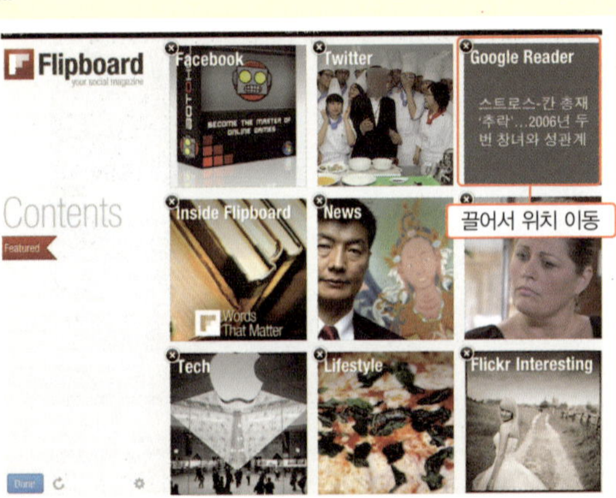

❿ [Google Reader] 메뉴를 선택하고 [Feeds & Folders] 메뉴를 누르면 자신이 등록
한 RSS 목록이 표시됩니다. 원하는 RSS 목록을 선택합니다.

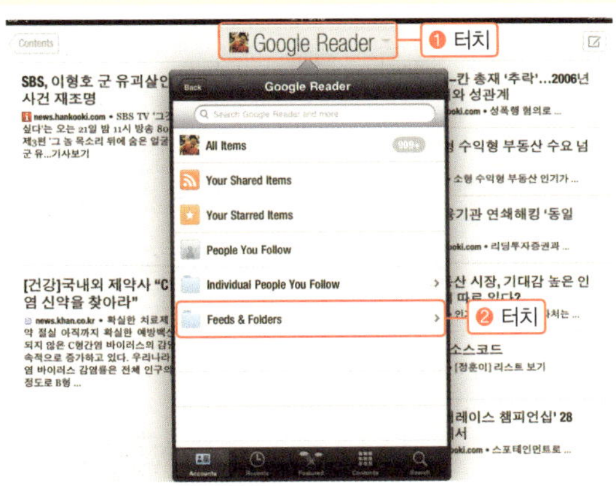

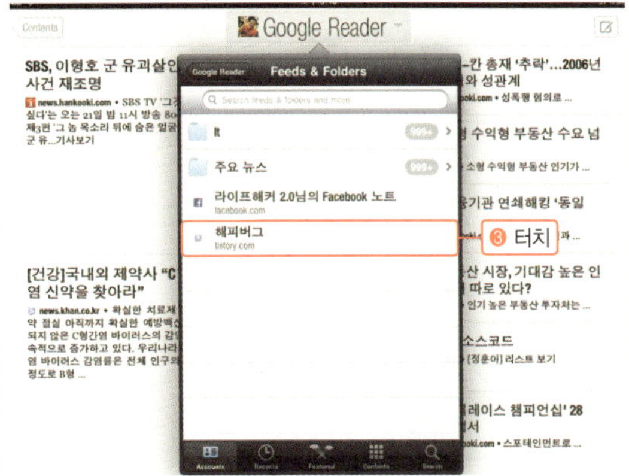

⓫ 자신의 블로그를 구글 리더에 RSS로 등록해 놓으면
자신의 블로그를 FlipBoard로 확인할 수 있습니다.

페이스북 URL을 QR코드로 만들기

페이스북 URL 주소를 만들었으면 자신의 블로그나 명함에 QR코드를 이용해서 페이스북으로 바로 접속할 수 있습니다.

이제 QR코드를 만드는 방법에 대해서 알아보겠습니다.

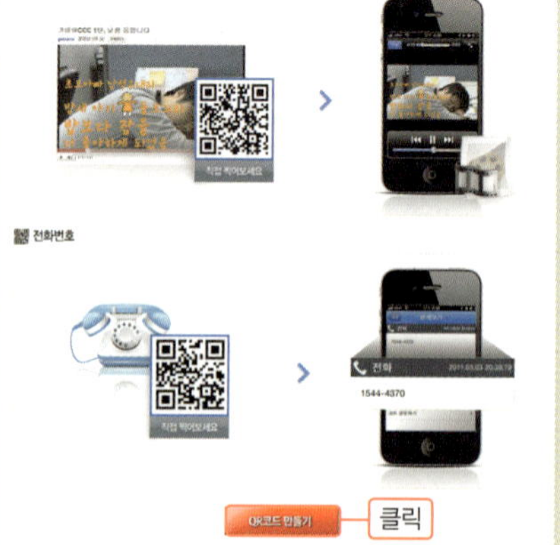

❶ 웹 브라우저를 실행한 후 주소 입력창에 http://mobile.gabia.com/qr/qrcodeis.php를 입력하고 이동합니다.

❷ 이동한 가비아 QR코드 화면의 아래쪽으로 이동하여 [QR코드 만들기]를 클릭합니다. QR코드 서비스를 좀 더 원활하게 사용하기 위해서 회원 가입을 합니다.

❸ 가비아 모바일 페이지의 왼쪽 메뉴에서 [담은QR 생성]을 클릭합니다.

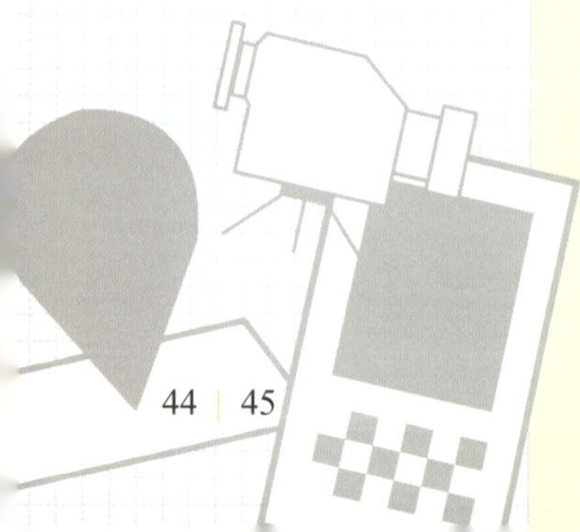

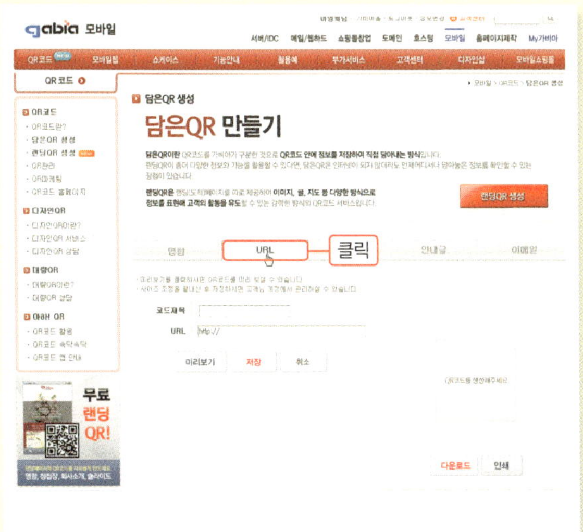

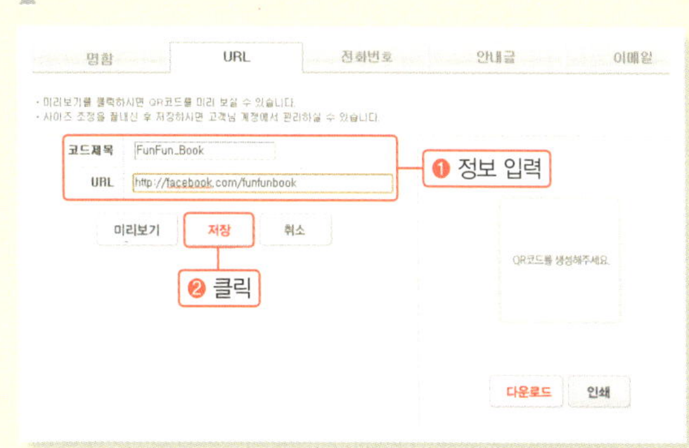

❹ 페이스북 주소를 입력하기 위해서 [URL] 탭을 선택합니다.

❺ [코드 제목]과 [URL]을 입력한 후 [저장]을 클릭합니다.

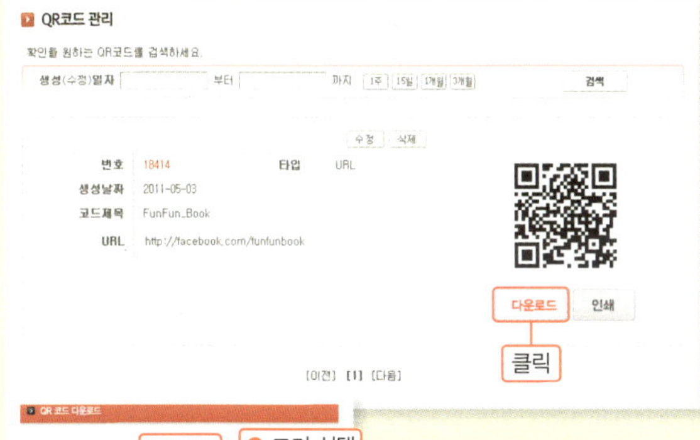

❻ QR코드가 생성된 것을 볼 수 있는데 [다운로드]를 클릭하여 내 컴퓨터로 QR코드 이미지를 저장할 수 있습니다.

❼ QR코드 크기를 선택한 후 [다운로드]를 클릭합니다.

❽ [다른 이름으로 저장] 대화 상자가 나타나면 원하는 곳에 QR코드 이미지 파일을 저장할 수 있습니다.

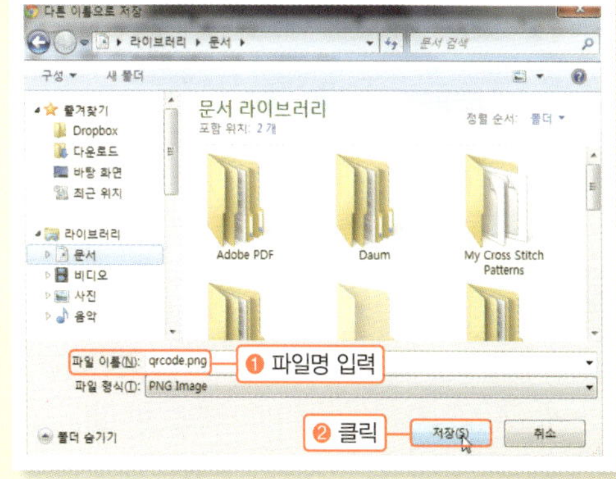

06 페이스북에서 친구 찾기

페이스북에 가입한 후 도대체 무엇을 해야 할 지 당혹스럽습니다. 페이스북 친구들이 등록되어 있지 않기 때문에 뉴스피드 화면에 자신의 글 외에는 아무 것도 없을 것입니다. 이제부터 페이스북을 이용하여 친구들과 소통할 수 있도록 친구들을 검색하고 등록하는 방법에 대해서 알아보겠습니다. 페이스북 친구는 5,000명까지만 등록할 수 있으며 그 이상일 경우에는 '페이지'를 개설하여 인원수 제한 없이 페이스북을 이용하면 됩니다.

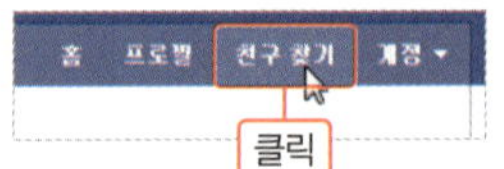

1 페이스북에 접속한 후 오른쪽 위에 있는 [친구 찾기]를 선택합니다.

2 자신의 메일 주소를 이용하여 친구들을 찾을 수 있도록 메일이 등록되어 있는 여러 개의 사이트가 표시됩니다. 원하는 사이트를 선택한 후 로그인 아이디와 비밀번호를 입력합니다. 선택한 사이트의 메일 정보를 이용하여 페이스북 초대장을 자동으로 발송합니다.

3 자주 사용하고 있는 네이트온을 선택한 후 아이디와 비밀번호를 입력하고 [친구 찾기]를 클릭합니다. 네이트온에 등록되어 있는 친구들에게 자동으로 페이스북 초대장을 발송합니다.

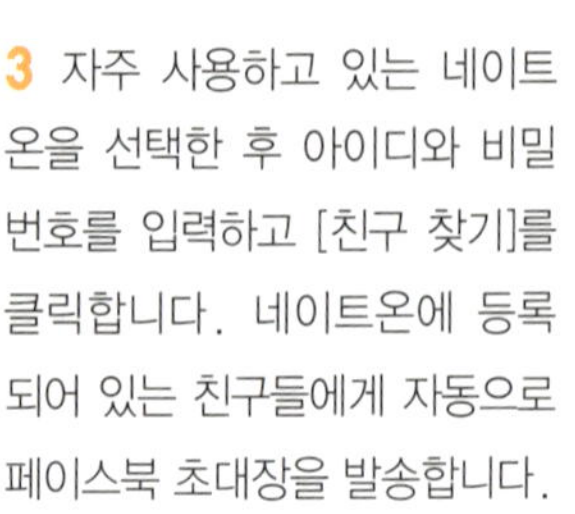

07 주소록을 업로드하여 친구 찾기

페이스북의 편리한 기능 중 하나가 바로 자신이 사용하던 이메일을 등록하면 이메일 주소를 이용하여 친구들에게 자동으로 페이스북 친구를 맺자는 메일이 발송됩니다. 주로 사용하는 이메일 주소록을 이용하여 등록하고 페이스북 친구들을 찾아보세요.

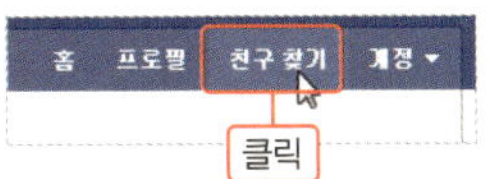

▶ **1** 오른쪽 위에 있는 [친구 찾기]를 선택합니다.

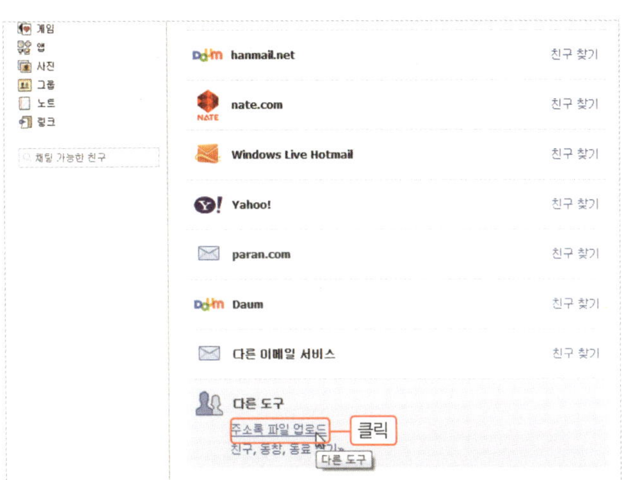

▶ **2** 친구 찾기 화면이 나타나면 아래쪽으로 이동하여 [다른 도구]를 선택하고 [주소록 파일 업로드]를 클릭합니다.

3 아웃룩 익스프레스나 지메일(Gmail)에서 주소록 내보내기를 통해서 저장해 놓은 메일 주소를 직접 불러올 수 있습니다. 백업받아 놓은 CSV 파일을 불러오기 위해서 [파일 선택]을 클릭합니다.

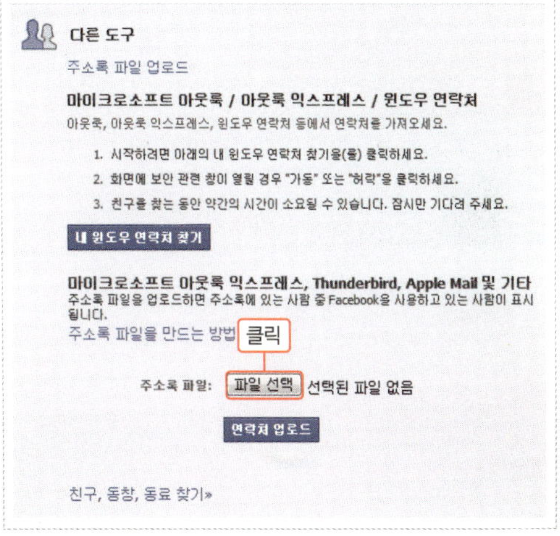

▶ **4** [열기] 대화상자가 나타나면 CSV 이메일 주소 백업 파일을 선택하고 [열기]를 클릭합니다.

5 친구로 추가할 연락처가 확인이 되면 체크 표시한 후 [친구로 추가]를 클릭합니다.

Talk Talk [알 수도 있는 사람]에서 친구 찾기

페이스북 오른쪽에 [알 수도 있는 사람]이 나타나는데, 함께 알고 있는 친구가 있을 경우에 숫자로 표시되는 페이스북 친구 목록입니다.

1 [알 수도 있는 사람] 목록에서 친구를 추가하려면 추가할 친구의 [친구로 추가]를 클릭합니다.

2 또는 [전체 보기]를 클릭하여 [알 수도 있는 사람]의 전체 목록이 나타나면 목록 중에서 추가할 친구를 체크 표시하여 페이스북 친구로 추가할 수 있습니다.

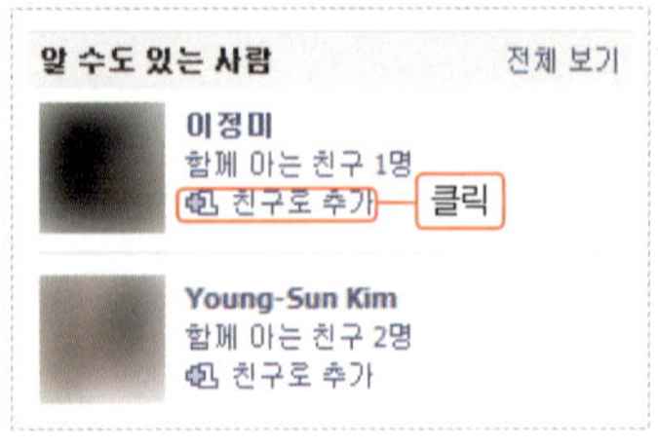

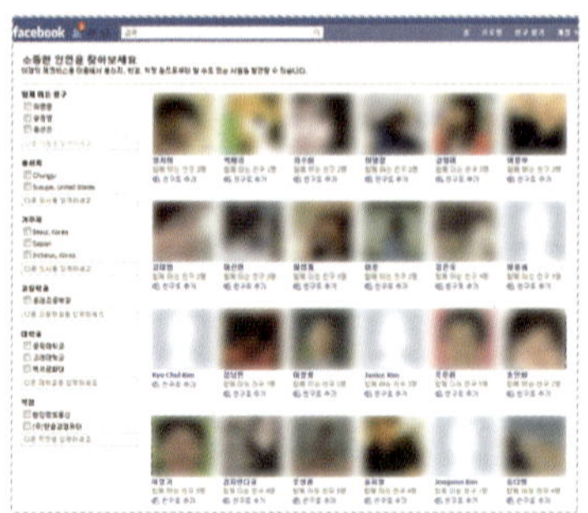

08 페이스북을 하지 않는 친구 초대하기

아직 페이스북을 사용하지 않는 친구들에게 페이스북을 함께 사용하자고 페이스북에 가입할 수 있는 요청 메일을 보낼 수 있습니다. 페이스북에서 많은 친구들과 관계를 돈독히 할 수 있도록 더 많은 친구들을 초청해보세요.

1 페이스북의 오른쪽 위에 있는 [계정] – [친구 관리]를 선택합니다.

2 메일 주소를 알고 있는 친구를 직접 초대하기 위해서 [친구 초대]를 클릭합니다.

3 친구에게 초대 메일을 보낼 수 있는 창이 나타나면 메일 주소와 메시지를 입력한 후 [초대]를 클릭합니다.

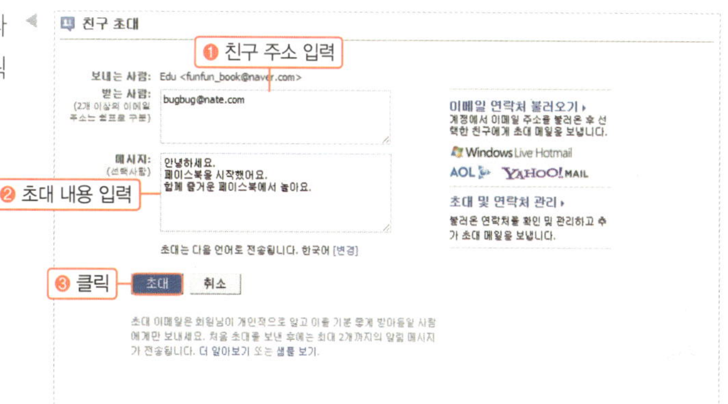

4 초대장을 보낸 친구를 내가 알고 있는 친구들에게 추천할 수 있는데, [친구들에게 추천하기]를 클릭하여 내 친구들에게 새로운 친구를 추천해줍니다.

페이스북을 사용하다보면 스팸성 글을 올려 뉴스피드를 어지럽힌다거나 보기 싫은 글을 지속적으로 올리는 사람들이 있습니다. 페이스북에서는 이런 친구들을 삭제할 수 있습니다. 페이스북이나 SNS에서는 친구 등록을 쉽게 할 수 있는 만큼 불편한 친구들에 대한 삭제도 쉽습니다. 페이스북이나 SNS에서 좋은 친구를 사귈 수도 있지만 그만큼 쉽게 헤어질 수도 있습니다.

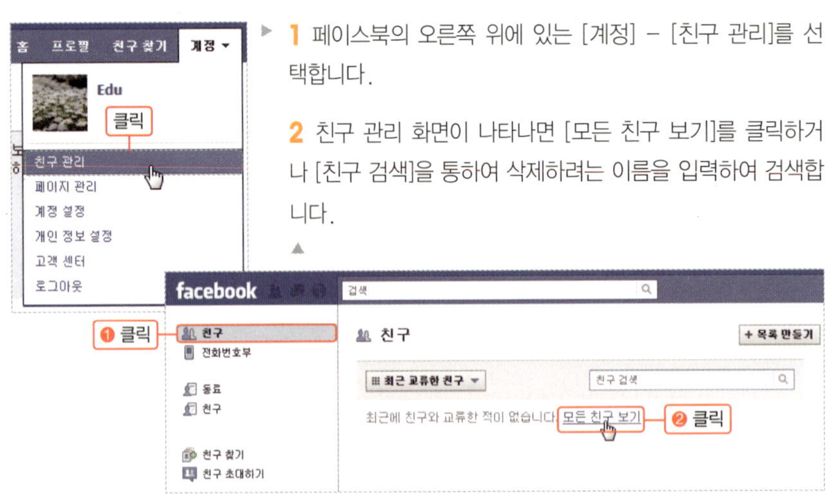

1 페이스북의 오른쪽 위에 있는 [계정] – [친구 관리]를 선택합니다.

2 친구 관리 화면이 나타나면 [모든 친구 보기]를 클릭하거나 [친구 검색]을 통하여 삭제하려는 이름을 입력하여 검색합니다.

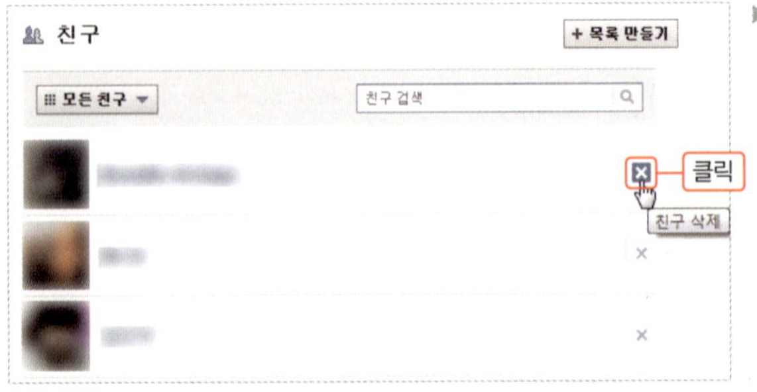

3 표시된 친구 목록에서 삭제하고자 하는 사용자의 오른쪽에 있는 X 표시를 클릭하여 친구 삭제를 할 수 있습니다.

10 친구 차단하기

페이스북에 등록했던 친구를 내 페이스북에 접근하지 못하도록 아예 차단시키고자 할 때 친구 차단 기능을 이용할 수 있습니다.

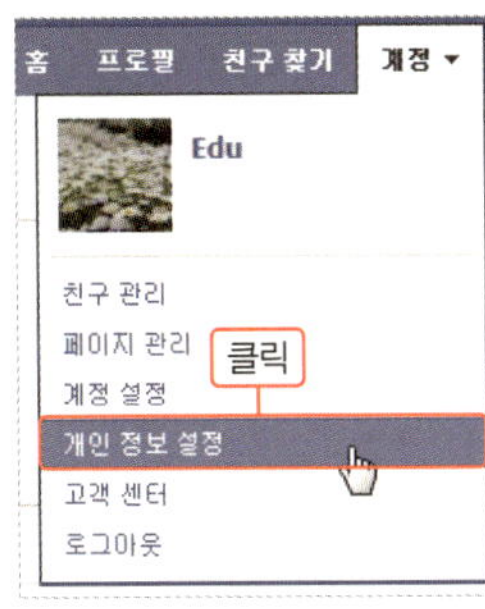

1 페이스북의 오른쪽 위에 있는 [계정] – [개인 정보 설정]을 선택합니다.

2 개인 정보 설정 관리 화면이 표시되면 아래쪽 [차단 목록]에서 [목록 관리]를 클릭합니다.

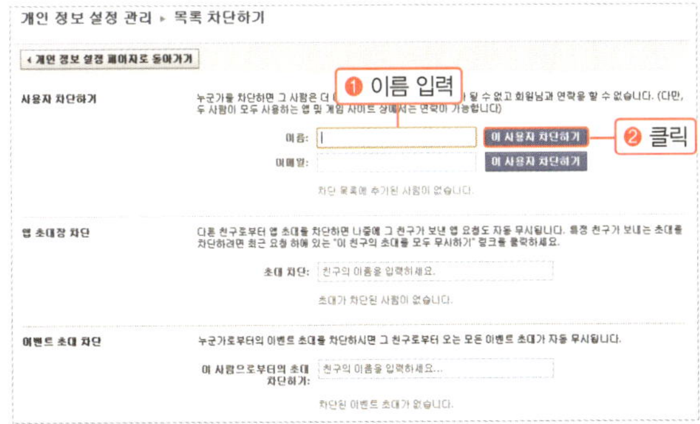

3 내 페이스북에 접근하지 못하도록 사전에 차단해 놓을 수 있는데 차단할 이름을 입력한 후 [이 사용자 차단하기]를 클릭합니다.

4 검색 결과가 표시되는데 차단할 사용자를 확인한 후 [차단]을 선택하고 [닫기]를 클릭합니다.

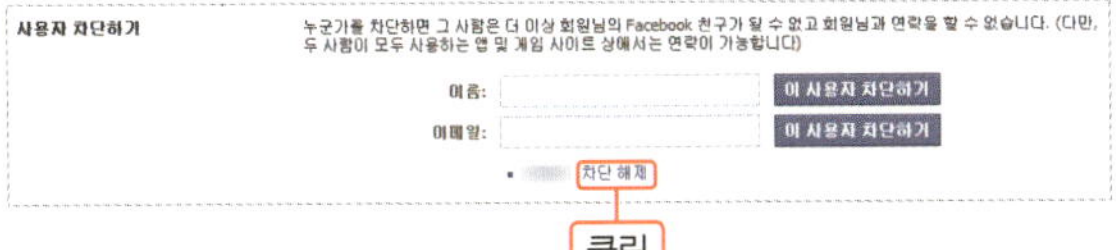

5 차단을 해제하려면 차단한 사람의 이름 옆의 [차단 해제]를 클릭하여 차단된 사용자를 해제할 수 있습니다.

페이스북에 회원으로 가입하고, 프로필 사진을 업로드하고, 자신의 정보를 입력하거나 새로운 친구를 초대하고 사귀는 방법을 알아보았습니다. 이제부터 페이스북을 이해하고, 쉽게 적응할 수 있는 방법에 대해서 알아보겠습니다.

페이스북 화면 이해하기

페이스북에서 홈 화면(뉴스피드)은 친구들의 모든 소식이 올라오는 가장 기본적인 곳입니다. 그래서 친구가 많을수록 홈 화면은 수많은 글들이 올라옵니다. 홈 화면은 친구들이나 내가 쓴 글들이 모두 보이며 '나'만 볼 수 있는 곳입니다. 프로필 화면은 친구들이 내 페이스북에 글을 남길 수 있으며 친구들이 볼 수 있는 공간입니다.

화면 상단에 있는 [facebook]을 클릭하거나 [홈]을 선택하면 홈 화면으로 이동합니다.

Talk Talk 페이스북에 접속하면 가장 먼저 보이는 화면이 바로 홈 화면입니다. 홈 화면은 내가 업로드한 이야기뿐만 아니라 친구들의 소식이나 활동 상황 등을 모두 볼 수 있습니다.

(1) 상단 메뉴의 구성과 기능

페이스북에서 사용하는 기본 메뉴가 화면 위에 있습니다. 페이스북 로고(facebook)와 함께 [상태 알림 아이콘], [검색창], [홈], [프로필], [친구 찾기], [계정]으로 구성되어 있습니다. 각각에 대해서 자세히 알아보겠습니다.

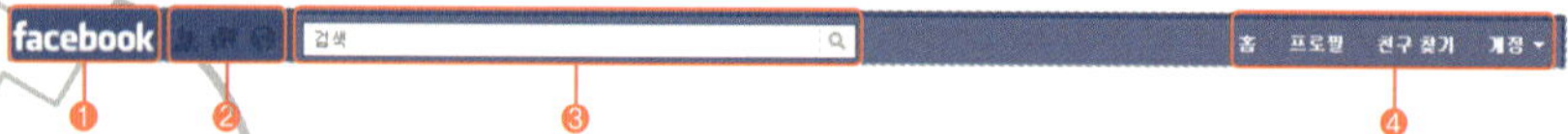

❶ 페이스북 로고

페이스북의 로고 이미지입니다. 이것을 클릭하면 어느 페이지에서든 페이스북 홈으로 바로 이동합니다.

❷ 알림 메뉴 아이콘

• 친구 요청 : 나에게 친구 요청을 해온 사람들의 목록을 볼 수 있으며, [친구 찾기]를 클릭하면 친구 화면으로 바로 이동하여 친구들을 찾을 수 있습니다.

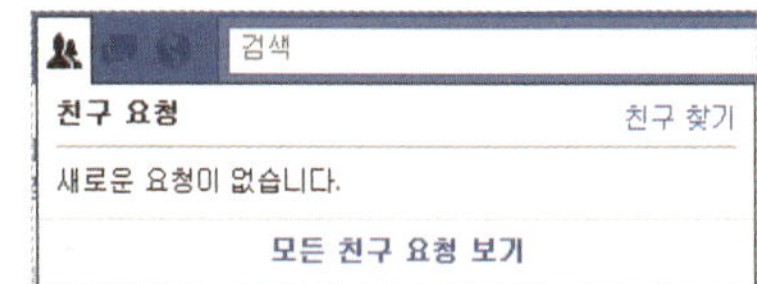

• 메시지 : 현재 내가 받은 쪽지 목록을 확인할 수 있으며 [새 메시지 보내기]를 클릭하여 친구에게 메시지를 보낼 수 있습니다. 메시지 내용은 비공개이므로 교신 자끼리만 알고 싶은 대화를 나눌 수 있습니다.

• 알림 : 내 담벼락에 새로 올라온 글이나 댓글 등 친구들의 상태 변경 사항이나 친구 요청 수락 현황 등 친구들의 상태를 알려줍니다. 해당 메시지를 클릭하면 선택한 내용으로 바로 이동할 수 있습니다.

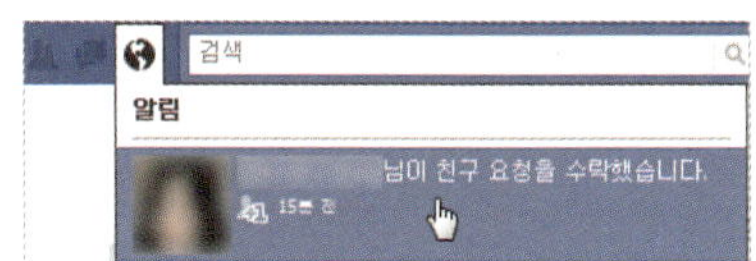

❸ 검색

검색창을 통해서 친구를 찾거나 각종 어플리케이션, 특정한 주제의 웹 사이트 등을 검색 키워드로 찾을 수 있습니다.

❹ 페이스북 기본 메뉴

• 홈 : 페이스북 홈 화면으로 이동할 수 있는데 페이스북 로고의 링크와 같습니다.

• 프로필 : 내 프로필 화면으로 이동합니다.

• 친구 찾기 : 친구 찾기를 도와주는 메뉴로 페이스북을 처음 시작하고 친구 찾기 단계를 어느 정도 마치면 자동으로 사라지는 메뉴입니다.

• 계정 : 내 계정에 대한 각종 기능을 설정하는 메뉴로 클릭하면 관련된 메뉴가 표시됩니다.

(2) 홈 화면의 왼쪽 메인 메뉴

페이스북을 활용할 수 있는 기본 메뉴로 구성되어 있습니다. [뉴스피드], [메시지], [이벤트], [친구], [가입한 그룹], [그룹 만들기], [어플리케이션] 등을 이용할 수 있습니다. 또한 현재 온라인에 접속되어 채팅을 할 수 있는 친구 목록이 표시됩니다.

(3) 가운데 영역(뉴스피드)

왼쪽 메인 메뉴에서 선택한 메뉴를 보여주는데 가장 기본은 [뉴스피드]입니다.
[뉴스피드]는 [인기글]과 [최신글]로 선택하여 볼 수 있습니다.

(4) 오른쪽 메뉴

[이벤트]와 [알 수도 있는 사람], [요청], [친구 찾기] 등 페이스북을 하면서 더 많
은 친구들과 관계를 맺고 정보를 공유할 수 있도록 도와줍니다.

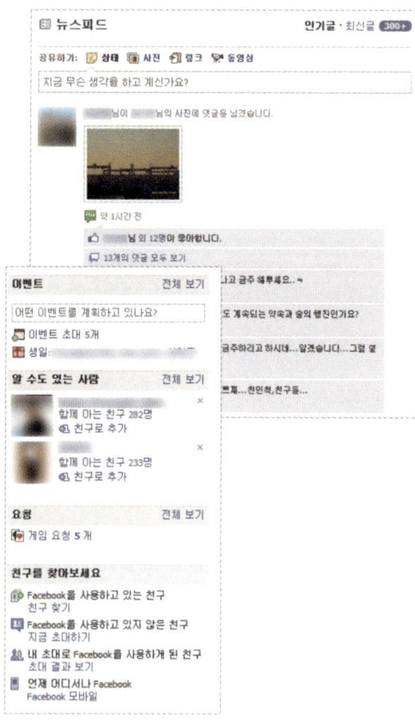

02 뉴스피드 이해하기

뉴스피드(NewsFeed)는 '인기글'과 '최신글'로 정렬하여 볼 수 있습니다. 기본적으
로 '인기글'이 보이며, '최신글'을 클릭하면 최근 업로드된 글이 나타납니다. '인기
글'은 업로드 순서가 아니라 관심도에 따라 보여주는데, 나와 관련 있는 친구들이
'좋아요'를 눌렀거나 댓글이 많은 글부터 보여줍니다. '최신글'은 시간 순서대로 업
로드된 글을 보여줍니다. 필요에 따라 '인기글'이나 '최신글'을 선택하세요. 각각의
글에는 누가, 언제, 글을 업로드했는지 경로를 보여주며 트위터와 연동한 사용자
가 트위터에 글을 올렸을 경우에는 글을 업로드한 트위터 주소가 보입니다.

03 댓글 달기

페이스북에서 친구를 맺은 사람의 글에는 댓글을 남길 수 있습니다. 친구 담벼락에 등록된 글 아래에 보이는 메뉴 중 '댓글 달기'를 클릭하면 간단한 입력창이 표시되는데 입력창에 원하는 내용의 댓글을 등록할 수 있습니다. 댓글을 많이 달수록 더욱 친근한 인맥 관계를 유지할 수 있습니다. 더욱 재미있는 기능은 댓글을 달아 놓고 그 글에 다른 사람이 댓글을 남길 경우 '알림'을 해주기 때문에 내가 남긴 댓글을 통하여 다른 사람과 소통할 수 있습니다.

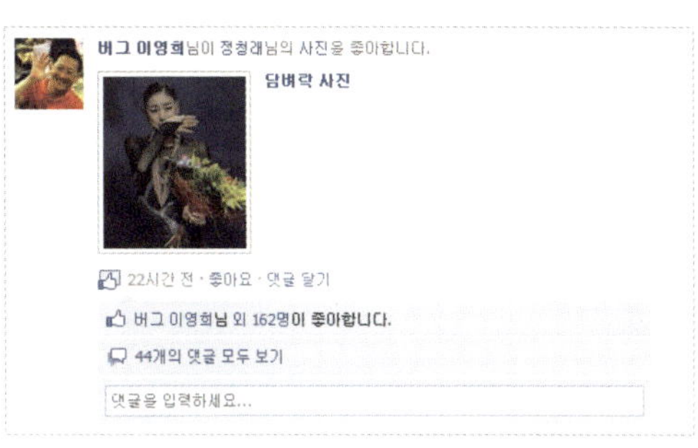

1 댓글을 달고자 하는 글의 [댓글 달기]를 클릭하거나 [댓글을 입력하세요]라고 표시된 부분에 내용을 입력합니다.

2 댓글 입력창에서 원하는 댓글을 입력한 후 Enter를 누르면 자동으로 댓글이 등록됩니다. 같은 방법으로 다른 글에도 댓글을 달 수 있습니다.

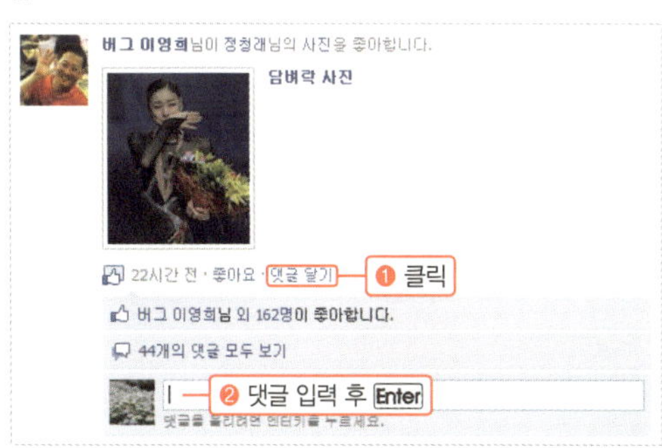

[좋아요] 클릭하기

페이스북에서 가장 편리한 소통의 방법 중 하나인 [좋아요]는, 댓글을 달지 않아도 글에 대한 '공감', '동의', '응원' 등 다양한 의미의 의사 표현으로 활용할 수 있습니다. [좋아요]를 클릭하면 그 글에 댓글이 달리거나 어떤 상황이 발생하였을 경우 '알림'을 통해서 알려주기 때문에 다른 일을 하다가도 글에 대한 반응을 확인할 수 있습니다.

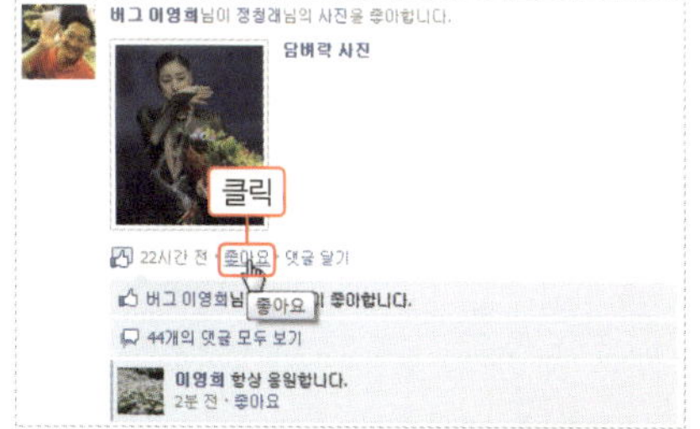

04 공유하기

'정보를 공유함으로써 가치는 배가된다.'라는 말이 있습니다. 페이스북도 뉴스피드에 올라온 친구의 글을 공유할 수 있습니다. 공유를 하면 내 친구의 수가 적더라도 공유의 공유를 통해서 수많은 사람들이 그 정보를 볼 수 있습니다. 이러한 이유로 인하여 '공유하기(share)'가 바로 소통의 완성이라고 할 수 있습니다. 공유하기는 자신의 생각도 함께 등록할 수 있기 때문에 트위터의 RT(Retweet)와 같은 개념이라고 생각하면 됩니다.

1 뉴스피드에 올라온 새로운 글이 나와 친구를 맺고 있는 사람들에게 보여 줄만한 정보라고 생각된다면 친구들과의 정보 공유를 위해서 [공유하기]를 클릭합니다.

2 [공유하기]를 할 때 자신의 생각을 추가할 수 있는 입력창이 표시됩니다. 자신의 생각도 함께 정리한 후 공유하는 것이 좋습니다. 내용 입력을 마쳤으면 [공유하기]를 클릭합니다.

3 글자(text)만 있는 글일 경우에는 공유하기를 할 수 없습니다. 사진과 함께 올린 글에 대해서만 공유하기를 할 수 있습니다. 사진이 없을 경우에는 [공유하기]가 표시되지 않습니다.

04 뉴스피드에 글 올리기

홈 화면의 뉴스피드 입력창을 보면 '지금 무슨 생각을 하고 계신가요?'라는 문구가 보입니다. 페이스북은 바로 당신이 어떤 생각을 하는지 글을 남기면 많은 사람들과 생각을 공유할 수 있도록 해줍니다. 뉴스피드에 자신의 생각을 남기는 방법에 대해서 알아보겠습니다.

1 홈 화면의 뉴스피드를 보면 [지금 무슨 생각을 하고 계신가요?]라는 문구가 보이는 입력창이 있습니다. 이곳을 마우스로 클릭하여 새로운 글을 등록하여 페이스북 친구들과 다양한 이야기들을 공유할 수 있습니다.

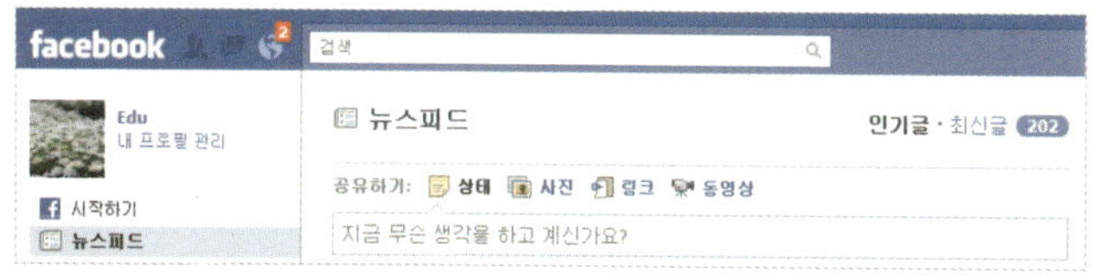

2 입력창을 마우스로 클릭하면 보이던 문구가 사라져 새로운 글을 입력할 수 있습니다. 글을 입력한 후 [공유하기]를 클릭합니다.

Talk Talk 뉴스피드 글 올리기

글자(text)만으로 글을 남길 때에는 420자까지 내용을 남길 수 있습니다. 그러나 사진과 함께 글을 올릴 경우에는 글자수에 제한 없이 쓸 수 있으며, 입력한 내용을 수정할 수도 있습니다.

▶ **3** 뉴스피드 화면에 입력한 내용이 업로드된 것을 확인할 수 있습니다. 새로 등록된 글은 페이스북 친구들의 뉴스피드에 자동으로 나타납니다.

Talk Talk 올린 글에 대한 접근 권한 설정하기

글을 올릴 때 [공유하기]의 왼쪽에 있는 자물쇠 모양의 아이콘을 눌러 글에 대한 접근 권한을 설정할 수 있습니다.
[사용자 지정]을 선택하면 접근 권한을 좀 더 세부적으로 지정할 수 있습니다.

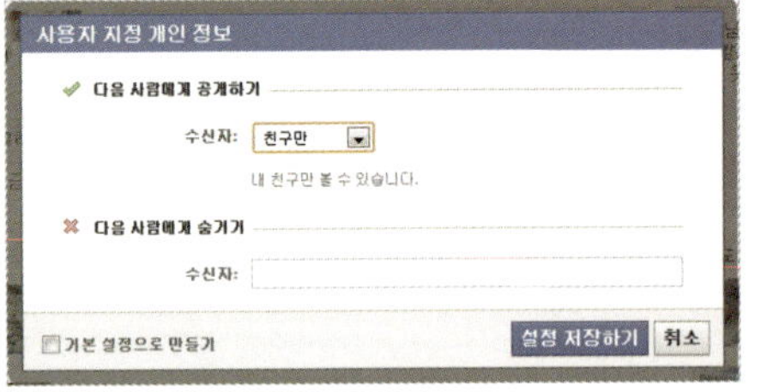

06 뉴스피드에 링크 달기

뉴스피드에 URL 주소를 직접 입력하여 공유하는 방법에 대해서 알아보겠습니다. 링크를 달 경우에는 관련된 글에 있는 썸네일(미리보기 이미지)도 자동으로 불러오기 때문에 쉽게 관련 내용을 보여줄 수 있습니다.

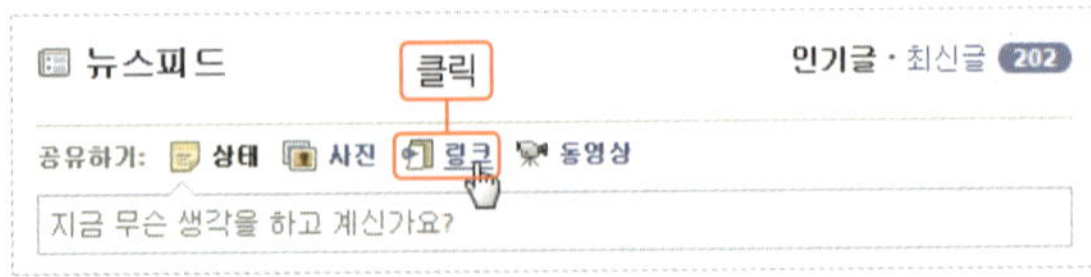

▶ **1** 뉴스피드에서 내용 입력창에 있는 [링크]를 클릭합니다.

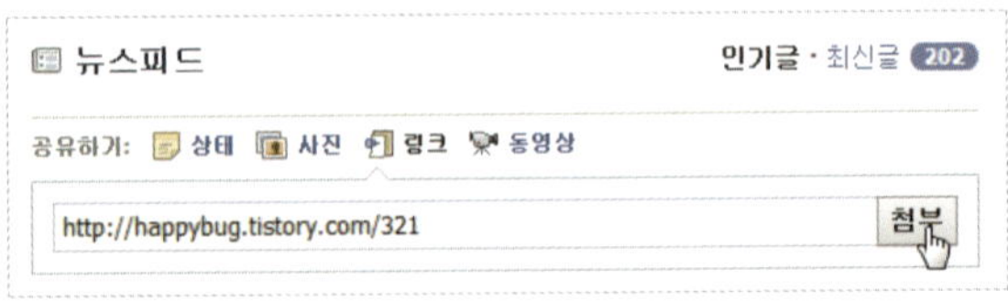

▶ **2** 주소 입력창이 나타나면 링크하려는 주소를 입력하거나 붙여넣기(Ctrl+V)를 한 후 [첨부]를 클릭합니다.

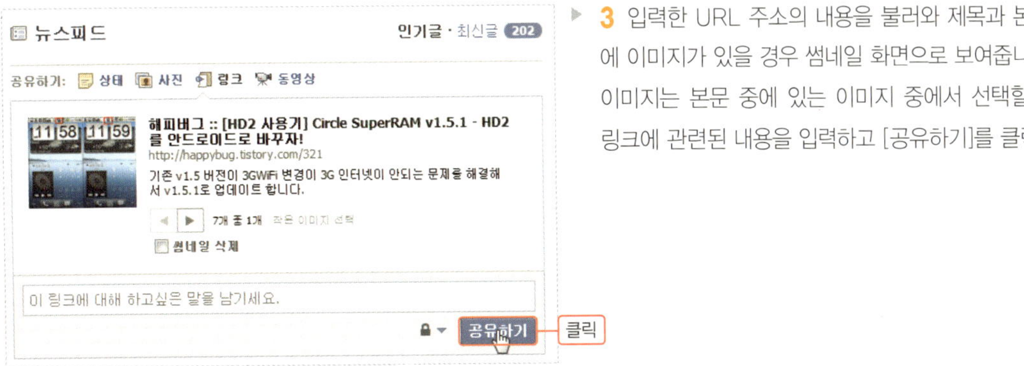

▶ **3** 입력한 URL 주소의 내용을 불러와 제목과 본문 내용 중에 이미지가 있을 경우 썸네일 화면으로 보여줍니다. 썸네일 이미지는 본문 중에 있는 이미지 중에서 선택할 수 있으며 링크에 관련된 내용을 입력하고 [공유하기]를 클릭합니다.

4 뉴스피드에 링크된 글이 등록된 것을 확인할 수 있습니다. 페이스북 친구들의 뉴스피드에도 자동으로 표시됩니다. ▶

07 친구 담벼락에 안부글 남기기

친구 페이스북을 방문하여 담벼락에도 안부글을 남길 수 있습니다. 친구 페이스북에 접속하면 프로필 화면을 볼 수 있습니다. 프로필 화면에 있는 담벼락에 안부글을 남길 수 있는데 나의 뉴스피드 화면에도 글이 표시됩니다.

1 검색창에 친구의 이름을 입력한 후 검색된 친구 목록에서 안부글을 남길 친구를 선택합니다.

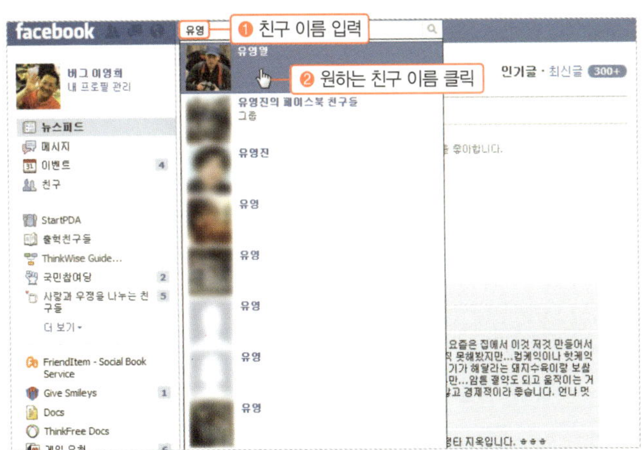

2 선택한 친구의 페이스북 프로필 화면으로 이동한 후 안부글을 남기기 위해서 [담벼락]을 클릭합니다.

3 친구의 담벼락에 글을 남긴 후 [공유하기]를 클릭합니다.

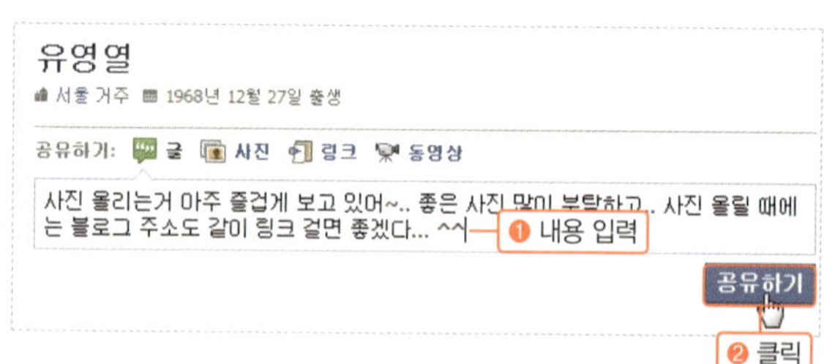

4 같은 방법으로 페이스북에서 인연을 맺은 친구들의 담벼락에 안부글을 남길 수 있습니다.

08 프로필 화면 이해하기

프로필(Profile) 화면은 전체적으로 뉴스피드와 비슷하지만 친구들이 내 담벼락에 글을 남길 수 있으며, 내 페이스북을 방문한 친구들에게 보이는 화면입니다. 친구 관계를 맺기 위해 상대방의 페이스북을 방문하면 보이는 첫 화면이 바로 프로필 화면입니다. 프로필 화면을 통해서 상대방의 페이스북 활동이나 인맥, 프로필 사진 등을 보면서 상대방에 대한 정보를 확인할 수 있습니다. 페이스북의 프로필 화면은 개인 블로그나 개인 홈페이지라고 생각하면 이해하기 쉽습니다.

(1) 왼쪽 메뉴

프로필 사진과 담벼락, 개인정보, 사진, 친구를 확인할 수 있는 메뉴가 있으며, 아래쪽으로 친구 목록과 사진이 표시됩니다. [담벼락] 메뉴를 클릭하면 그동안 페이스북에 남겼던 글이나 다른 친구들이 남긴 글을 볼 수 있습니다.

(2) 가운데 화면

[담벼락], [정보], [사진] 등 왼쪽 메뉴에서 선택한 내용을 보여줍니다. 이곳의 담벼락에 직접 글을 남길 수 있습니다.

(3) 오른쪽 메뉴

페이스북을 사용하면서 도움이 될 만한 팁이나 추천하는 친구, 광고 등을 보여줍니다.

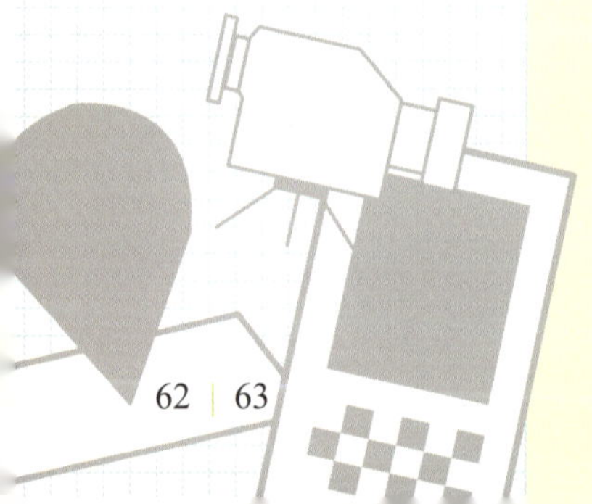

등록한 글 삭제하기

페이스북에 글을 등록하였는데 잘못된 정보였거나 지워야 할 경우 손쉽게 삭제할 수 있습니다. 만일 잘못된 정보일 경우에는 글을 삭제한 후에 삭제한 이유에 대해 간단하게 적어 주는 것도 다른 친구들을 위한 배려겠지요!

① 자신이 썼던 글을 삭제하기 위해서 글의 오른쪽 위에 나타나는 ✕ 아이콘을 클릭합니다.

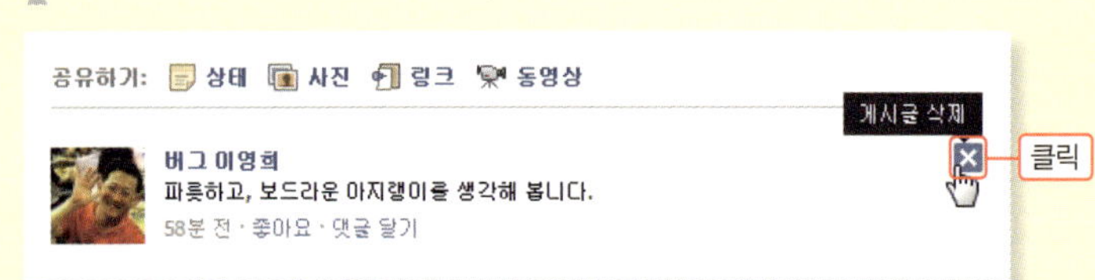

② 게시물을 삭제할 것인지 묻는 팝업창이 나타나면 [게시글 삭제]를 클릭합니다.

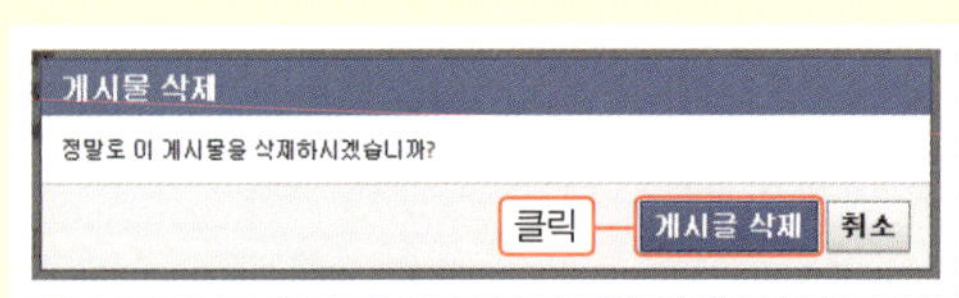

③ 프로필 화면에서 다른 사람이 썼던 글을 삭제할 경우에는 ✕ 아이콘을 클릭하여 메뉴가 나타나면 원하는 메뉴를 선택합니다.

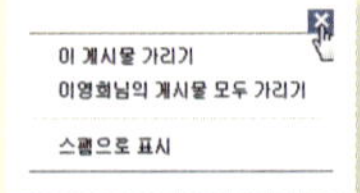

④ 홈 화면(뉴스피드)에서 다른 사람의 글을 삭제하기 위해서 ✕ 아이콘을 클릭하면 나타나는 메뉴에서 원하는 메뉴를 선택할 수 있습니다.

09 내 담벼락에 글 올리기

페이스북에서 가장 기본이 되는 화면이 바로 담벼락입니다. 페이스북 주인은 홈 화면이나 프로필 화면에서 자신의 담벼락에 글(상태, Status)을 남길 수 있지만, 상대방의 페이스북에서 글을 남기려면 프로필 화면의 담벼락을 통해서만 가능합니다. 담벼락 글은 글자(text)로만 작성할 경우에는 420자 이내로 작성해야 하며 수정할 수 없고 삭제만 가능합니다. 사진이나 이미지를 삽입한 후 글을 남길 때에는 글자 수의 제한이 없으며 글 내용을 수정할 수 있습니다.

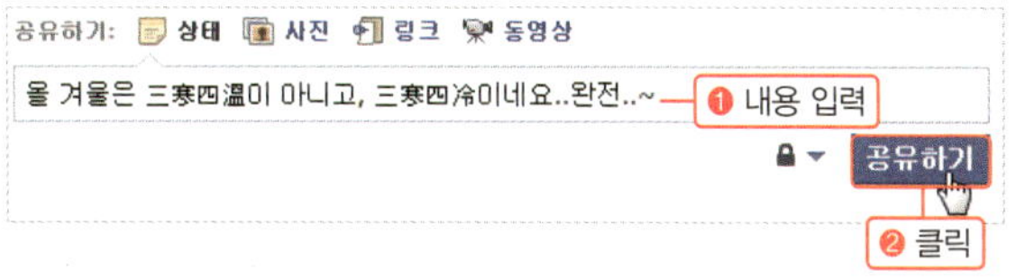

▶ **1** 담벼락에 글을 남기기 위해서 [상태] 메뉴 아래에 있는 [지금 무슨 생각을 하고 계신가요?]가 표시되어 있는 입력창을 클릭한 후 원하는 글 내용을 입력하고 [공유하기]를 클릭합니다.

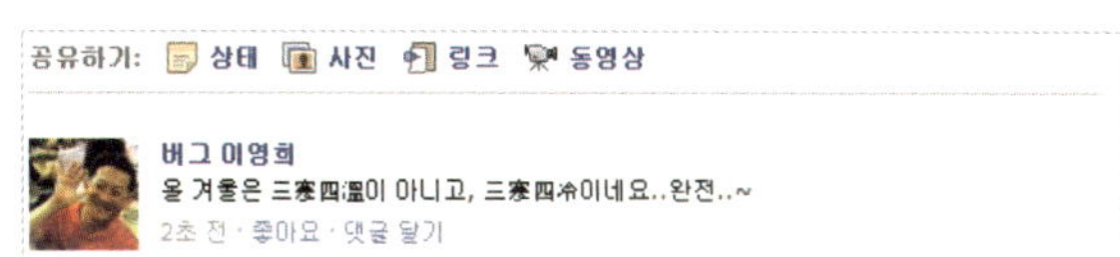

▶ **2** 작성한 글이 담벼락에 게시된 것을 확인할 수 있습니다. 여기에 글을 게시하면 뉴스피드를 통해서 친구들에게 글 내용이 전달됩니다.

담벼락에 쓴 글에 대해서 공유 권한을 설정할 수 있습니다. 자물쇠 모양의 아이콘을 클릭하면 나타나는 메뉴에서 글을 볼 수 있는 친구들의 공유 권한을 선택합니다.

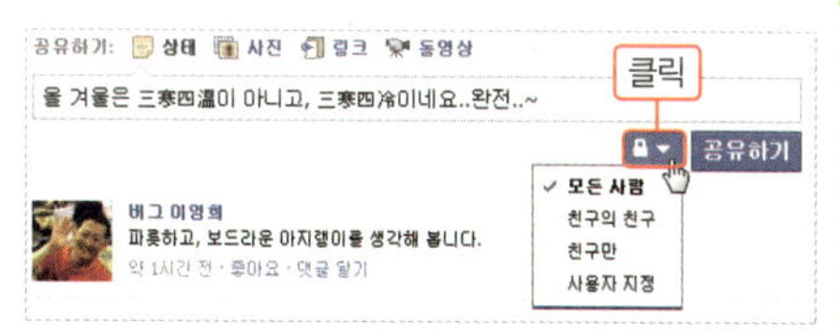

10 내 담벼락에 사진 올리기

담벼락에 글자로만 된 글을 남길 때에는 다른 친구들이 공유하기를 할 수 없지만, 사진이나 이미지를 함께 올리면 내 글을 공유할 수 있습니다. 또한 사진과 함께 올린 글은 내용을 수정할 수 있습니다. 그래서 페이스북에 글을 남길 때에는 사진이나 이미지와 함께 올리는 것이 좋습니다. 그래야만 친구들이 공유하기를 통하여 내 글을 친구가 아닌 다른 사람들과도 공유할 수 있고, 글 내용이 잘못되었거나 오류가 있을 경우에 수정할 수 있기 때문입니다.

▶ **1** 담벼락에 사진을 게시하기 위하여 [사진]을 클릭합니다.

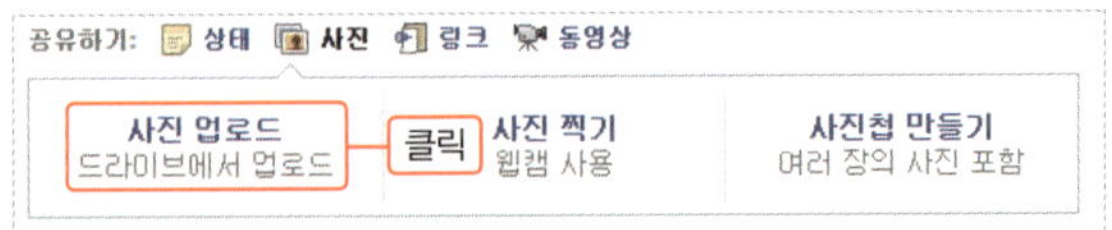

▶ **2** 사진을 등록하기 위한 메뉴가 표시되면 [사진 업로드]를 선택합니다.

Talk Talk 사진 찍기

웹캠이 설치되어 있는 컴퓨터에서 바로 촬영할 수 있는 [사진 찍기]도 있으며, 여러 장의 사진을 한꺼번에 올릴 수 있도록 [사진첩 만들기]도 지원합니다.

---

3 담벼락에 게시할 사진을 선택하기 위해서 [파일 선택]을 클릭합니다. ◀

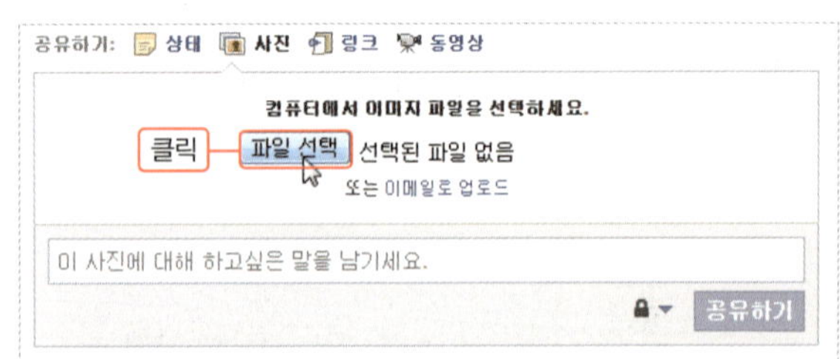

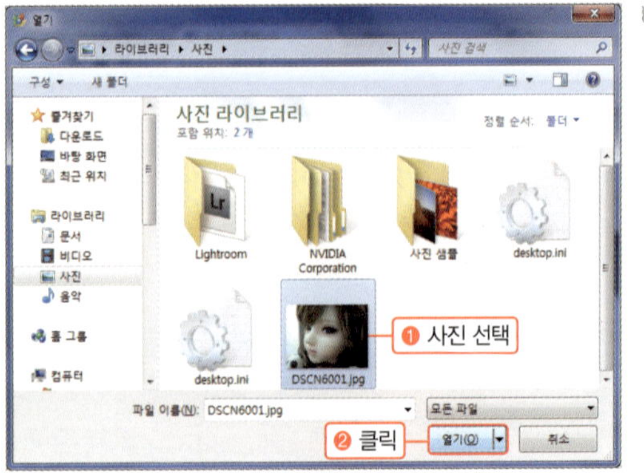

▶ **4** [열기] 대화상자에서 담벼락에 게시하려는 사진을 선택하고 [열기]를 클릭합니다.

5 사진을 선택하였으면 글을 추가할 수 있는 입력창이 나타납니다. 사진에 어울리는 내용을 입력한 후 [공유하기]를 클릭합니다.

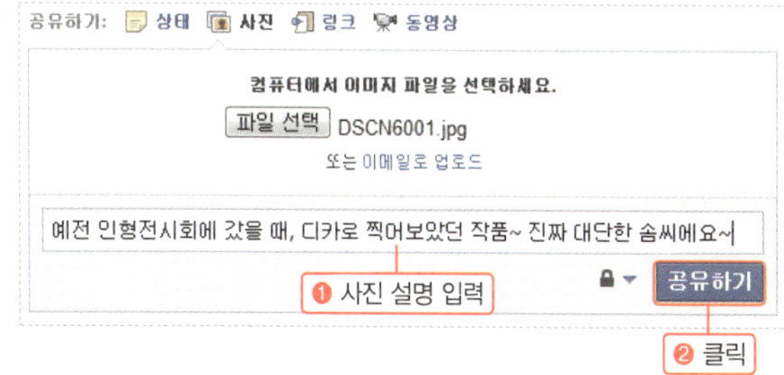

사진과 함께 등록된 글은 글자 수에 제한이 없으며 언제라도 수정할 수 있습니다.

6 선택한 사진과 입력한 내용이 등록되었습니다. 게시된 사진을 클릭하면 좀 더 큰 사진을 볼 수 있습니다.

7 사진과 함께 게시된 글을 수정하기 위해서 사진 보기 페이지에서 [설명 편집](✎)을 클릭하여 내용을 수정할 수 있습니다.

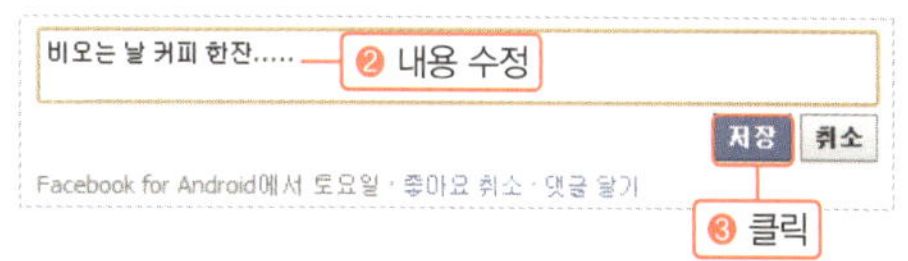

여러 장의 사진을 한꺼번에 올리는 사진첩 만들기

여러 장의 사진을 한꺼번에 올리기 위해 페이스북의 사진첩을 이용하면 편리합니다. 사진첩은 많은 사진을 한꺼번에 등록할 수 있기 때문에 방문객들도 편리하게 사진을 감상할 수 있습니다.

❶ [사진]-[사진첩 만들기] 메뉴를 선택합니다.

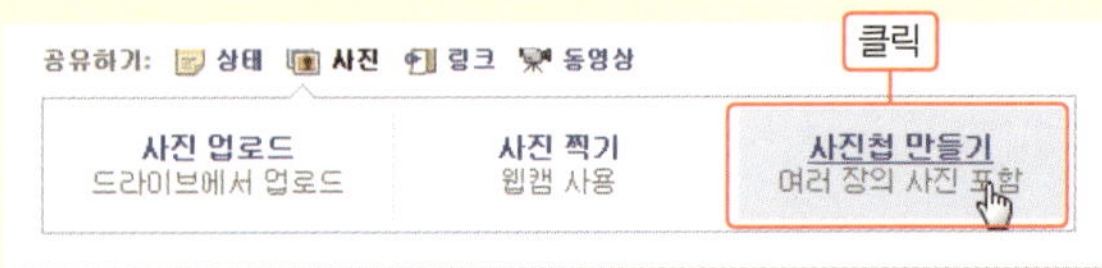

❷ [사진 업로드] 팝업창이 나타나면 [사진 선택]을 클릭합니다.

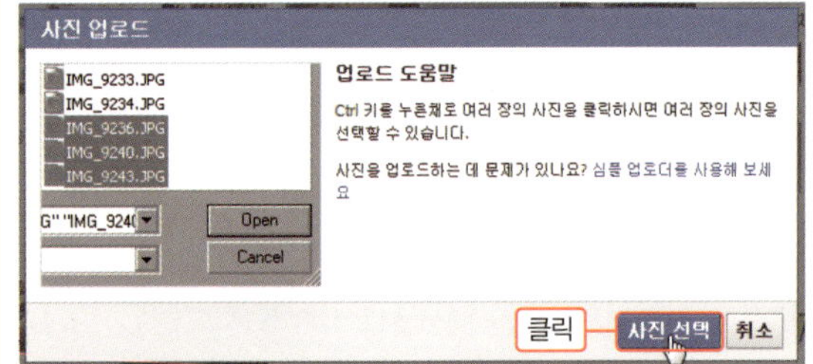

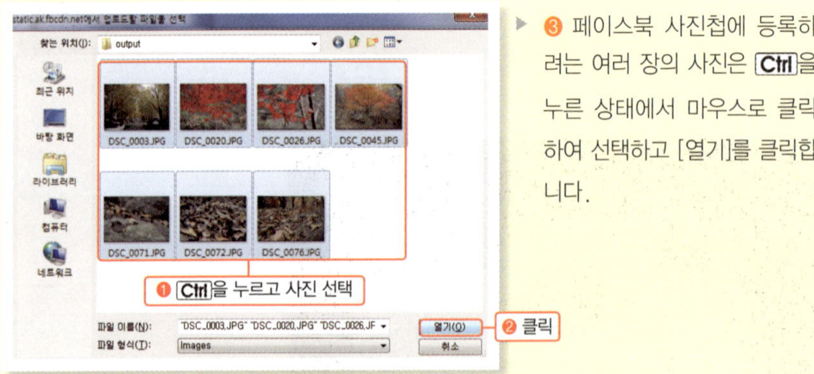

❸ 페이스북 사진첩에 등록하려는 여러 장의 사진은 Ctrl 을 누른 상태에서 마우스로 클릭하여 선택하고 [열기]를 클릭합니다.

❹ 사진을 업로드하는 진행 속도를 보여줍니다.

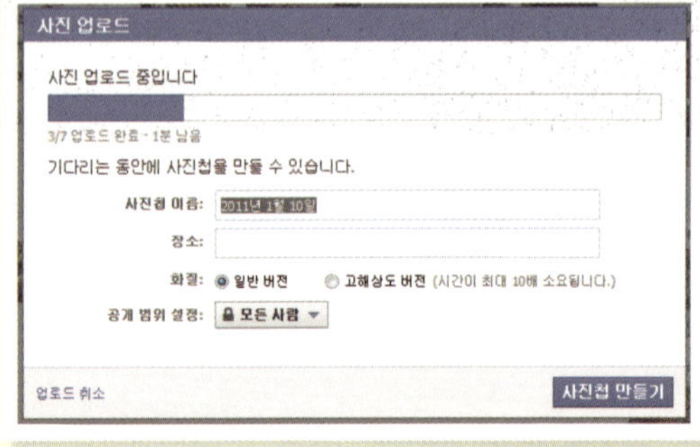

❺ 등록한 사진과 관련된 [사진첩 이름]과 [장소] 등 정보를 입력하고 [공개 범위 설정]을 지정한 후 [사진첩 만들기]를 클릭합니다.

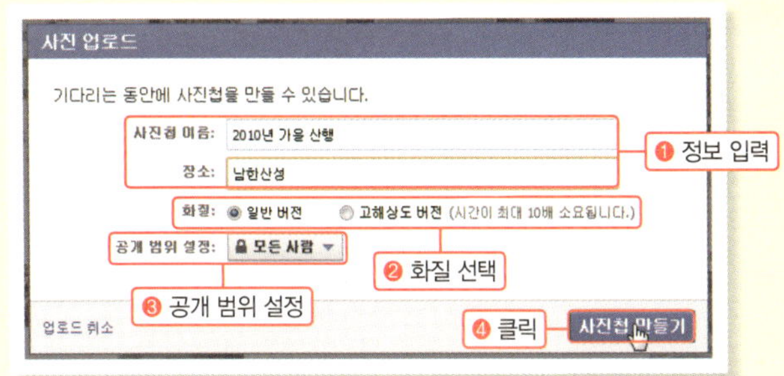

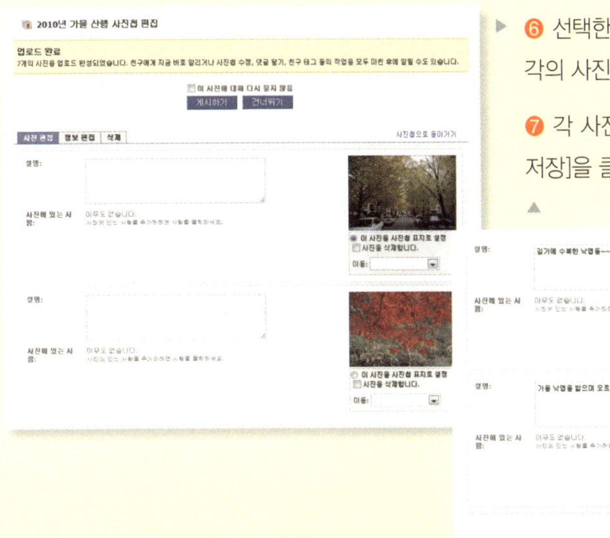

❻ 선택한 사진 목록과 사진을 설명할 수 있는 입력창이 표시되면 각각의 사진과 관련된 설명을 입력합니다.

❼ 각 사진에 맞는 설명을 입력한 후 화면 아래쪽에 있는 [변경 내용 저장]을 클릭합니다.

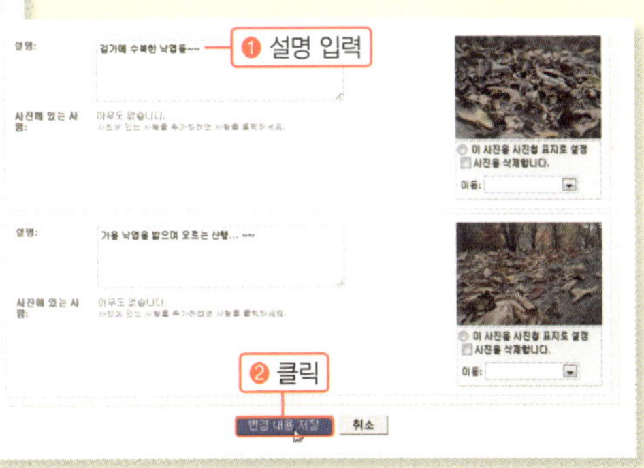

❽ 선택한 사진이 사진첩에 등록이 되었습니다.

❾ 프로필 화면으로 이동하면 등록한 사진첩을 확인할 수 있습니다. 사진을 클릭하면 여러 장의 사진을 함께 감상할 수 있습니다.

‖ 내 담벼락에 링크 달기

가끔 웹 서핑을 하다가 좋은 정보가 있어 다른 친구들과 공유하고 싶을 때 링크 기능을 이용할 수 있습니다. 웹 서핑 중 발견한 정보의 URL 주소를 이용하여 링크를 공유할 수 있습니다. 좋은 정보를 페이스북 친구들과 함께 공유하면서 더 많은 페이스북 인맥을 만들 수 있습니다.

1 좋은 정보가 있는 웹 사이트를 발견하면 페이스북 담벼락에서 공유하기 위해서 URL 주소를 복사합니다. URL 주소에서 마우스 오른쪽 버튼을 눌러 나타나는 메뉴에서 [복사]를 선택합니다.

2 복사한 URL 주소를 등록하기 위해서 [링크]를 클릭합니다.

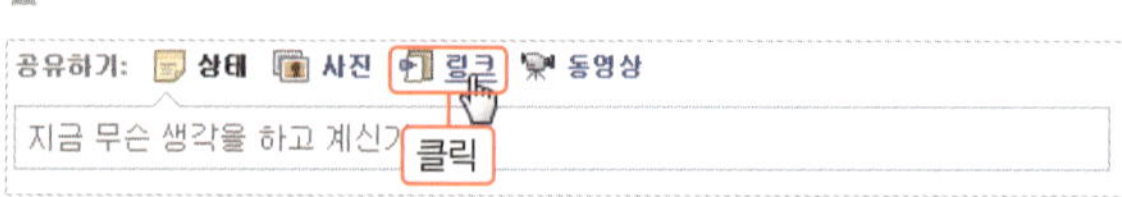

3 URL 주소를 입력할 수 있는 입력창이 나타나면 마우스 오른쪽 버튼을 눌러 나타나는 메뉴에서 [붙여넣기]를 선택하여 URL 주소를 붙여넣습니다.

4 URL 주소가 제대로 입력이 되었다면 [첨부]를 클릭합니다.

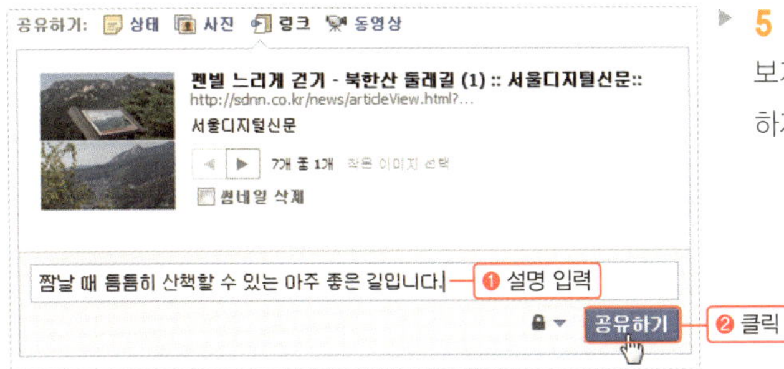

► **5** 복사한 웹 사이트의 본문 중에 이미지가 있을 경우 미리 보기 이미지로 보여줍니다. 관련 링크에 대한 설명을 간략하게 입력한 후 [공유하기]를 클릭합니다.

► **6** 담벼락에 링크한 내용이 등록되는 것을 확인할 수 있습니다. 같은 방법으로 다른 웹 사이트도 자신의 페이스북에서 공유할 수 있습니다.

12 내 담벼락에 동영상 올리기

페이스북은 사진뿐만 아니라 직접 촬영한 동영상도 담벼락에 게시할 수 있습니다. 동영상 크기는 1,024MB 이하이고, 20분 이하인 동영상 파일을 업로드할 수 있습니다. 동영상을 담벼락에 업로드하는 방법에 대해서 알아보겠습니다.

1 동영상 파일을 업로드하기 위해서 [동영상]을 클릭합니다.

2 직접 촬영한 동영상 파일을 업로드하기 위해서 [동영상 업로드]를 선택합니다. 웹캠이 설치되어 있을 경우에는 바로 동영상을 녹화하여 업로드할 수 있습니다.

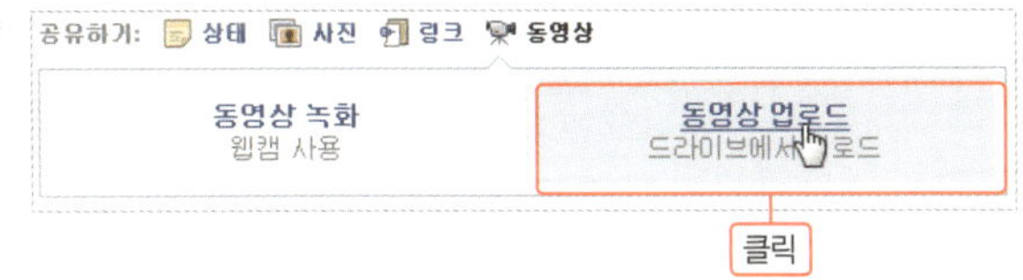

Talk Talk 동영상 직접 녹화하고 업로드하기

웹캠이 컴퓨터에 설치되어 있을 경우에는 [동영상 녹화]를 선택하여 직접 동영상을 촬영하고 게시할 수 있습니다.

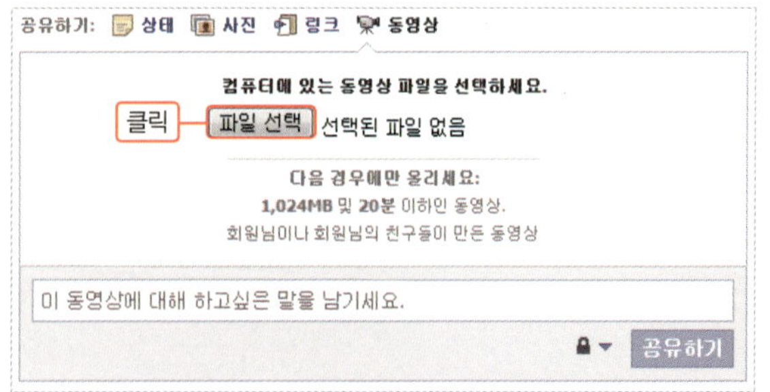

▶ **3** [파일 선택]을 클릭하여 게시하려는 동영상 파일을 클릭합니다.

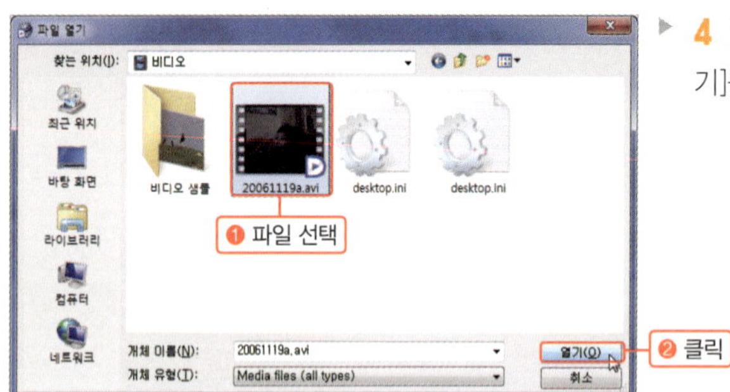

▶ **4** [파일 열기] 대화상자가 표시되면 동영상 파일을 선택한 후 [열기]를 클릭합니다.

5 동영상과 관련된 내용을 입력한 후 [공유하기]를 클릭합니다.

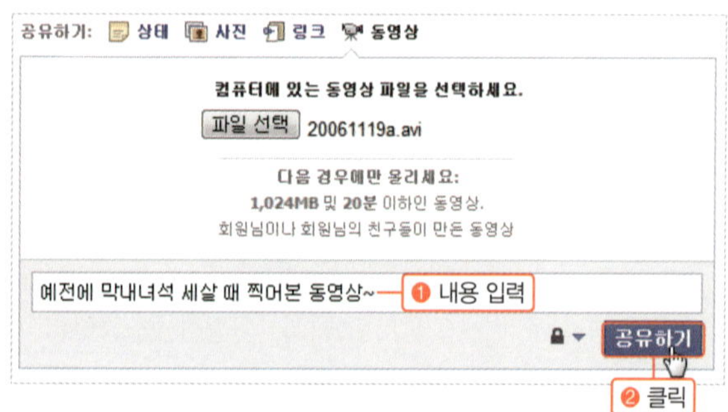

6 동영상을 업로드하는 부분에 대한 약관이 표시되면 내용을 읽어본 후 [동의]를 클릭합니다.

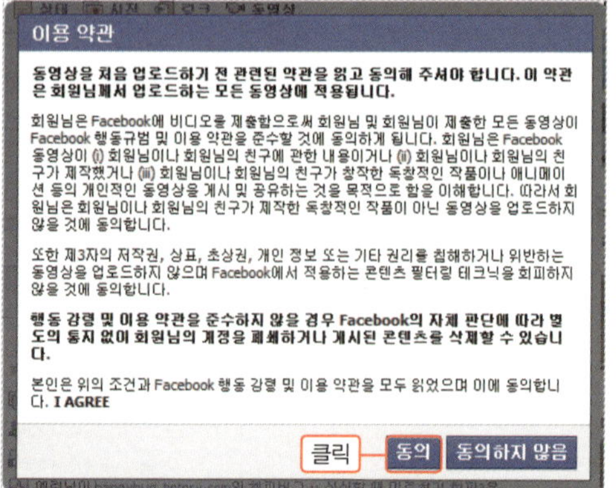

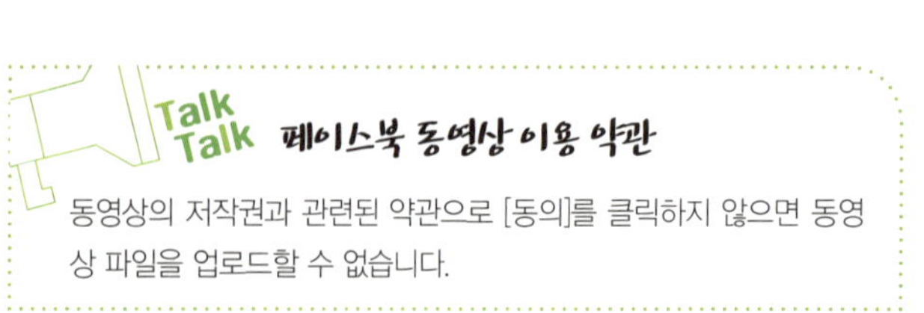

동영상의 저작권과 관련된 약관으로 [동의]를 클릭하지 않으면 동영상 파일을 업로드할 수 없습니다.

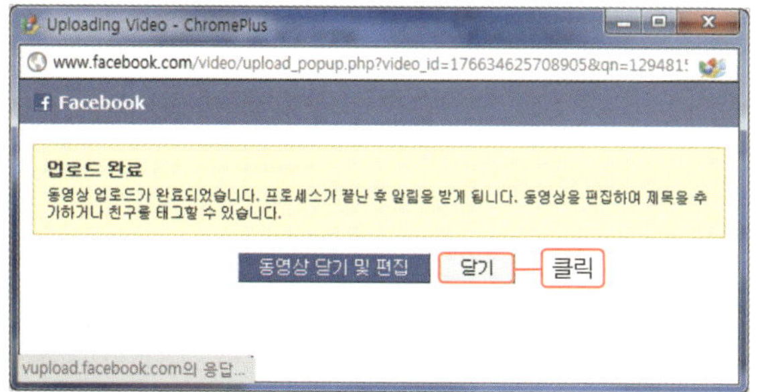

7 업로드 완료창이 나타나면 [닫기]를 클릭합니다.

8 담벼락에 선택한 동영상이 게시된 것을 확인할 수 있습니다.

9 동영상의 [플레이(Play)]를 클릭하면 게시한 동영상이 재생됩니다.

동영상
인코딩
하기

직접 촬영한 동영상이나 다운로드받은 동영상을 자신의 기기에 맞도록 변환하거나 동영상의 파일 용량을 줄일 때 편리하게 사용할 수 있는 다음 팟인코더 (Pot Encoder)에 대해서 간단하게 사용법을 알아보겠습니다.

❶ 웹 브라우저에서 http://www. daum.net로 이동하여 검색창에 '다음인코더'를 검색합니다.

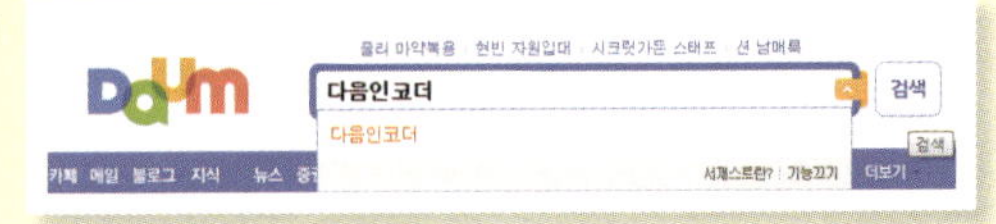

❷ 검색 결과가 표시되면 '다음 팟인코더' [다운로드]를 클릭하여 자신의 컴퓨터에 다운로드 받습니다.

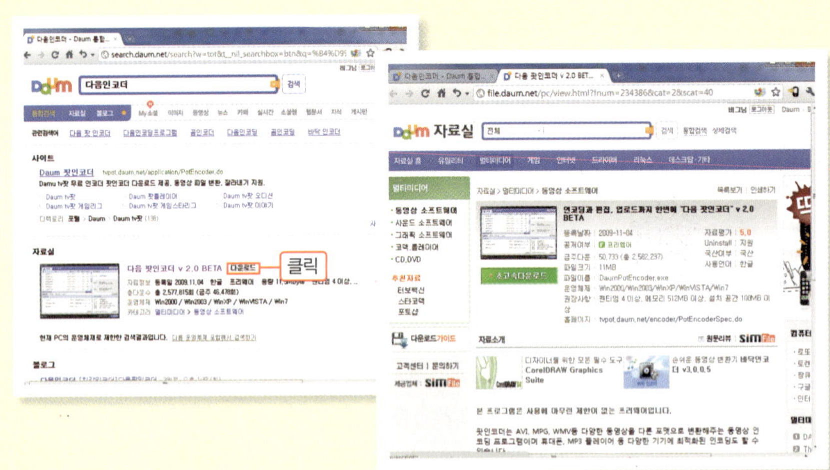

❸ 다운로드받은 '다음 팟인코더' 파일을 더블클릭하여 실행합니다.

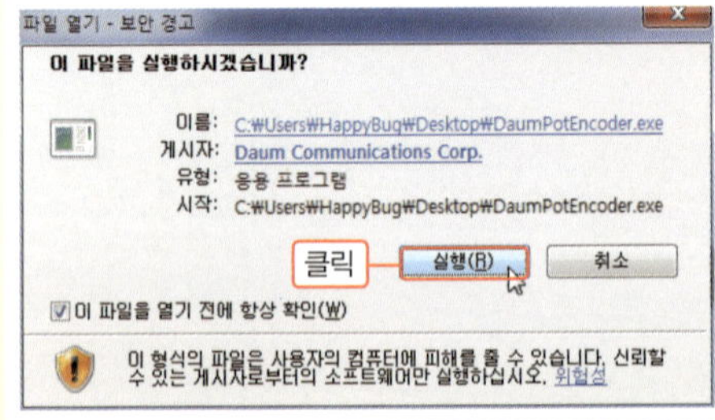

❹ [다음]을 클릭하여 '다음 팟인코더'의 설치를 완료합니다.

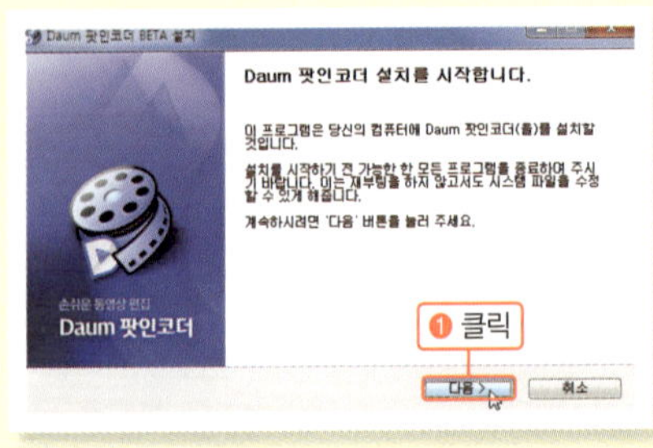

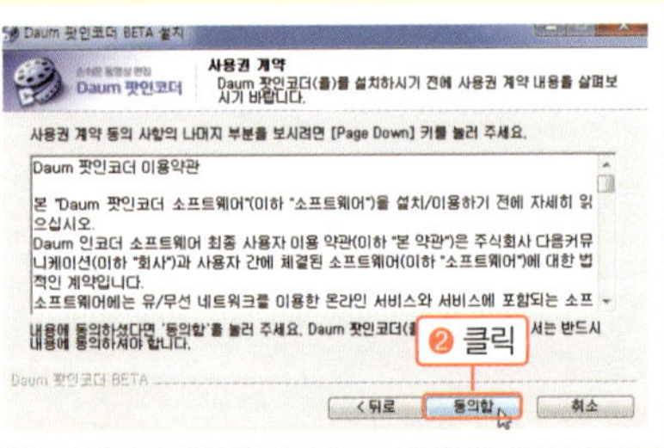

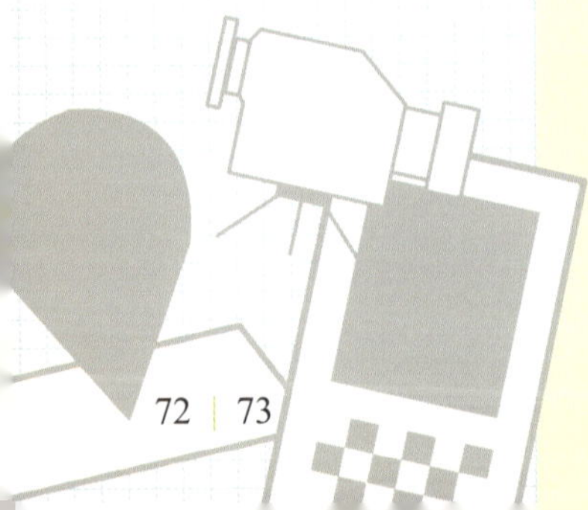

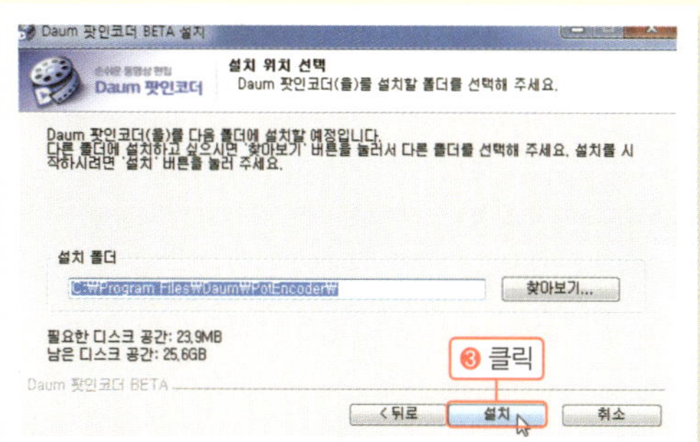

❺ '다음 팟인코더'를 실행한 후 인코딩하려는 동영상 파일을 불러온 후 [웹 업로드용] 탭을 선택합니다. 자신이 원하는 용량을 선택한 다음 [인코딩 시작]을 클릭합니다.

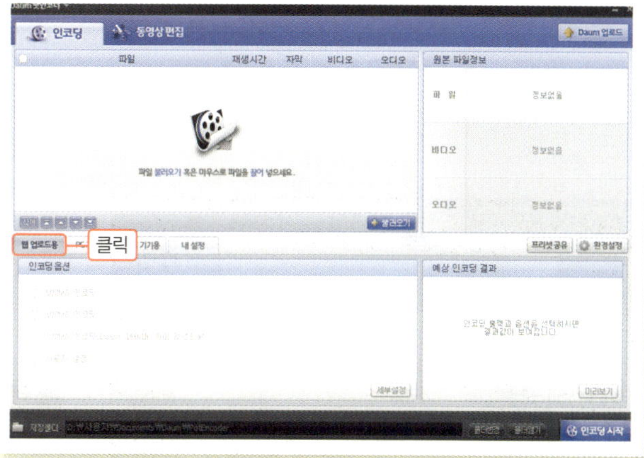

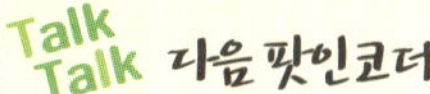

Talk Talk 다음 팟인코더

업로드하려는 동영상을 PMP나 스마트폰에 최적화시켜 동영상을 인코딩할 수 있습니다.

❻ [환경설정]을 클릭하여 [환경설정] 대화상자가 나타나면 다음 팟인코더 설정을 변경할 수 있습니다.

페이스북을 하면서 친구들의 숫자가 적을 경우에는 친구 페이스북으로 직접 찾아가서 담벼락에 글이나 사진을 남겨놓을 수 있습니다. 예를 들어 친구 담벼락에 사진을 올려주고 싶어 일일이 찾아다니면서 사진이나 글을 올려줄 수 있습니다. 그러나 무척이나 번거로운 일입니다. 이럴 때 태그(Tag) 기능을 이용하면 내 담벼락에 등록한 사진을 친구들의 담벼락에도 등록할 수 있습니다. 지금부터 담벼락에 게시한 사진을 친구 담벼락에 올리는 방법에 대해서 알아보겠습니다.

1 담벼락에 게시한 사진을 클릭하면 페이스북 사진 보기 화면에서 사진을 볼 수 있습니다.

2 사진 아래에 있는 [사진에 태그하기]를 클릭합니다.

3 '친구를 태그하려면 얼굴을 클릭하세요'라는 메시지가 표시됩니다.

4 인물 사진일 경우에는 해당하는 인물을 클릭하여 태그를 추가할 수 있지만, 인물이 없는 사진일 경우에는 사진의 아무 위치를 클릭하면 [이름 또는 태그 입력]이 나타납니다. 이때 친구 이름을 입력하면 자동으로 검색 목록을 보여주는데 담벼락에 사진을 게시하려는 친구 목록을 선택합니다.

▶ **5** 태그를 걸면 사진에 있는 사람: 이예린 (사진 | 태그 제거) 처럼 태그 내용을 표시해줍니다. [태그 완료]를 클릭하여 사진에 태그 달기를 완료합니다.

Talk Talk 인물 사진에 태그 걸기

여럿이 촬영한 인물 사진을 각 친구들의 페이스북 프로필에 등록하기 위해서 태그를 걸 경우에는 해당하는 인물을 클릭한 후 친구 목록을 검색하여 등록하면 됩니다.

6 친구 담벼락에 자동으로 사진이 등록된 것을 확인할 수 있습니다.

14 @으로 내 담벼락과 친구 담벼락에 동시에 게시하기

태그가 이미 업로드되어 있는 사진을 친구 담벼락에 게시하는 것이라면, @은 내 담벼락에 글을 올리면서 친구의 담벼락에도 동시에 올려주는 기능을 가지고 있습니다. @기호를 이용하면 담벼락에 게시하려는 모든 글, 사진, 동영상 등을 동시에 '@+이름'으로 선택한 친구들의 담벼락에 올릴 수 있습니다.

1 입력창에 @을 입력한 후 친구 이름이나 페이지 이름을 입력하면 결과 목록을 보여주는데, 원하는 친구나 페이지를 선택합니다. 이름 한 두 글자만 입력해서 자동으로 검색 목록을 보여줍니다.

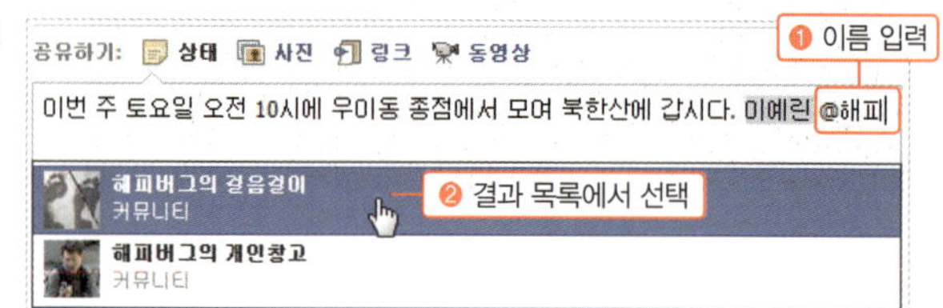

2 선택한 친구나 페이지 목록이 링크로 표시되면 [공유하기]를 클릭합니다.

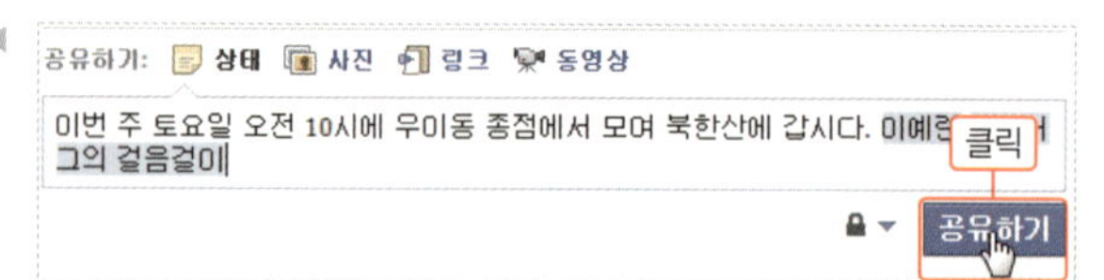

3 프로필 화면에 @으로 추가한 친구 목록이 링크되어 표시됩니다. 글에서 친구 이름을 클릭하면 바로 선택한 친구의 페이스북으로 이동할 수 있습니다.

4 @으로 등록한 친구 화면에 자동으로 글이 등록된 것을 확인할 수 있습니다. 만일 [태그 제거]를 클릭하면 태그가 삭제되면서 게시되었던 글도 삭제됩니다.

페이스북에 올린 사진이나 동영상, 링크가 있는 글은 공유하기 기능을 이용해서 더욱 많은 친구들과 함께 정보를 나눌 수 있습니다. 텍스트만으로 되어 있는 글은 공유하기 기능을 이용할 수 없습니다. 공유하기를 통해서 더 많은 친구들과 정보를 공유하려면 사진이나 동영상 등을 함께 올려주어야 합니다. 태그(tag)와 @을 이용하여 내 글을 친구의 담벼락에 게시하는 것인데, 공유하기는 친구 담벼락에 있는 글을 내 담벼락으로 퍼오는 개념입니다.

1 내 뉴스피드나 친구의 프로필 화면에 올라온 글 중에서 다른 친구들과 공유하고 싶은 글이 있을 경우에 [공유하기]를 클릭합니다.

2 [프로필에 올리기] 팝업창이 나타나면 공유하려는 글에 대한 자신의 생각을 입력한 후 [공유하기]를 클릭합니다.

3 프로필 화면에 공유된 글이 게시됩니다.

4 다른 친구들의 뉴스피드 화면에 공유된 글이 표시됩니다.

스마트폰
으로
즐기는
페이스북
안드로이드폰용
vs 아이폰용

스마트폰 사용자가 천만여 명을 넘고 있습니다. 그만큼 스마트폰의 다양한 활용이 가능하고 편리하다는 것이겠지요. 많은 사람들이 사용하고 있는 스마트폰에서 페이스북을 쉽게 사용할 수 있는 방법을 소개합니다.

01 안드로이드폰용 페이스북 어플 다운로드받기

안드로이드폰 사용자들도 페이스북 어플을 안드로이드 마켓에서 다운로드받아 폰에 설치한 후 페이스북을 재미있게 이용할 수 있습니다. 안드로이드 마켓에서 페이스북 어플을 검색하고 다운로드받아 설치하는 방법에 대해서 알아보겠습니다.

1 안드로이드폰에서 [마켓]을 실행한 후 facebook이라는 검색어를 입력하고 🔍을 누릅니다.

2 검색 결과 목록이 표시되면 [안드로이드 사용자를 위한 Facebook]을 선택합니다. 어플 설명이 나타나면 [확인]을 누르고 facebook 어플을 설치합니다.

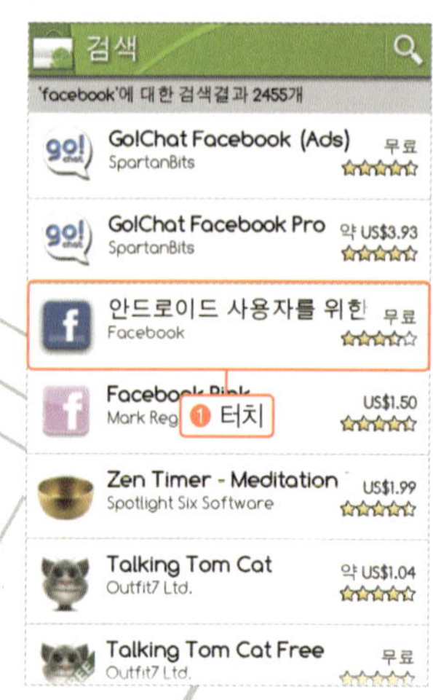

페이스북 어플을 설치한 다음 페이스북에 가입할 수 있습니다. 이전에 컴퓨터로 페이스북에 가입했을 경우에는 이메일과 비밀번호를 입력한 후 바로 페이스북에 로그인하여 이용할 수 있습니다. 스마트폰을 통해서 페이스북 회원으로 가입하는 방법에 대해서 알아보겠습니다. 만일 페이스북 회원으로 가입되어 있다면 이번 내용은 그냥 넘어가도 됩니다.

1 안드로이드폰에 설치된 페이스북 어플을 실행한 후 [가입]을 누릅니다. 웹 브라우저가 실행되면서 페이스북 초기 화면이 나타나면 [이메일로 가입하기]를 눌러 회원으로 가입할 수 있습니다.

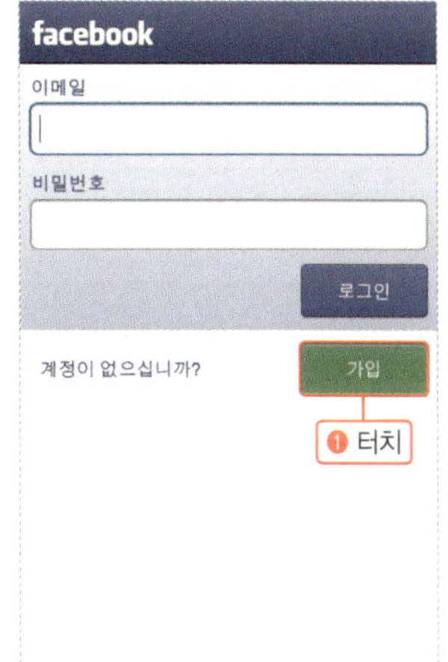

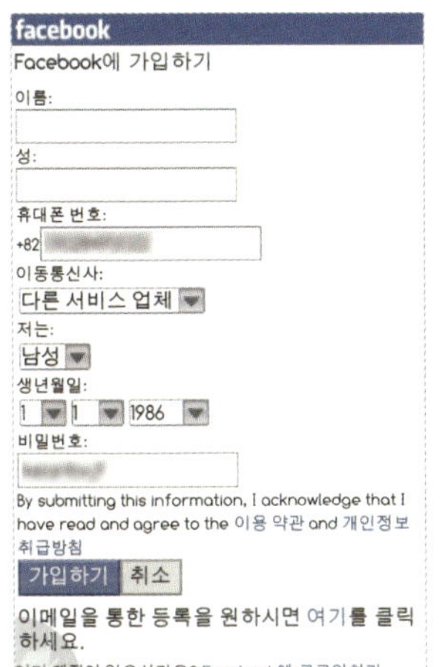

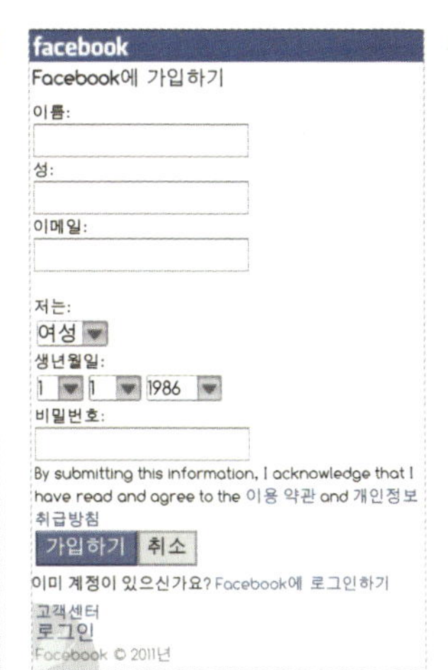

2 이름, 성, 이메일 주소와 정보를 입력한 후 [가입하기]를 누릅니다. 또한 현재 사용 중인 전화번호를 이용해서 가입할 수도 있습니다.

3 [보안 확인] 문자를 입력한 후 [확인]을 누릅니다. 만일 [보안 확인] 문자가 제대로 보이지 않을 경우에는 [다른 방법으로 시도하기]를 눌러 나타난 다른 문자를 재입력합니다. 가입이 완료되면 이 메일로 페이스북에서 계정 확인 인증 메일을 발송합니다.

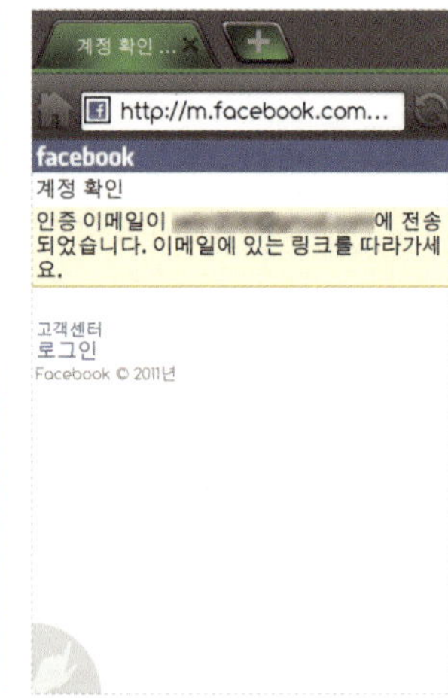

4 메일 계정으로 로그인하여 메일을 확인합니다.

5 메일 내용에 있는 링크를 누르면 페이스북에 가입한 계정을 인증하면서 페이스북에 로그인하여 사용할 수 있습니다.

▶ **6** 가입시 등록한 이메일과 비밀번호를 입력한 후 [로그인]을 누르면 웹 브라우저 형태의 페이스북을 사용할 수 있습니다. 페이스북 어플을 실행한 후 페이스북 어플을 활용할 수 있습니다.

03 페이스북 로그인하기

회원가입을 마쳤거나 기존에 페이스북 계정을 가지고 있을 경우 페이스북 어플을 실행하고 로그인하는 방법에 대해서 알아보겠습니다. 페이스북 어플을 실행한 후 페이스북 가입시 등록한 이메일과 비밀번호를 이용해서 로그인합니다.

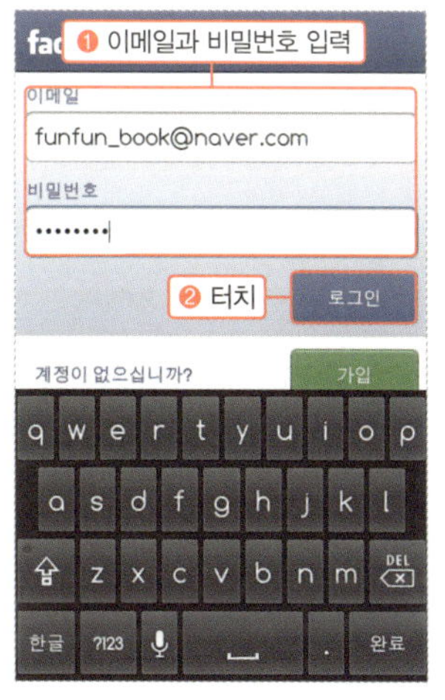

터치

▶ **1** 페이스북 어플을 실행하고 회원 가입시 등록한 이메일 주소와 비밀번호를 입력한 후 [로그인]을 누릅니다. [유용한 도움말] 페이지가 표시되면 내용을 읽고 [마침]을 누릅니다.

2 페이스북에 로그인되면서 [뉴스피드]에 등록된 글이 표시됩니다. [facebook] 로고를 누르면 페이스북 어플에서 홈 화면으로 이동합니다.

야 페이스북 어플 메뉴 둘러보기

페이스북 어플을 실행하고 전체적인 메뉴에 대해서 알아보겠습니다. 안드로이드 폰에서 설치한 페이스북 어플은 '페이지' 기능을 사용할 수 없는 단점이 있지만 그 외 다른 기능들은 편리하게 사용할 수 있습니다. 먼저 페이스북 어플의 전체적인 구성에 대해서 알아보겠습니다.

1 페이스북 초기 화면에서 새로운 알림이 발생했을 경우 빨간 숫자로 알려줍니다. 새로운 알림을 보기 위해서 [알림]을 위로 올려줍니다.

2 알림 목록이 표시되면서 새로운 알림 내용을 확인할 수 있습니다. [알림] 메뉴를 아래로 내리면 다시 페이스북 초기 화면이 표시됩니다.

3 페이스북 어플 초기 화면에서 [업데이트 소식]을 누르면 새롭게 업데이트된 뉴스피드 소식을 보여줍니다.

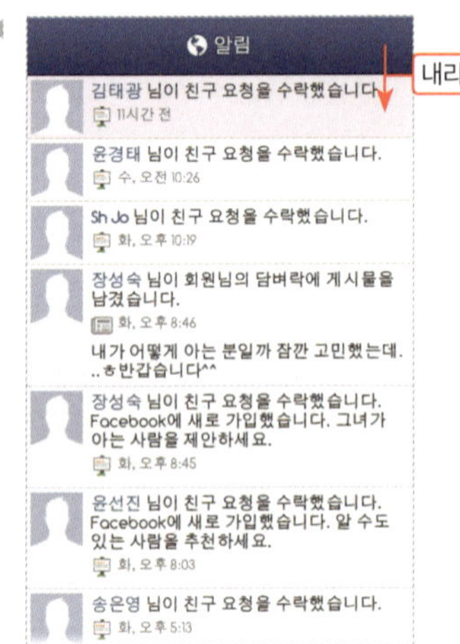

4 [프로필]을 누르면 페이스북 프로필 화면을 보여줍니다. [담벼락], [정보], [사진] 탭을 눌러 원하
는 내용을 확인할 수 있습니다.

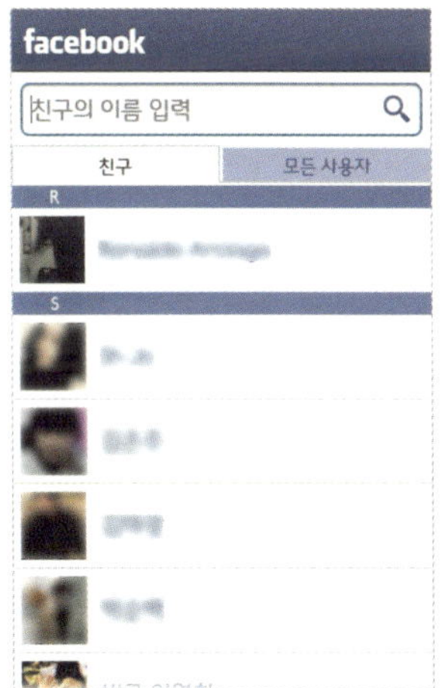
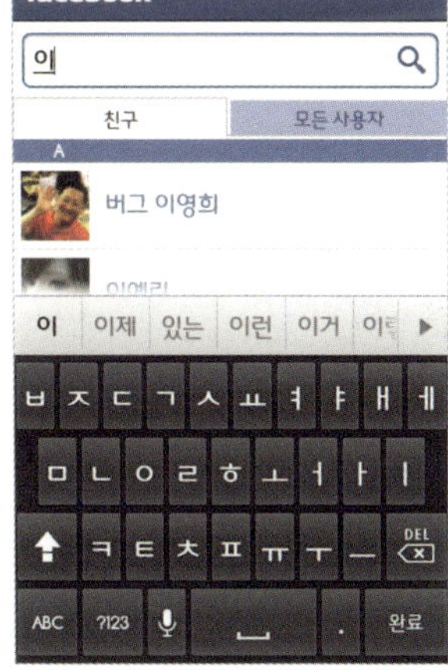

5 페이스북 친구 목록을 확인할 수 있으며, 친구 이름을
입력한 후 등록된 친구를 찾을 수 있습니다. [친구] 탭에
서는 나와 친구 관계인 사람을 검색할 수 있습니다. [모
든 사용자] 탭에서는 페이스북을 사용하는 사용자들 중
에서 원하는 인물을 검색할 수 있습니다.

친구

6 [쪽지]를 누르면 페이스북 친구들과 쪽지를 주고받을 수 있습니
다. 비공개로 상대방과 쪽지를 주고받을 수 있기 때문에 공개되길
원하지 않는 내용은 쪽지 기능을 이용하면 좋습니다. 새로운 쪽지
를 보내기 위해서 [쪽지 쓰기]를 누릅니다.

쪽지

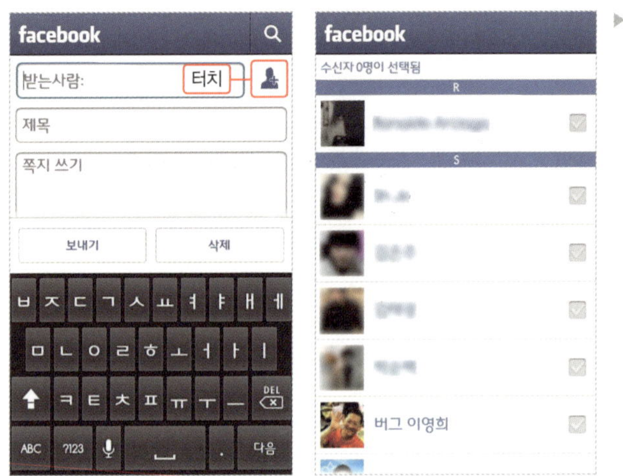

7 [받는사람] 옆에 있는 [친구 추가](👤)를 누르면 페이스북에 등록되어 있는 친구 목록이 나타납니다. 쪽지 보낼 친구를 체크한 후 [완료]를 누릅니다.

8 [받는 사람]에 선택한 친구가 표시되면 [제목]과 [내용]을 입력한 후 [보내기]를 눌러 상대방에게 쪽지를 발송합니다. [보낸편지함] 탭을 눌러 지금까지 보낸 쪽지 목록을 확인할 수 있습니다.

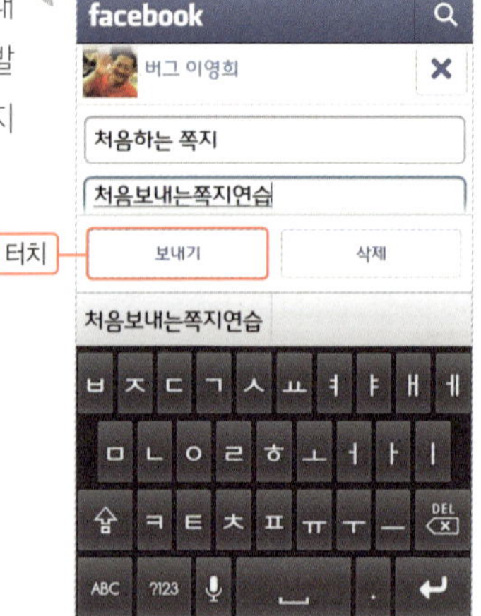

터치

9 페이스북을 작성하고 있는 곳의 위치를 표시할 수 있습니다. 그러나 아직까지 우리나라에서는 서비스를 하지 않습니다.

10 직접 개설한 그룹이나 가입한 그룹 목록을 보여줍니다. 이곳을 통해서 원하는 그룹으로 이동하여 글을 게시하는 등 그룹 활동을 할 수 있습니다.

그룹

이벤트

11 페이스북의 친구들과 관련된 초대받은 이벤트나 진행 중인 이벤트, 친구 생일 등 다양한 이벤트 목록을 보여줍니다.

12 자신의 페이스북에 등록되어 있는 사진 목록을 보여줍니다.

사진

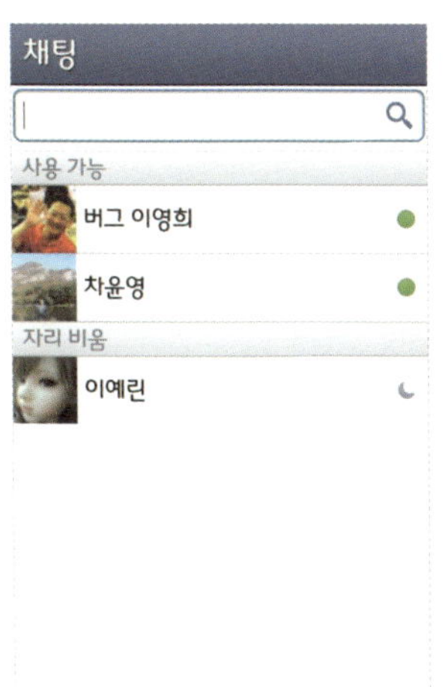

13 [채팅]을 누르면 페이스북에 온라인으로 연결되어 있는 친구들과 간단하게 채팅을 즐길 수 있습니다. 친구 목록이 표시되면 초록색 동그라미가 표시된 사용자는 현재 온라인 상태이기 때문에 채팅을 실시간으로 할 수 있습니다.

채팅

안드로이드폰의 페이스북 어플을 실행한 후 프로필 화면에 글을 등록할 수 있습니다. 글자로만 이루어진 내용이나 직접 촬영한 사진, 이전에 촬영해 놓은 사진들도 함께 페이스북에 올릴 수 있습니다.

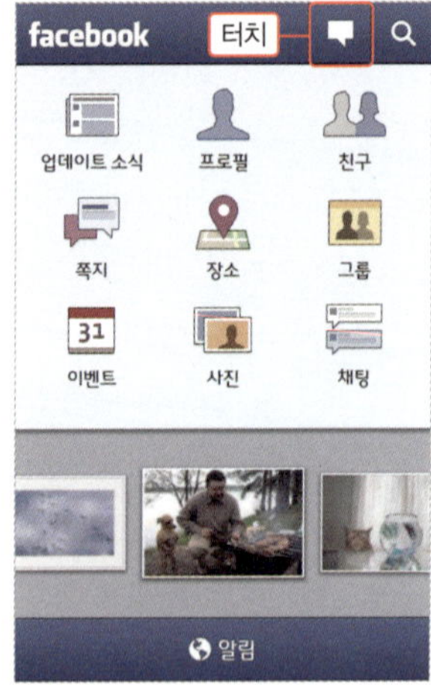

1 페이스북 어플을 실행한 후 새로운 글을 올리기 위해서 을 누릅니다.

2 내용 입력창이 표시되면 글을 입력한 후 [공유]를 누릅니다.

3 새로운 글이 페이스북에 등록되었습니다.

Talk Talk 언제, 어디서나 OK, 스마트폰 페이스북 어플

같은 방법으로 안드로이드폰의 페이스북 어플을 이용하여 이동 중이나 커피숍 등 언제 어디서라도 페이스북에 글을 올릴 수 있습니다. 또는 페이스북 어플을 실행한 후 초기화면에서 [프로필]을 눌러 프로필 화면으로 이동한 후 직접 글을 올릴 수도 있습니다.

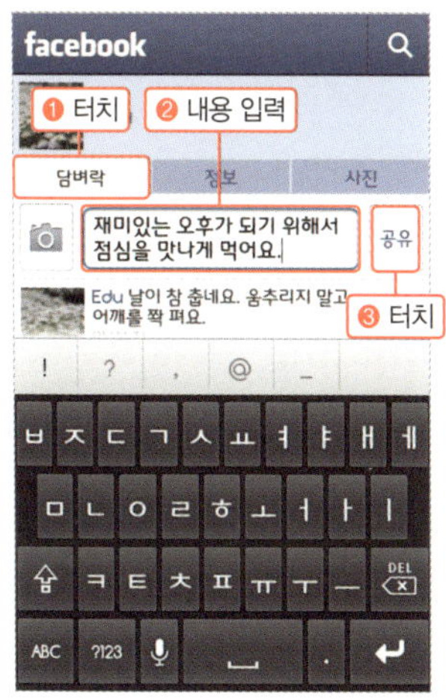

▶ **4** 프로필 화면에서 [담벼락] 탭을 누르고 [의견이 있으십니까?]라는 입력창에 원하는 내용을 입력한 다음 [공유]를 누릅니다.

5 입력한 내용이 페이스북에 등록되었습니다. 같은 방법으로 뉴스피드나 프로필 화면에 직접 글을 업로드 할 수 있습니다. ◀

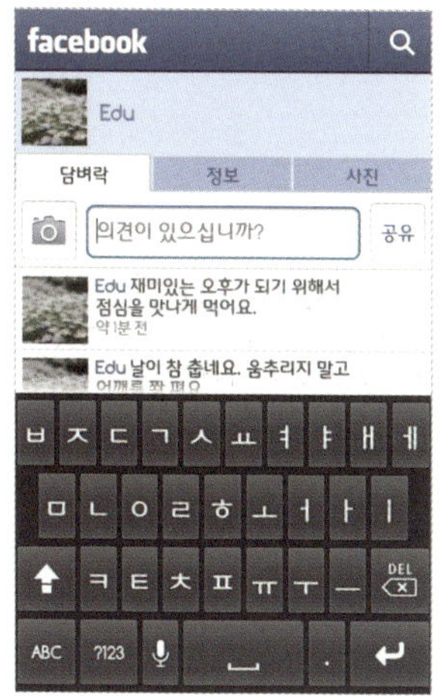

06 스마트폰으로 페이스북 댓글 쓰기

페이스북을 사용하면서 이동 중에 언제라도 새로운 글을 확인하고 댓글을 달면서 페이스북 친구들과 실시간으로 소통할 수 있습니다. 페이스북 친구들이 올린 글에 댓글을 쓰는 방법에 대해서 알아보겠습니다.

▶ **1** 페이스북 어플을 실행하면 자신의 담벼락에 있는 글이 표시됩니다. 이때 댓글을 남기고자 하는 글을 선택합니다.

2 선택한 글에서 [좋아요]를 누르거나 [댓글 달기] 입력창을 선택합니다.

▲

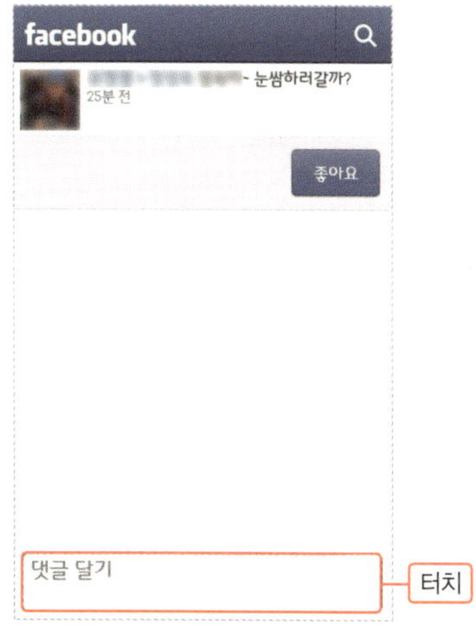

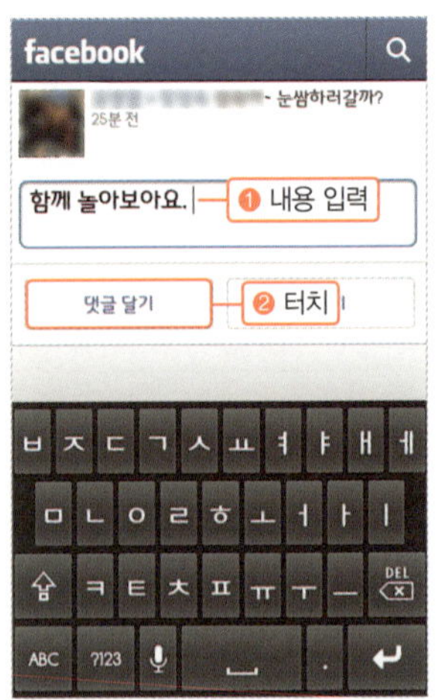

3 댓글 입력창에 내용을 입력한 후 [댓글 달기]를 누르면 새로운 댓글이 등록된 것을 확인할 수 있습니다.

4 댓글이 달린 글 목록을 보면 '댓글 1개'라고 댓글 개수를 표시합니다. 댓글을 확인하려면 [댓글]을 눌러 확인할 수 있습니다.

Talk Talk [좋아요] 누르기

페이스북에서 [좋아요]는 페이스북 친구들과 소통하는 가장 기본적인 항목입니다. 친구들의 글을 보면서 [좋아요]를 눌러줌으로써, 그 글에 대해 새로운 댓글이나 [좋아요]가 눌려진 상황을 내 '알림'에 알려줍니다. 그렇기 때문에 [좋아요]를 누른 글에 대해서 페이스북 친구들과 소통을 시작할 수 있습니다.

담벼락에 올라온 글 중에서 마음에 들거나 소통을 원하는 글을 선택한 후 [좋아요]를 누릅니다. [좋아요]를 눌렀던 글은 [좋아요 취소]를 눌러 취소할 수도 있습니다.

07 스마트폰으로 페이스북에 사진 업로드하기

페이스북 어플을 이용해서 사진을 올리는 방법에 대해서 알아보겠습니다. 글을 올릴 때와 마찬가지로 아주 쉽고 간편하게 페이스북에 사진을 업로드할 수 있습니다.

1 페이스북 어플을 실행한 후 새로운 사진을 등록하기 위해서 아이콘을 누릅니다.

2 [사진 올리기]가 나타나며 [사진 선택], [사진 찍기] 메뉴가 나타납니다. 이전에 촬영해 놓았던 사진을 선택하기 위해서 [사진 선택]을 누릅니다.

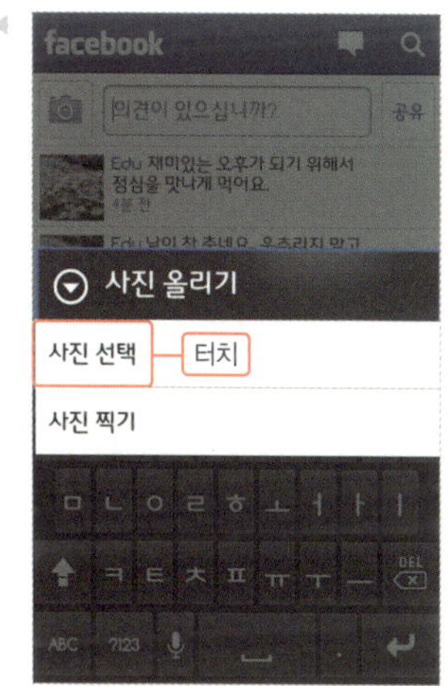

[사진 찍기]는 바로 사진을 촬영한 후 업로드할 수 있습니다.

3 [앨범 선택] 화면에서 업로드하려는 사진 파일을 선택합니다.

4 사진을 선택하여 내용을 입력하고 [업로드]를 눌러 사진과 글을 업로드할 수 있습니다. ◀

5 새로운 사진과 글이 업로드된 것을 확인할 수 있습니다. ◀

6 페이스북 어플의 프로필 화면에서 [사진] 탭을 누르면 그동안 올렸던 사진 목록을 볼 수 있습니다. [정보] 탭을 누르면 자신의 페이스북에 올린 정보 내용을 확인할 수 있습니다.

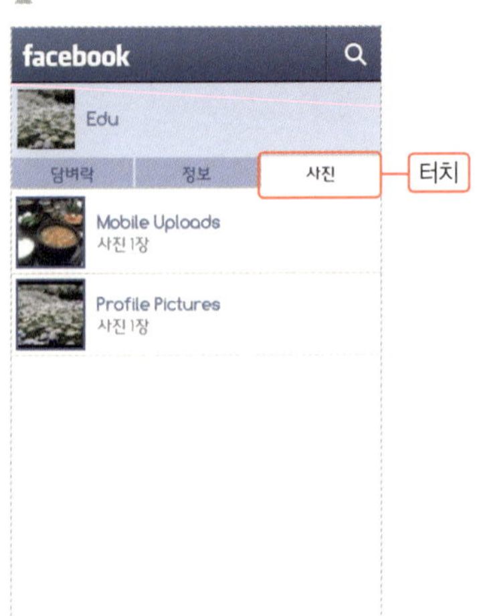

 안드로이드폰용 페이스북 어플에서의 페이지

지금 설명한 안드로이드용 페이스북 어플을 이용하면 [프로필], [뉴스피드], [그룹] 등을 이용할 수 있지만 활용도가 높아지는 [페이지]는 이용할 수 없습니다. 안드로이드폰에서 [페이지]를 활용하기 위해서는 웹 브라우저를 이용해서 페이스북 모바일 페이지(http://touch.facebook.com)로 접속하여 사용합니다.

안드로이드용 페이스북 어플을 이용하여 담벼락에 글, 댓글, 사진 등을 쉽게 업로드할 수 있습니다. 또한 페이스북에서 가입한 그룹이나 쪽지들도 쉽게 이용할 수 있습니다. 하지만 페이스북의 페이지 기능을 활용할 수 없습니다. 모바일 웹 브라우저를 이용한 페이스북을 이용하면 페이스북을 좀 더 편리하게 이용하면서 다양한 기능을 활용할 수 있습니다. 안드로이드폰에서 많이 사용하는 돌핀 웹 브라우저를 안드로이드 마켓에서 검색하여 설치하고 페이스북에 접속하는 방법을 알아보겠습니다.

1 [마켓]을 실행한 다음 검색창에 Dolphin을 입력하여 검색합니다.

2 검색 결과가 표시되면 원하는 무료 돌핀 모바일 브라우저를 선택하여 설치합니다.

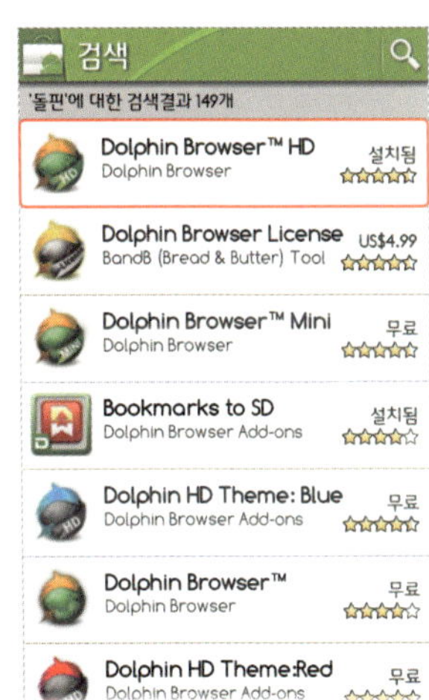

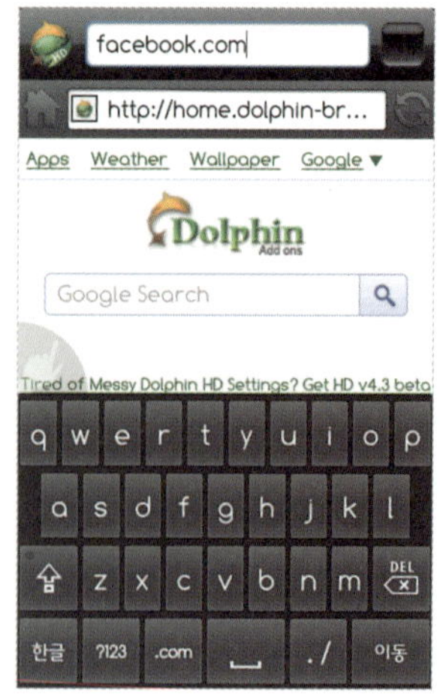

3 설치가 완료된 돌핀 모바일 브라우저를 실행한 후 http://touch.facebook.com 또는 http://facebook.com으로 접속합니다.

4 모바일용 페이스북 초기 화면이 표시되면 가입할 때 등록한 이메일과 비밀번호를 입력하고 [로그인]을 누릅니다.

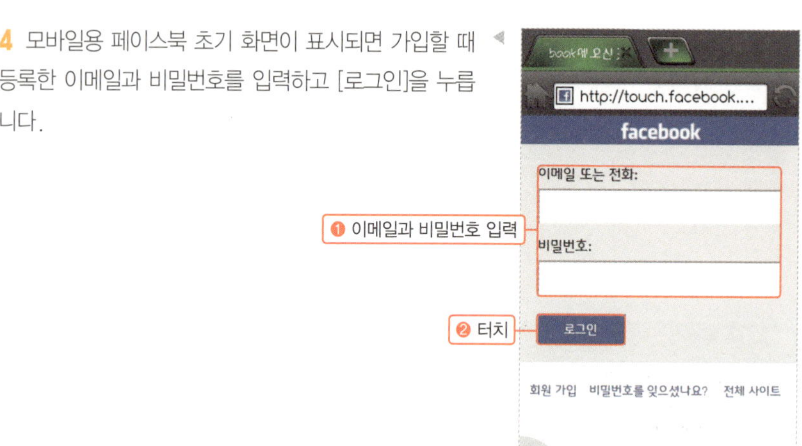

5 페이스북의 뉴스피드 화면이 나타납니다. 이때부터 페이스북을 재미있게 사용할 수 있습니다. [홈] 메뉴를 누르면 뉴스피드를 보여줍니다.

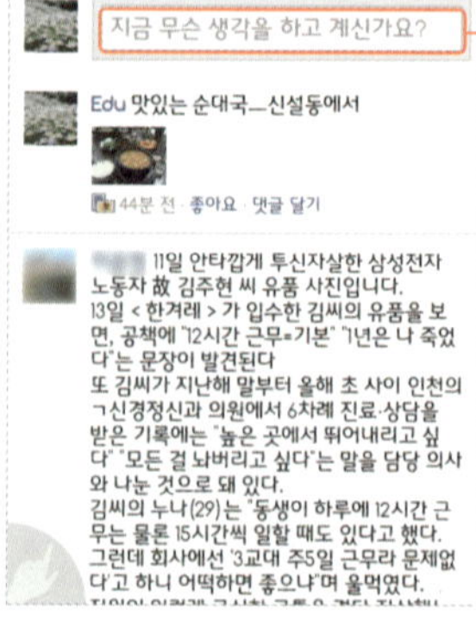

6 [지금 무슨 생각을 하고 계신가요?]라고 표시된 입력창을 누르면 새로운 글을 입력할 수 있습니다. 페이스북에 공유하고 싶은 글을 입력한 다음 [공유하기]를 누르면 자신의 담벼락에 새로운 글이 등록됩니다.

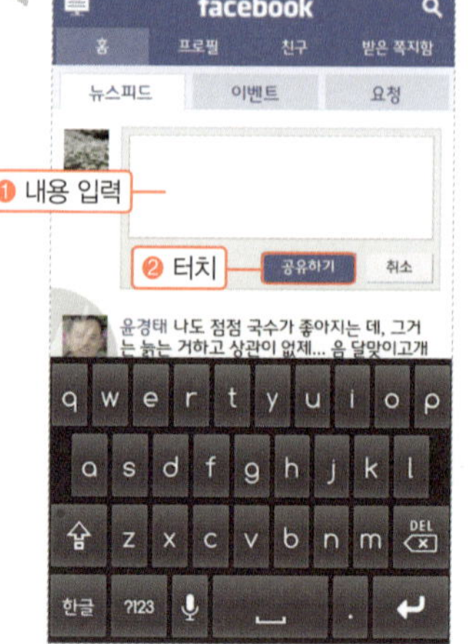

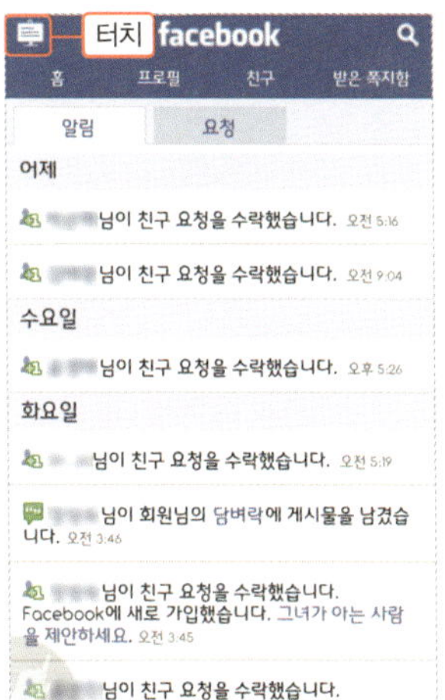

7 화면 상단에 있는 알림 아이콘(圖)을 누르면 새로운 [알림] 목록을 보여줍니다.

8 [프로필] 메뉴를 눌러 자신의 담벼락으로 이동할 수 있습니다. 프로필 화면에서 [정보], [사진] 탭을 누르면 자신의 정보나 지금까지 업로드한 사진을 확인할 수 있습니다.

9 [친구] 메뉴를 누르면 페이스북 친구들 목록이 표시됩니다. [전화번호부] 탭을 누르면 전화번호를 공개한 친구들의 전화번호 목록을 볼 수 있습니다.

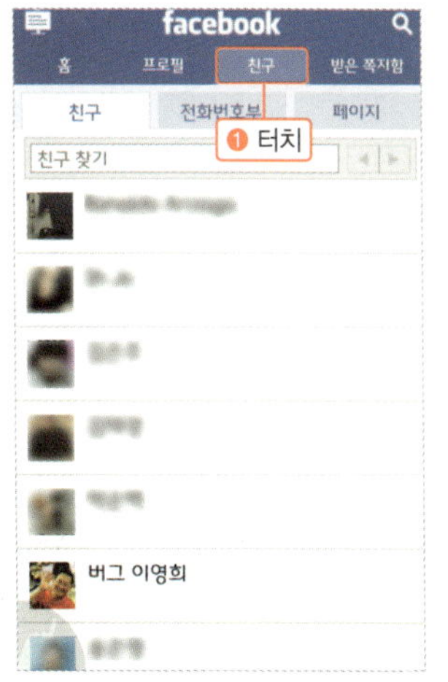

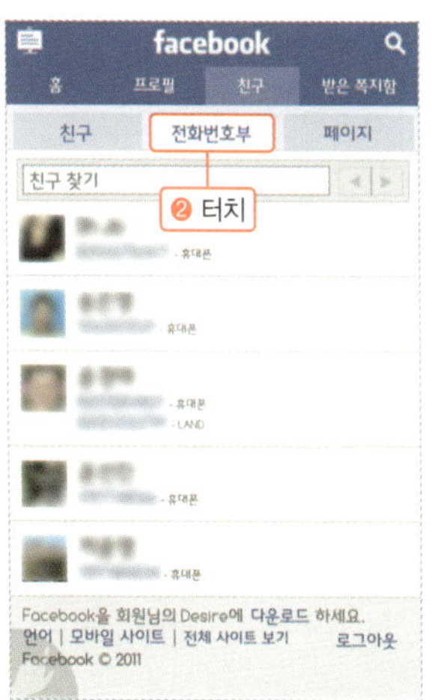

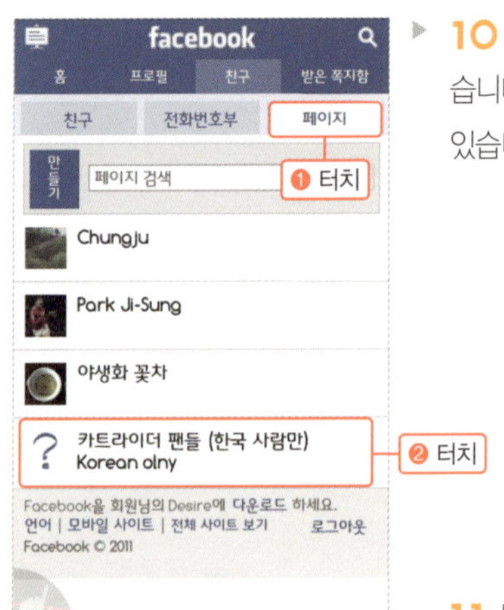

10 안드로이드폰용 페이스북 어플에서는 사용할 수 없던 [페이지]를 이곳에서 사용할 수 있습니다. 자신이 좋아하는 페이지나 새로운 페이지를 만들 수 있으며 다른 페이지로 이동할 수 있습니다.

11 [받은 쪽지함] 탭을 눌러 새로운 쪽지를 보내거나 받은 쪽지, 보낸 쪽지 내용을 확인할 수 있습니다. 쪽지는 비공개이기 때문에 쪽지를 받는 상대방과 나만이 정보를 주고받을 수 있습니다.

12 자주 사용할 경우에는 모바일 웹 브라우저에 즐겨찾기로 등록해놓으면 좋습니다. [하드웨어] 메뉴를 누르면 나타나는 메뉴에서 [더보기]를 선택한 후 [북마크에 추가]를 선택하여 즐겨찾기로 등록해 놓습니다.

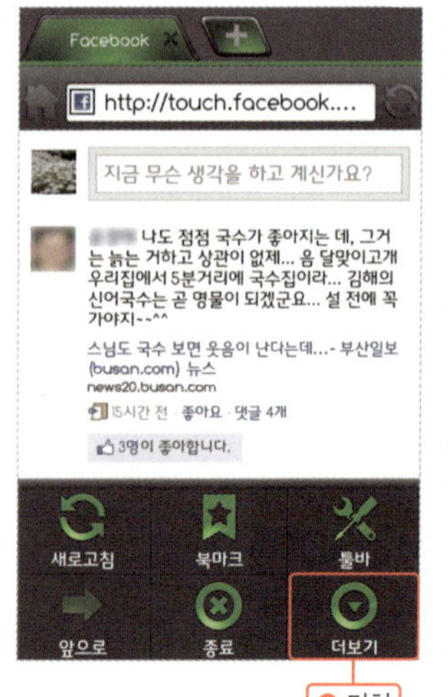

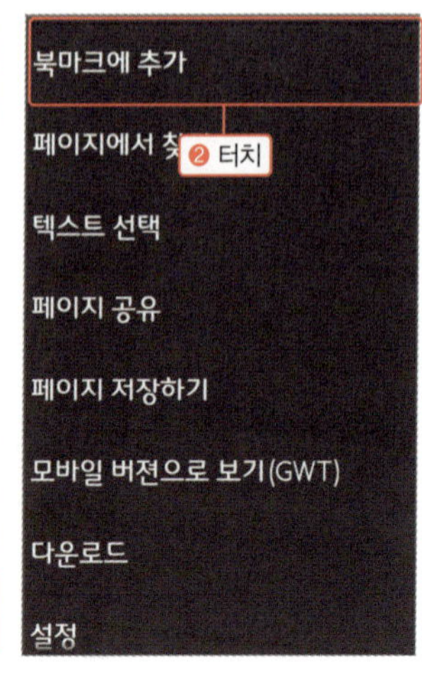

09 아이폰용 페이스북 앱 다운로드/설치하기

페이스북 어플은 안드로이드폰용만이 아니라 아이폰용 앱도 있습니다. 아이폰용 페이스북 앱은 안드로이드용 페이스북 어플과는 달리 페이스북의 모든 기능을 사용할 수 있습니다. 아이폰용 페이스북 앱을 검색하고 설치하는 방법에 대해서 알아보겠습니다.

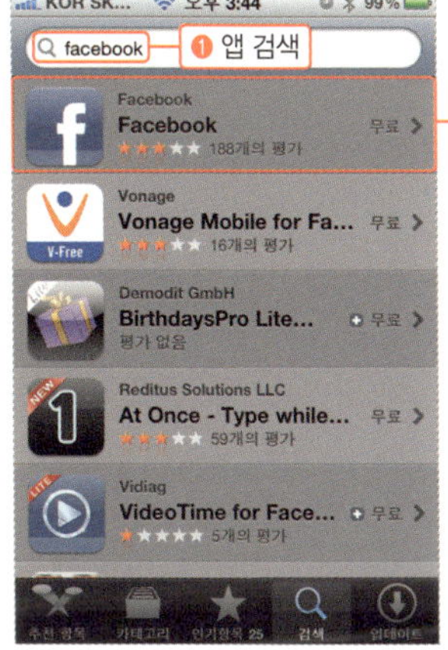

1 아이폰의 앱스토어를 실행하고 검색창에 facebook를 입력한 후 검색 결과 목록이 나타나면 [Facebook]을 선택합니다.

2 페이스북 앱에 관한 간단한 소개가 표시되는데, 앱을 설치하기 위해서 [무료]를 누르면 [설치]라고 바뀌면 다시 한 번 더 누릅니다.

3 Apple ID 암호를 입력한 후 [승인]을 누릅니다.

4 아이폰에 페이스북 앱이 설치됩니다. 이제부터 아이폰을 이용해서 언제라도 페이스북을 즐길 수 있습니다.

10 아이폰용 페이스북 앱으로 회원 가입/로그인하기

페이스북 앱을 설치 완료한 후 페이스북에 가입하는 방법을 알아보겠습니다. 페이스북은 이메일만 있으면 쉽게 가입할 수 있기 때문에 만 13세 이상이라면 누구라도 페이스북에 가입하고 활용할 수 있습니다.

1 페이스북 앱을 실행한 다음 회원으로 가입하기 위해서 [Facebook에 가입]을 누릅니다. 만일 페이스북에 가입이 되어 있다면 이메일과 비밀번호를 입력한 후 바로 로그인할 수 있습니다.

2 [이메일로 가입하기]를 누른 후 이메일과 비밀번호를 입력하고 페이스북에 가입합니다. [전화번호로 가입하기]를 누르면 자신이 현재 사용 중인 전화번호를 이용해서 페이스북에 가입할 수 있습니다.

 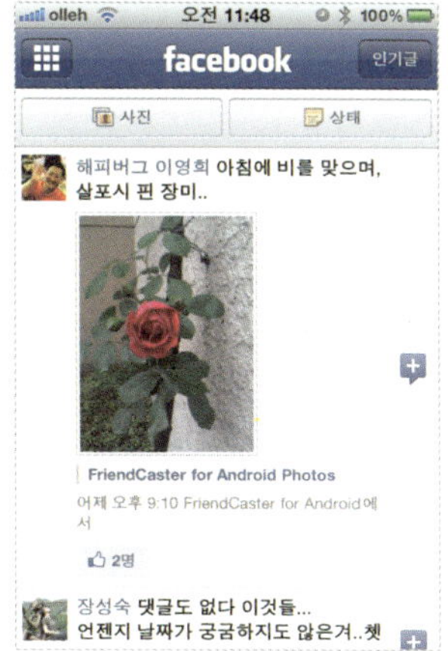

3 회원 가입 완료 후 페이스북 앱을 실행하고 이메일 주소와 비밀번호를 입력합니다. [로그인]을 하면 페이스북 홈 화면(뉴스피드)이 표시됩니다.

4 [초기 화면]()을 누르면 페이스북 앱의 초기 화면이 표시되는데, 화면 아래에 있는 [알림]을 눌러 어떤 알림이 있는지 목록을 확인할 수 있습니다.

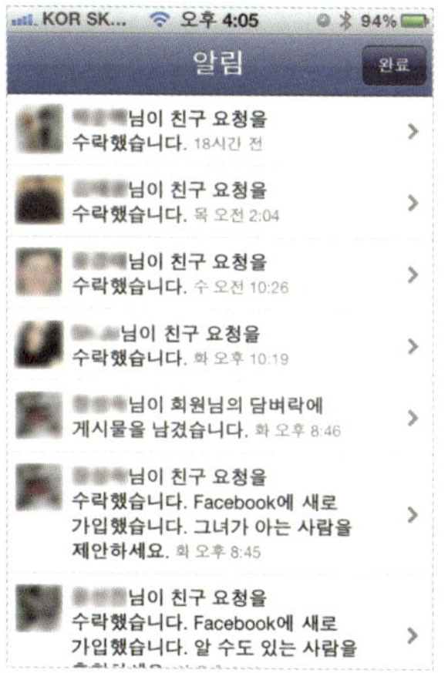

‖아이폰용 페이스북 앱 메뉴 둘러보기

아이폰용 페이스북 앱 설치를 완료하였으면 앱의 메뉴에 대해서 알아보겠습니다.
페이스북 앱을 좀 더 편리하게 사용하기 위해서 기본적인 메뉴 구성이나 각 아이
콘별 메뉴를 알아보겠습니다.

1 페이스북 앱을 실행한 후 이메일과 비밀번호를 입력하고 로그인하면 페이스북 앱 초기
화면이 표시됩니다.

2 초기 화면 오른쪽 상단에 있는 ➕ 아이콘을 누르
면 자주 찾는 [친구]나 [페이지]를 즐겨찾기로 추가할
수 있습니다.

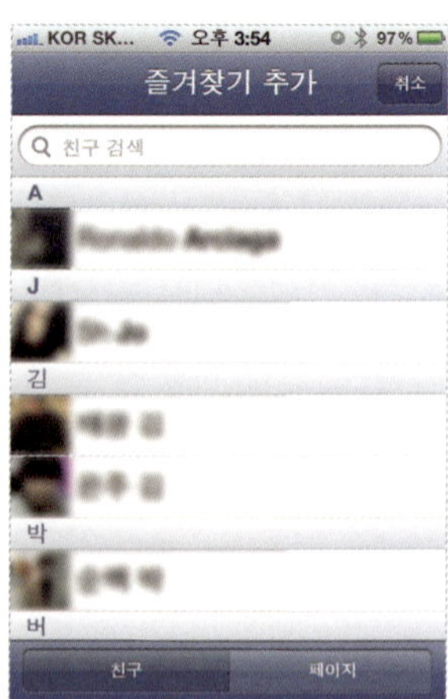

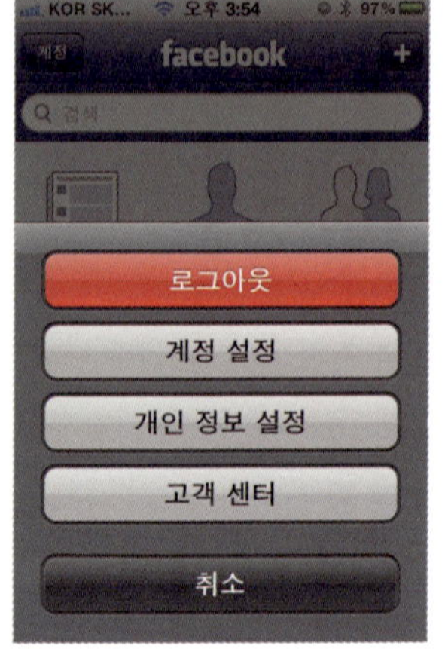

3 계정 을 누르면 페이스북 [계정 설정]과 [개인 정보 설정], [고객 센터]를 사용할 수
있습니다.

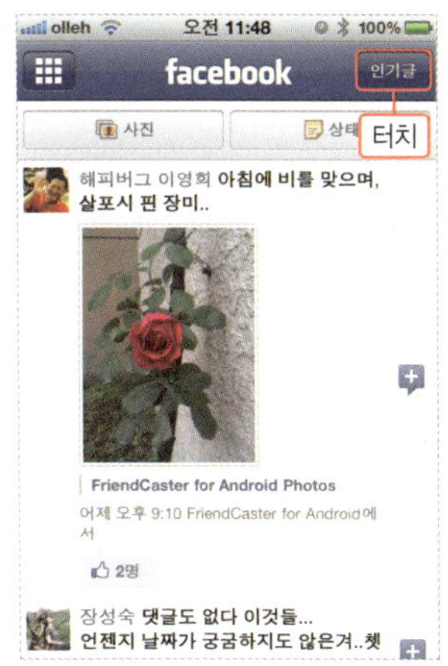

뉴스피드

4 [뉴스피드]를 누르면 뉴스피드 담벼락으로 이동합니다. 오른쪽 위에 있는 [인기글]을 누르면 화면 아래에 분류별로 게시된 글이나 사진을 볼 수 있습니다. [뉴스피드]에서 [사진]이나 [상태]를 눌러 새로운 글이나 사진을 자신의 담벼락에 등록할 수 있습니다.

5 [프로필]을 누르면 프로필 담벼락을 볼 수 있습니다. [뉴스피드]에서도 글이나 사진을 등록할 수 있지만 이곳에서도 자신의 담벼락에 사진이나 글을 등록할 수 있습니다.

프로필

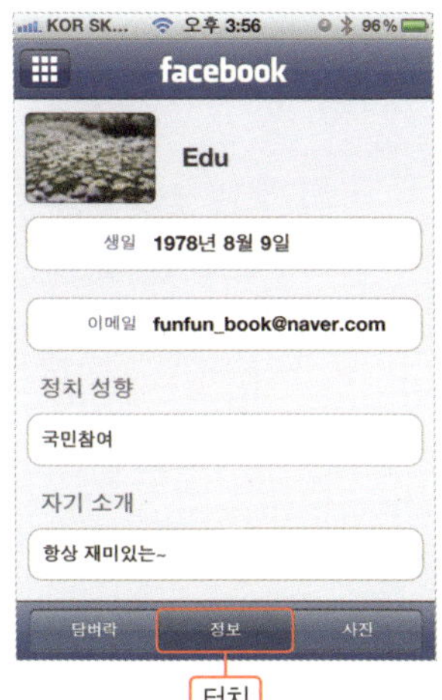
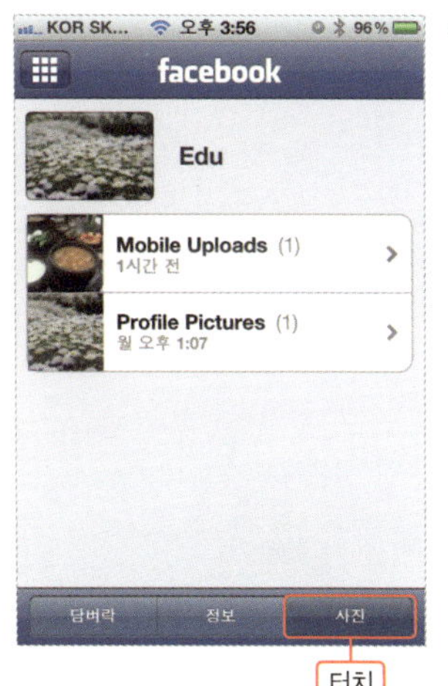

6 프로필 화면 아래쪽에서 자신의 개인 정보나 그동안 업로드한 사진을 [정보] 탭이나 [사진] 탭을 눌러 확인할 수 있습니다.

7 [친구]를 누르면 페이스북에서 등록한 친구 목록을 확인할 수 있습니다. 또한 검색창을 활용해서 등록된 친구들 중 원하는 사용자를 찾아 상대방의 페이스북을 방문할 수 있습니다.

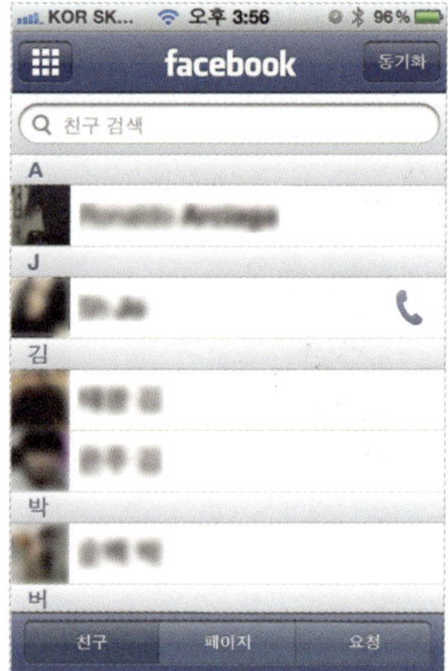

친구

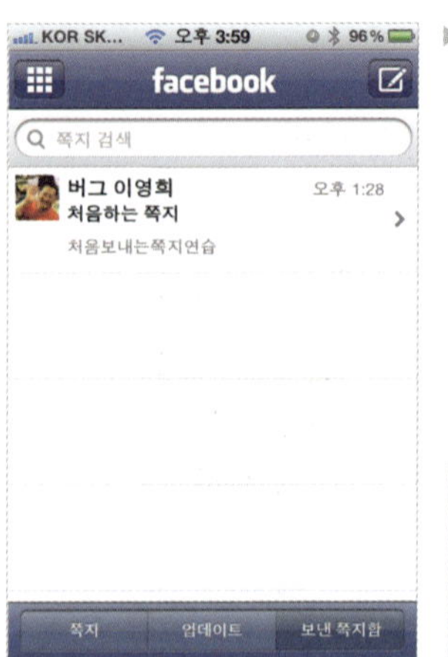

8 [쪽지]를 눌러 페이스북 친구들과 쪽지를 주고받을 수 있습니다. 쪽지 화면에서 ✎ 아이콘 을 눌러 새로운 쪽지를 페이스북 친구에게 발송할 수 있습니다. 화면 아래에 있는 [보낸 쪽지함]을 누르면 지금까지 발송한 쪽지 목록을 볼 수 있습니다.

쪽지

9 [그룹]을 누르면 내가 개설한 그룹이나 가입한 그룹 목록이 표시되는데, 자신이 가입한 페이스북 그룹 활동을 할 수 있습니다. 그룹 화면에서 [게시물 작성], [사진 공유]를 눌러 그룹에 자신의 글이나 사진을 올릴 수 있습니다.

그룹

10 [이벤트]를 누르면 페이스북에서 발생하는 이벤트나 친구들 생일 목록을 보여줍니다.

11 [사진]을 누르면 그동안 페이스북에 업로드했던 사진 목록을 볼 수 있습니다.

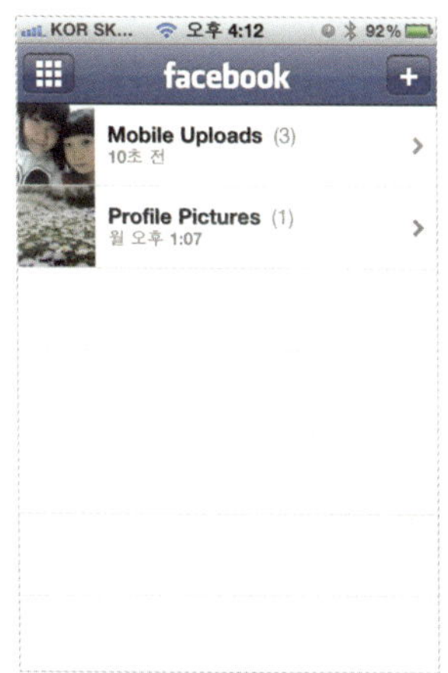

12 사진 화면에서 상단에 있는 ➕ 아이콘을 누르면 새로운 사진첩을 만들어 사진을 등록할 수 있습니다. 이름, 장소, 설명 등 사진첩에 필요한 기본 정보를 입력한 후 [만들기]를 눌러 새로운 사진첩을 만들 수 있습니다.

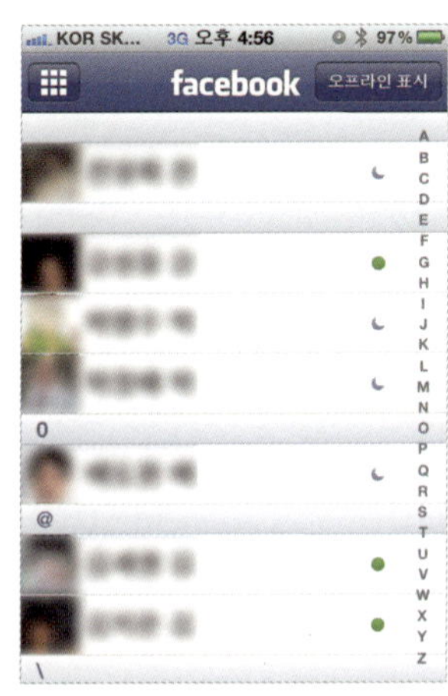

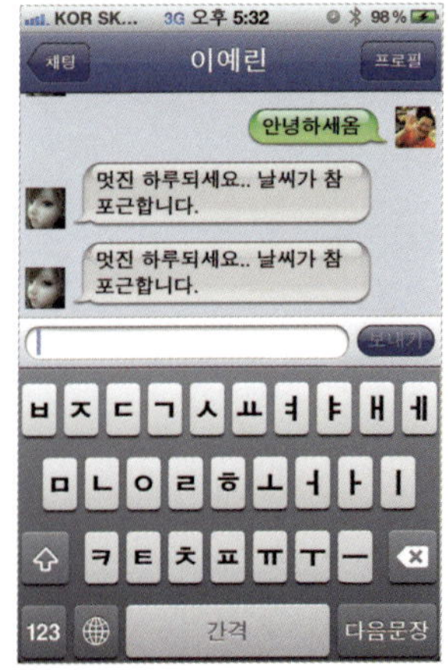

13 [채팅]을 눌러 페이스북에 접속한 친구들과 실시간 채팅을 즐길 수 있습니다. 채팅이 가능한 온라인 사용자는 초록색 동그라미로 표시되는데 원하는 친구 목록을 선택하여 채팅을 할 수 있습니다.

12 아이폰용 페이스북 앱에서 즐겨찾기 만들기

이동 중이나 평상시에도 자주 찾는 친구의 페이스북이나 페이지로 이동하려면 일일이 검색한 후 검색 목록에서 이동해야 하는 불편함이 있습니다. 그래서 페이스북 앱에서 즐겨찾기를 만들어놓으면, 자주 찾는 친구 프로필이나 페이지로 손쉽게 이동할 수 있습니다.

1 페이스북 앱을 실행한 후 즐겨찾기를 만들기 위해서 화면 오른쪽 위에 있는 █ 을 누릅니다.

2 즐겨찾기 추가 화면이 나타나면 친구 목록이 표시됩니다. 표시된 목록에서 즐겨찾기에 추가할 친구 이름을 선택합니다. 새로운 즐겨찾기가 추가된 것을 볼 수 있는데 즐겨찾기 목록 중 원하는 이름을 선택하면 바로 이동할 수 있습니다.

3 페이지를 즐겨찾기에 추가하려면 [페이지]를 선택하고 [좋아요]를 누릅니다. 이때 추가해 놓았던 페이지 목록이 표시되는데, 원하는 페이지 제목을 선택하여 즐겨찾기에 추가합니다.

페이스북 친구들을 아이폰 연락처와 동기화하면 페이스북에 올려놓은 친구들의 사진을 내 아이폰의 연락처로 자동으로 저장할 수 있습니다. 또 아이폰 연락처에 등록되어 있지 않은 페이스북 친구들의 전화번호를 아이폰 연락처로 저장할 수 있습니다.

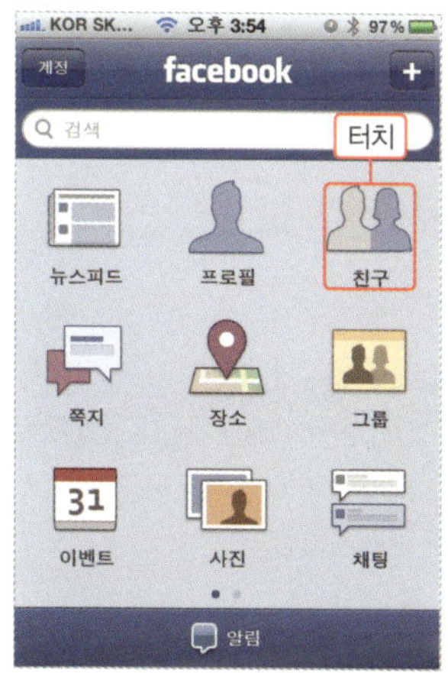

1 페이스북 앱의 초기 화면에서 [친구]를 선택하면 나타나는 친구 목록 화면에서 오른쪽 위에 있는 ⬆ 를 누릅니다.

2 연락처 동기화 화면이 나타나면 [동기화하는 중]의 슬라이드를 밀어서 페이스북 친구들을 내 아이폰 연락처에 동기화시킬 수 있습니다. 또한 [사진 바꾸기]는 기존 연락처에 사진이 있을 경우 페이스북에 있는 사진으로 교체할 것인지를 설정합니다.

3 페이스북과 아이폰 연락처 동기화에 관련된 공지 사항을 확인한 후 [동의함]을 눌러 동기화를 시작합니다.

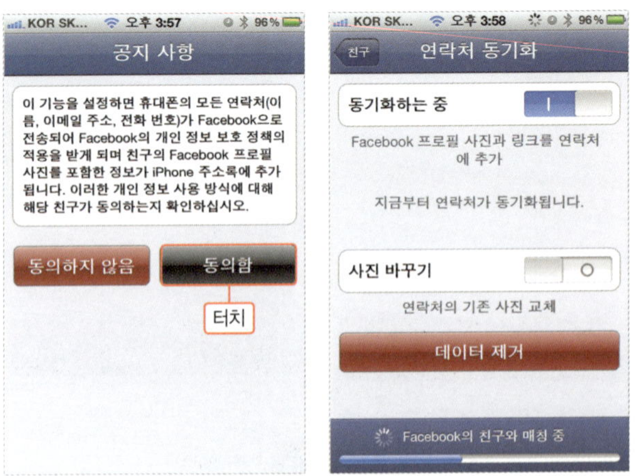

4 만일 동기화되었던 주소를 취소하기 위해서 [데이터 제거]를 누르면 동기화되었던 페이스북의 주소가 모두 삭제됩니다.

14 아이폰 알림 설정하기

페이스북 앱을 설치한 후 새로운 내용이 업데이트될 때마다 아이폰에서 알림을 설정할 수 있습니다. 새로운 내용이 업데이트될 때마다 울리는 알림이 귀찮을 경우에는 꺼두면 됩니다.

1 아이폰의 [설정] 아이콘( )을 실행한 후 [Facebook]를 선택합니다. 아이폰 설정 외에도 설치되어 있는 앱들에 대한 설정을 수정할 수 있습니다.

2 Facebook 설정 화면이 나타나면 [푸시 알림]을 선택하고 알림을 보낼 항목에 대한 설정을 합니다.

15 아이폰용 페이스북 앱으로 글 올리기

지금까지 아이폰용 페이스북 앱의 메뉴 구성에 대해서 알아보았습니다. 이번에는 아이폰 앱을 이용하여 페이스북 담벼락에 글을 남기는 방법에 대해서 알아보겠습니다.

1 페이스북 앱을 실행한 후 [프로필]을 누릅니다. 담벼락이 나타나면 [지금 무슨 생각을 하고 계신가요?]라고 표시된 입력창을 선택합니다. 새로운 글을 입력할 수 있는 상태 업데이트 화면이 나타납니다.

2 담벼락에 남기고자 하는 글을 입력한 후 [공유하기]를 누르면, 자신의 담벼락에 새로운 글이 등록됩니다.

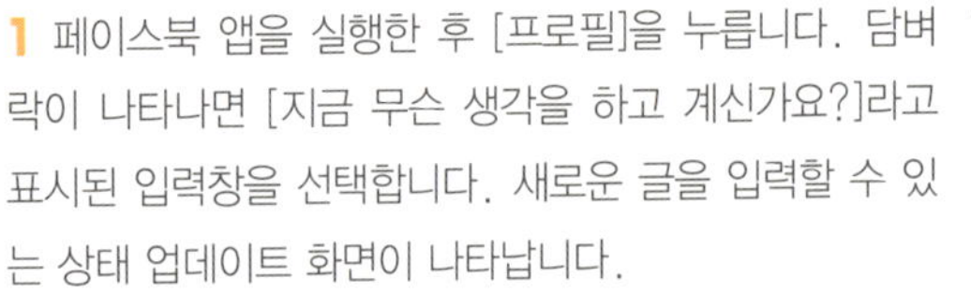

16 아이폰용 페이스북 앱으로 사진 업로드하기

아이폰에서 바로 촬영한 사진이나 이전에 촬영해 놓은 사진을 페이스북 앱을 이용해서 바로 담벼락에 업로드할 수 있습니다. 여행을 가거나 새로운 정보를 많은 친구들과 공유하기 위해서 사진 업로드는 아주 중요하고 재미있는 기능입니다.

1 페이스북 앱을 실행한 후 [프로필]을 눌러 담벼락으로 이동합니다. 아이콘을 누르면 나타나는 메뉴에서 [라이브러리에서 선택]을 누릅니다. [사진 또는 동영상 촬영]을 선택하면 직접 촬영하여 업로드할 수 있습니다.

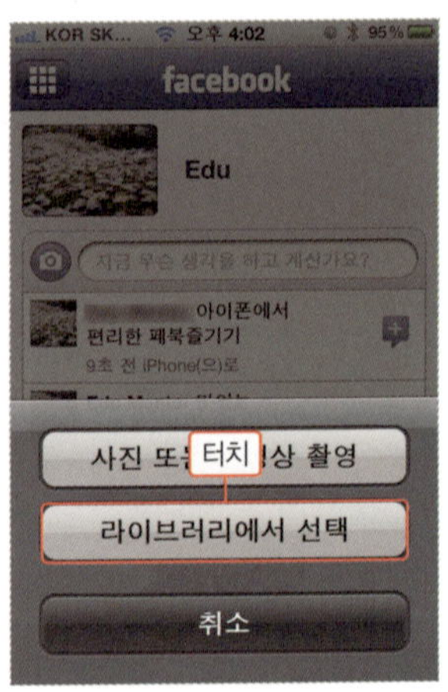

2 사진 앨범 화면이 표시되면 페이스북에 업로드하려는
사진을 선택합니다.

3 업로드하려는 사진을 선택한 후 [설명쓰기]를 눌러 사
진과 관련된 설명을 입력하고 [완료]를 누릅니다.

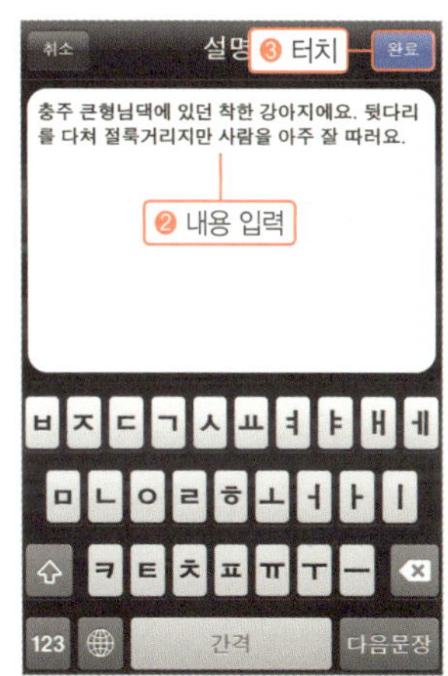

4 사진과 설명 입력을 마쳤으면 [업로드]를 눌러 페이스
북으로 사진과 설명을 업로드합니다.

비즈니스에 강한 페이스북

페이스북은 단순히 친구를 맺어 이야기를 하고, 사진을 올리며 끝나는 것이 아니라 전 세계에 연결되어 있는 사람들에게 자신의 정보나 상품을 적극적으로 홍보하여 비즈니스에 활용할 수 있습니다. 페이스북의 페이지를 활용해서 자신에 대한 홍보뿐만 아니라 업무에도 적극 활용해 보기 바랍니다.

페이스북 페이지 만들기

페이스북의 프로필에서는 친구 등록을 5,000명까지만 할 수 있습니다. 하지만, 친구들이 5,000명을 넘을 경우에는 직접 페이지를 개설하여 페이스북 친구를 관리할 수 있습니다. 페이지는 인원수 제한이 없기 때문에 보다 많은 페이스북 친구들에게 자신을 홍보할 수 있어 상품이나 유명인 팬페이지 등으로 활용할 수 있습니다. 이번에는 페이스북에 접속한 후 페이지를 직접 개설하는 방법에 대해서 알아보겠습니다.

1 페이스북에 로그인한 다음 주소 입력창에 http://www.facebook.com/pages/create.php를 입력하여 페이지를 만드는 곳으로 이동합니다. 자신이 개설하려는 페이지 성격에 맞는 메뉴를 선택합니다.

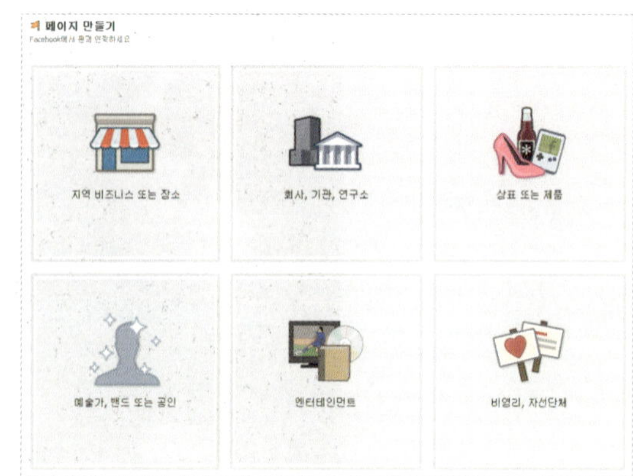

2 개인적인 커뮤니티 페이지를 개설하기 위해서 [지역 비즈니스 또는 장소]를 선택합니다. 세부 정보를 입력하고 [Facebook 페이지 이용약관에 동의합니다.]를 체크한 다음 [시작하기]를 클릭합니다.

Talk Talk 페이지 이름 정하기

페이지 이름은 방문하는 친구들에게 좋은 인상과 기억에 남을 수 있는 이름으로 지정하는 것이 좋습니다. 유명한 브랜드나 이름이 아닐 경우에는 자신의 이름이나 관심사 등을 지정하는 것도 좋습니다.

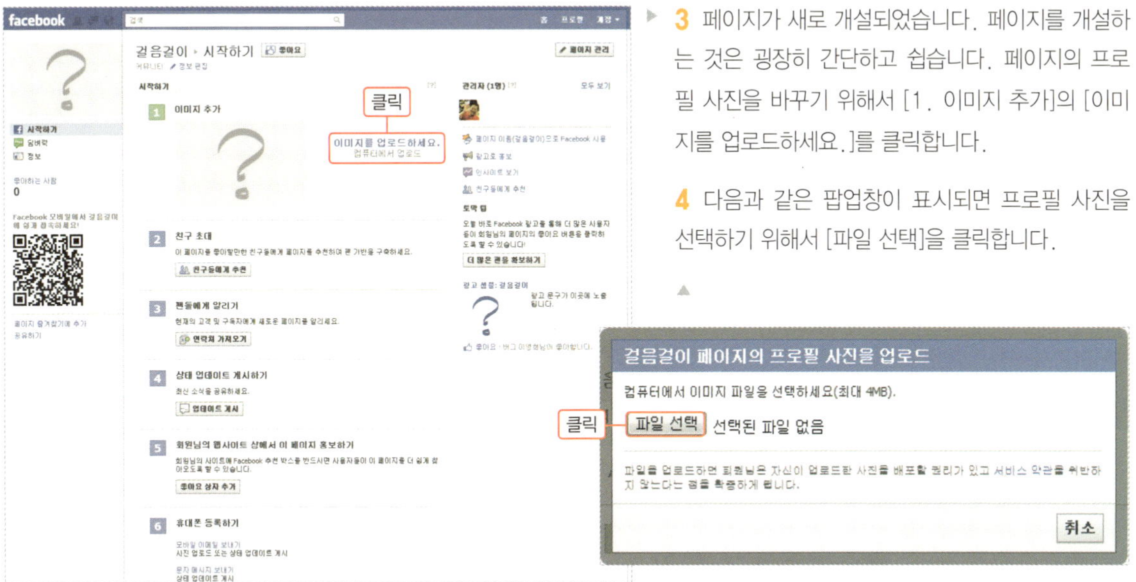

3 페이지가 새로 개설되었습니다. 페이지를 개설하는 것은 굉장히 간단하고 쉽습니다. 페이지의 프로필 사진을 바꾸기 위해서 [1. 이미지 추가]의 [이미지를 업로드하세요.]를 클릭합니다.

4 다음과 같은 팝업창이 표시되면 프로필 사진을 선택하기 위해서 [파일 선택]을 클릭합니다.

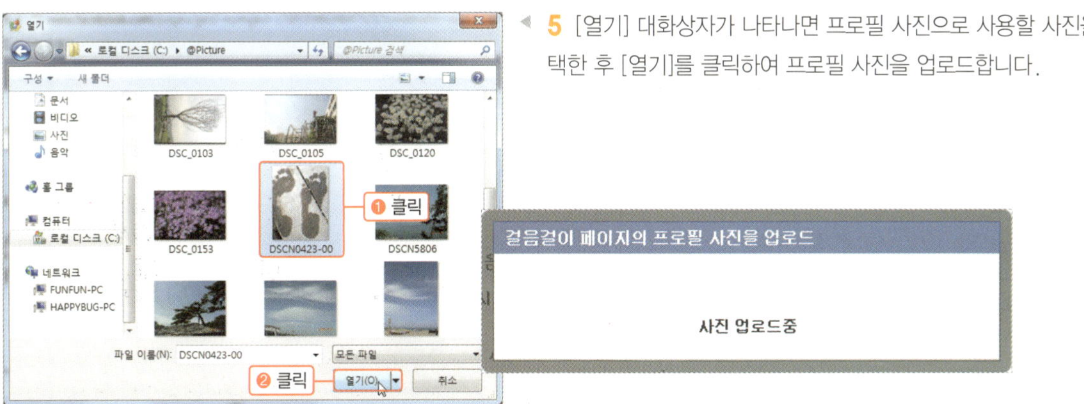

5 [열기] 대화상자가 나타나면 프로필 사진으로 사용할 사진을 선택한 후 [열기]를 클릭하여 프로필 사진을 업로드합니다.

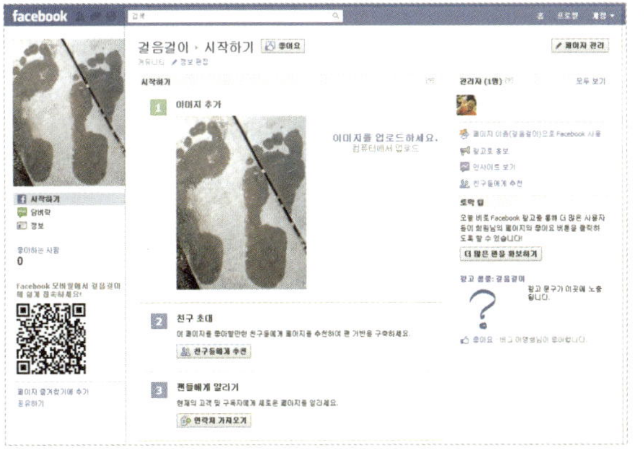

6 새롭게 만든 페이지의 프로필 사진이 업로드되고 페이지 화면의 왼쪽 프로필 사진에 나타납니다. 이제부터 페이지를 마음껏 활용할 수 있습니다.

02 새롭게 만든 페이지 소문내기

페이지를 새로 개설하였으면 동네방네 소문을 내야 페이스북 친구들이 방문합니다. 페이지만 만들고 가만히 있으면 페이스북 친구들이 새로 만든 페이지에 올 이유가 없겠지요. 새롭게 개설한 페이지를 친구들에게 소문내는 방법에 대해서 알아보겠습니다.

1 페이지 시작하기 화면의 [친구 초대]에서 [친구들에게 추천]을 클릭합니다. 새로 나타나는 [친구 목록]에서 새로 만든 페이지를 알리고 싶은 친구들을 선택한 후 [추천하기]를 클릭합니다.

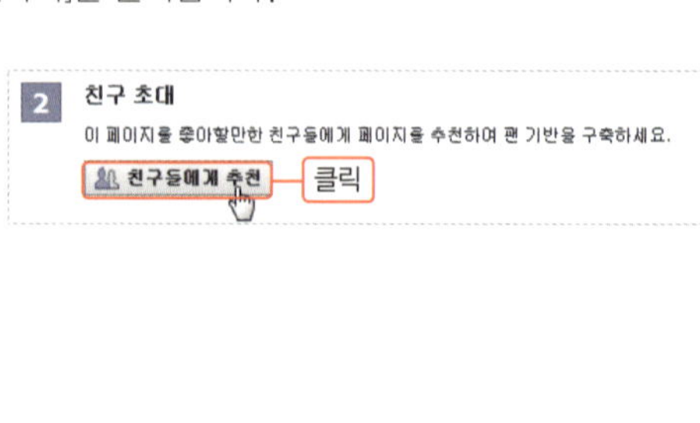

2 [팬들에게 알리기]에서 [연락처 가져오기]를 클릭하면 [연락처 파일 업로드]에서 아웃룩이나 미리 저장해 둔 연락처 파일(CSV 등)의 연락처 목록을 가져올 수 있습니다. [웹 메일 연락처 찾기]에서 자신이 주로 사용하는 웹 메일 주소를 입력하여 친구들에게 페이지를 홍보할 수 있습니다.

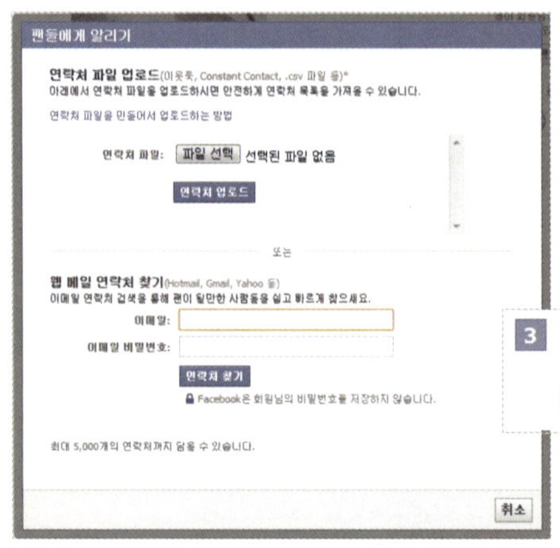

3 [상태 업데이트 게시하기]에서 [업데이트 게시]를 클릭하여 페이지에 첫 글을 남길 수 있습니다. 첫 글은 페이지를 개설했으니 많은 이용을 부탁드린다는 말이 좋을 듯 해요.

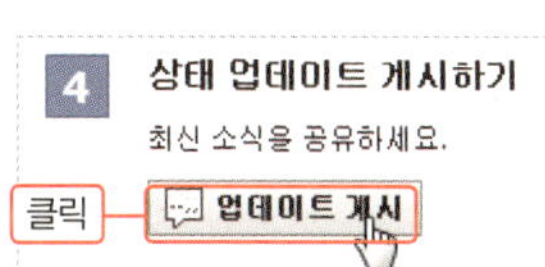

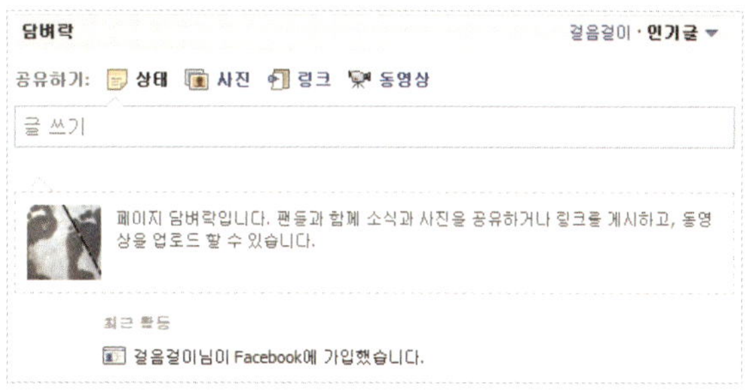

4 다시 페이지 시작하기 화면으로 이동하면 [1. 이미지 추가] 메뉴가 사라진 것을 볼 수 있습니다. 프로필 사진을 업로드했기 때문에 항목이 사라진 것입니다. 시작하기 화면 항목 번호가 바뀐 것을 볼 수 있습니다. 이처럼 각 항목에 대한 설정을 마치면 시작하기 화면은 표시되지 않습니다.

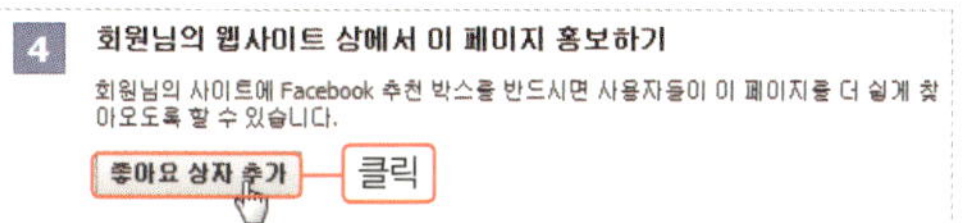

5 [좋아요 상자 추가]를 클릭하면 자신이 사용하고 있는 블로그나 웹 사이트에 페이지를 홍보할 수 있는 [좋아요 상자]를 삽입할 수 있습니다.

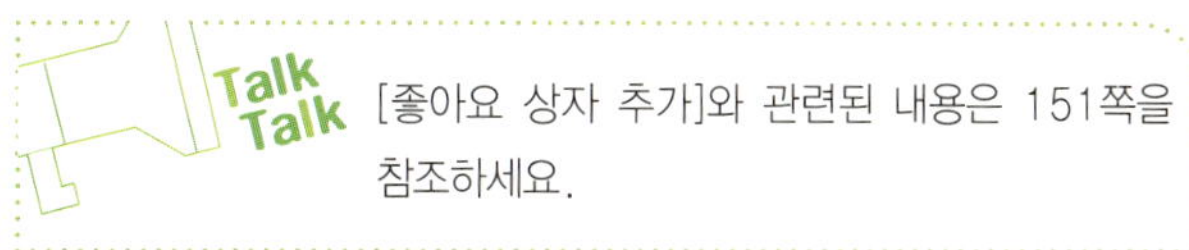

6 [휴대폰 등록하기]에서 모바일 이메일을 통해서 업로드하거나 문자 메시지로 페이지에 글을 남길 수 있습니다.
[모바일 이메일 보내기]를 클릭하면 자신에게 할당된 이메일 주소를 알려줍니다.

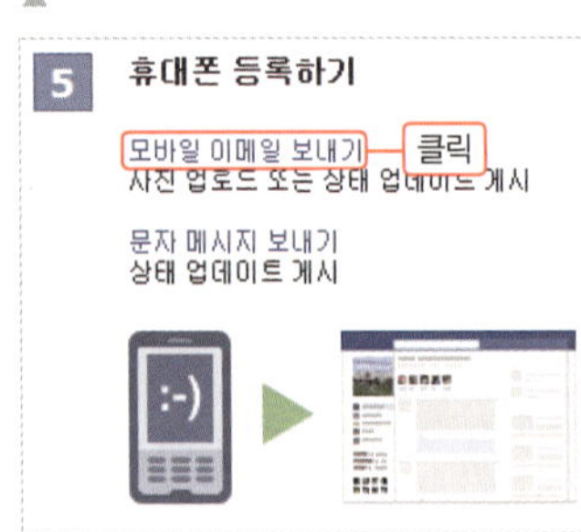

03 페이지 관리하기

새롭게 만든 페이지를 관리하고 기본적인 환경을 설정하는 방법에 대해서 알아보겠습니다. 페이지를 관리하는 관리자를 추가하거나 기본 정보를 수정하는 등 페이지 환경에 대한 수정을 할 수 있습니다. 페이지 관리 화면의 메뉴에 대해서 알아보겠습니다.

1 페이지 화면으로 접속한 다음 오른쪽 위에 있는 [페이지 관리]를 클릭합니다.

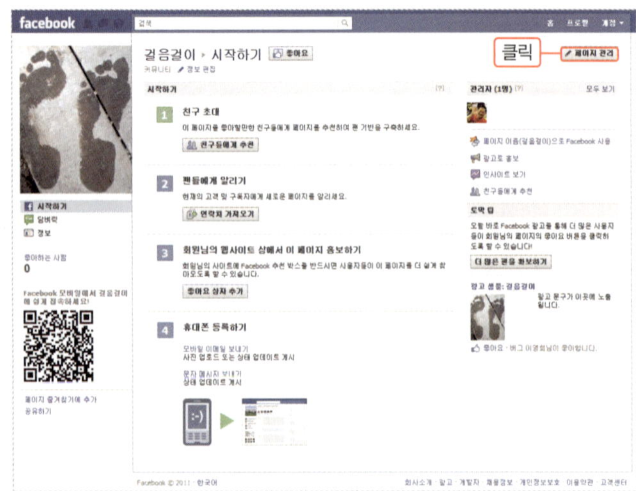

2 페이지 관리 화면의 왼쪽에 [권한 관리]
의 내용이 나타납니다. 이 메뉴에서 페이
지의 권한을 설정할 수 있습니다. 페이지와
관련된 모든 환경 설정이 끝나면 오른쪽 위
에 있는 [페이지 보기]를 클릭하여 페이지
로 돌아갈 수 있습니다.

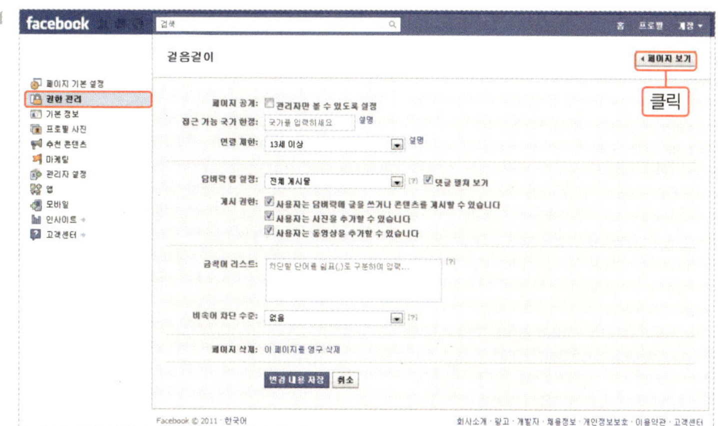

3 [페이지 기본 설정]을 선택하고 [게시 설
정]과 [이메일 알림]을 설정한 후 [변경 내
용 저장]을 클릭합니다. 보통 기본값으로
두고 이메일 알림이 필요하지 않을 때는 이
메일 알림을 체크 해제해 놓습니다.

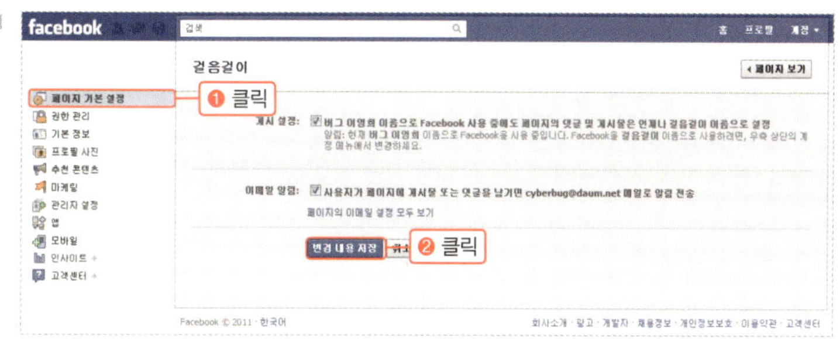

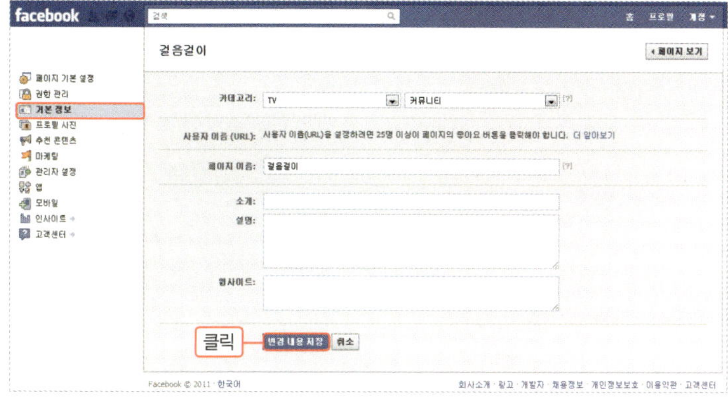

4 [기본 정보]는 페이지 성격에 맞는 카테
고리를 지정하고 기본 정보를 입력합니다.
정보를 수정한 후 [변경 내용 저장]을 클릭
합니다.

5 [프로필 사진]에서 프로필 사진을 삭제
하거나 바꿀 수 있습니다. 또는 새로운 사
진을 촬영하여 변경할 수 있습니다.

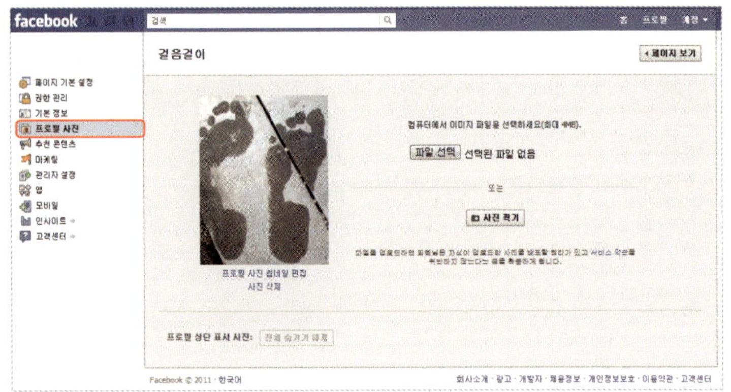

6 [추천 콘텐츠]의 [좋아요]는 자신이 가
입한 팬 페이지를 추천 페이지로 등록할 수
있습니다. [페이지 관리자]에서 관리자 정
보를 공개할지 비공개로 할지 설정합니다.

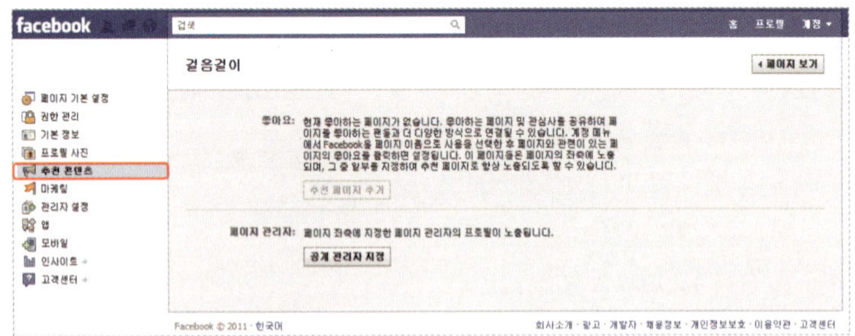

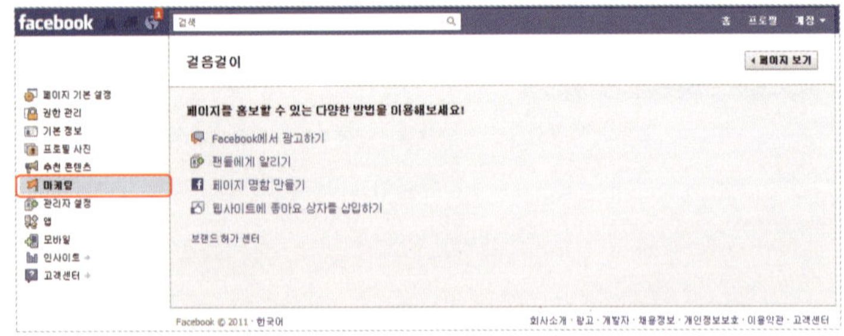

7 [마케팅]에서 페이지를 홍보할 수 있는
다양한 방법을 이용할 수 있습니다. [페이
지 명함 만들기]와 [좋아요 상자 삽입하기]
는 자신이 현재 사용 중인 웹 사이트나 블
로그에 페이지를 홍보할 수 있는 배너 형식
의 상자를 삽입할 수 있습니다.

8 [관리자 설정]은 페이지를 함께 관리할
수 있는 친구들을 추가할 수 있습니다. 새
로운 관리자를 추가하였으면 [변경 내용 저
장]을 클릭하여 저장합니다.

9 [앱]은 페이지에서 사용 중인 앱 목록을 보여줍니다. 페이지에서도 [앱 더 찾아보기]를 이용하여 새로운 앱(어플리케이션)을 추가하여 사용하고 수정할 수 있습니다.

10 [모바일]은 각종 모바일로 페이지를 활용할 수 있는 방법에 대해서 설명하고 있습니다. [휴대폰 이메일로]에서 지정한 메일 주소로 사진이나 글을 올리면 페이지로 등록됩니다.

11 [인사이트]는 사용자 방문, 활동 내역 등 페이지 통계 상황을 보여줍니다.

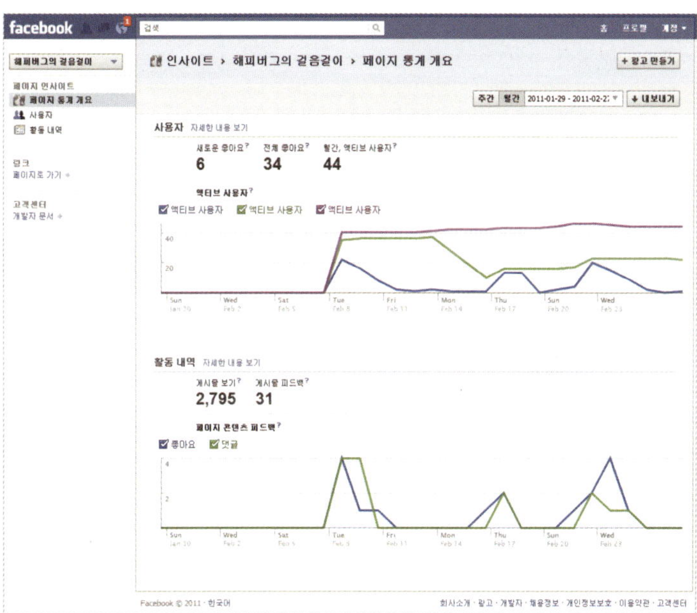

12 [고객 센터]를 클릭하면 페이스북과 관
련된 전체 도움말을 이용하여 궁금한 것을
해결할 수 있습니다.

04 공동 프로젝트 문서를 함께 만드는 Docs 앱 추가하기

Docs 앱은 여러 친구들과 함께 문서를 만들 수 있으며 지정한 친구들이 문서를 보
거나 문서를 수정할 수 있기 때문에 많은 친구들과 함께 문서를 만들면서 공동 프
로젝트를 진행할 수 있는 아주 유용한 앱입니다. 페이지에 Docs 앱을 추가하는 방
법에 대해서 알아보겠습니다.

1 페이지 화면에서 [페이지 관리]를 클릭합니다.

2 [앱]을 클릭하고 Docs 앱을 찾기 위해서 [앱 더 찾아보
기]를 클릭합니다.

3 모든 앱 화면이 나타나면 검색창에 docs를 입력하고 Enter를 누릅니다.

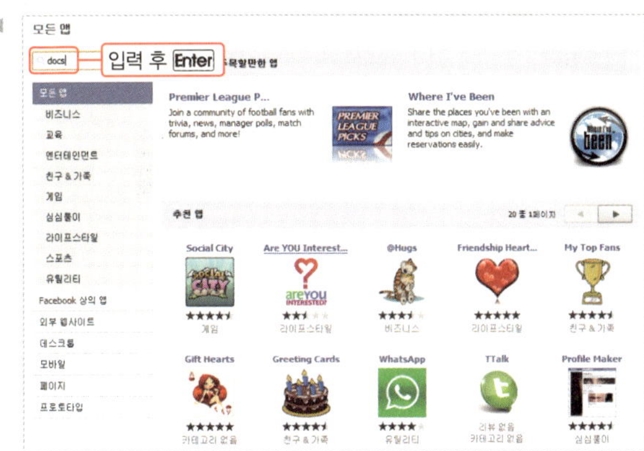

4 앱 검색 결과 목록 중 새롭게 설치할 앱인 [Docs]를 선택합니다.

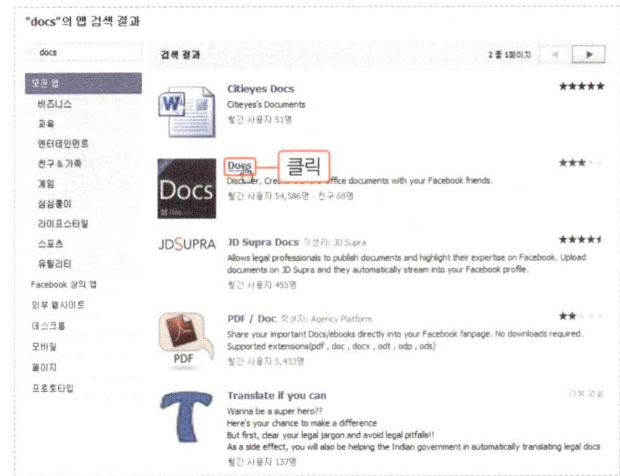

5 Docs 페이지에서 [앱으로 가기]를 클릭합니다.

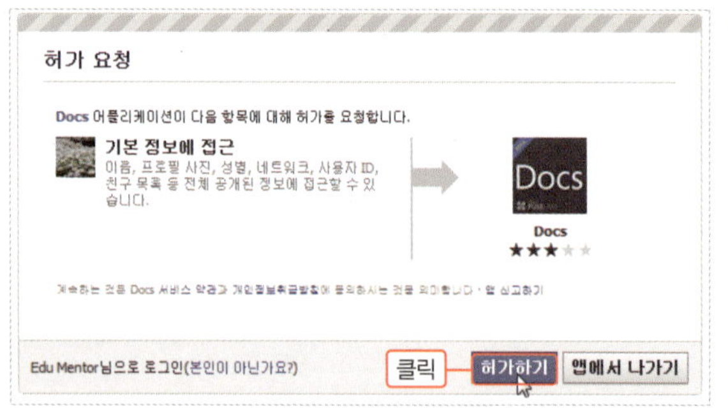

▶ **6** [허가 요청]이 나타나면 [허가하기]를 클릭하여 Docs 어플리케이션이 페이스북 정보를 사용할 수 있도록 수락합니다.

▶ **7** Docs 화면이 나타납니다. 이제부터 자신의 페이지에서 Docs 앱을 사용할 수 있습니다.

8 Docs 페이지의 왼쪽 메뉴에서 [내 페이지에 추가]를 선택합니다.

9 자신이 만든 페이지 목록이 표시되면 Docs 앱을 설치할 페이지를 선택합니다.

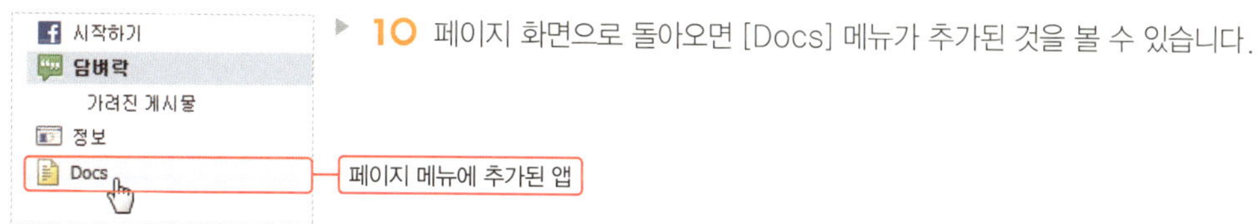

10 페이지 화면으로 돌아오면 [Docs] 메뉴가 추가된 것을 볼 수 있습니다.

11 [Docs]를 클릭하면 워드, 엑셀, 파워포인트 등의 문서를 만들 수 있는 아이콘이 나타납니다. 엑셀 아이콘을 클릭해보겠습니다.

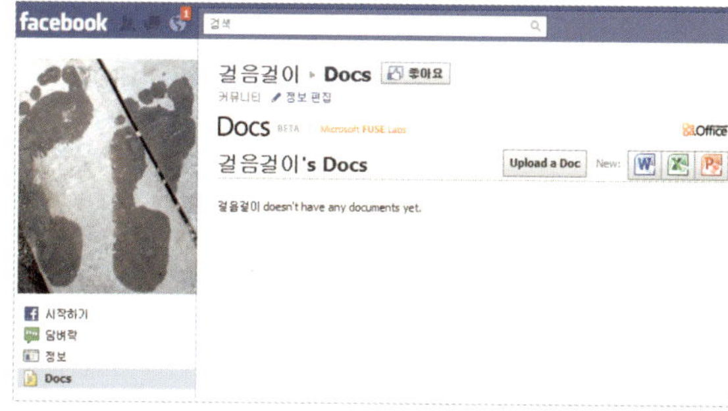

12 웹 브라우저에 Docs 화면이 나타나면서 엑셀 문서를 작성할 수 있도록 준비됩니다.

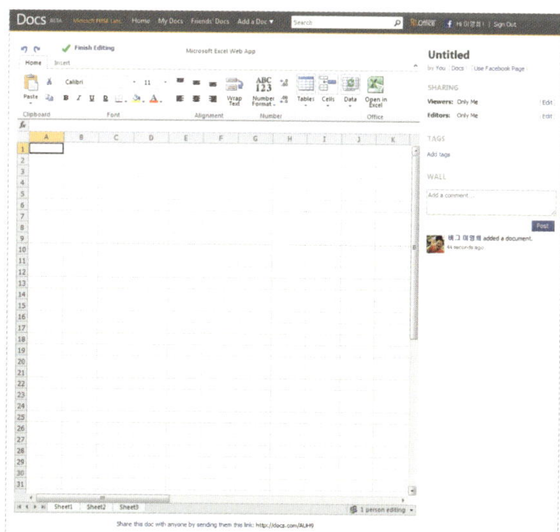

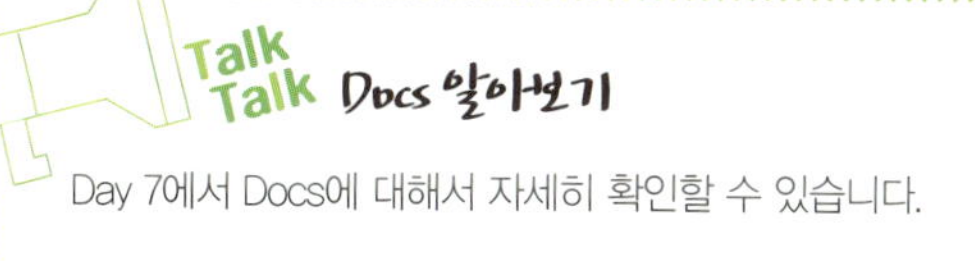

Talk Talk Docs 알아보기

Day 7에서 Docs에 대해서 자세히 확인할 수 있습니다.

05 페이지 고유 주소 만들기

페이지도 직접 접속할 수 있는 전용 URL 주소를 설정할 수 있습니다. 단, 25명 이상의 방문자가 자신의 페이지에서 [좋아요]를 눌러 팬이 되어야 합니다. 페이지 의 전용 URL 주소를 만드는 방법을 알아보겠습니다.

1 페이지 화면에서 [페이지 관리]를 클릭합니다.

2 [기본 정보]에서 전용 URL을 만들 수 있습니다.

06 블로그와 페이스북 페이지를 RSS 앱으로 연동하기

자신이 운영하던 블로그가 있다면 RSS 기능을 이용해서 페이스북 페이지에 앱으 로 추가하여 친구들에게 블로그에 있는 글들을 별도의 웹 브라우저로 실행하지 않 고도 페이지에서 확인할 수 있습니다. 간단한 클릭만으로 쉽게 블로그와 페이지를 연동하는 방법에 대해서 알아보겠습니다.

1 페이지 화면에서 [페이지 관리]를 클릭합니다.

2 [앱]을 선택한 후 RSS 앱을 찾기 위해서 [앱 더 찾아보기]를 클릭합니다.

3 검색 결과 목록 중에서 [Simple RSS Tab]을 선택합니다.

4 Simple RSS Tab 페이지가 표시되면 앱을 설치하기 위해서 [앱으로 가기]를 클릭합니다.

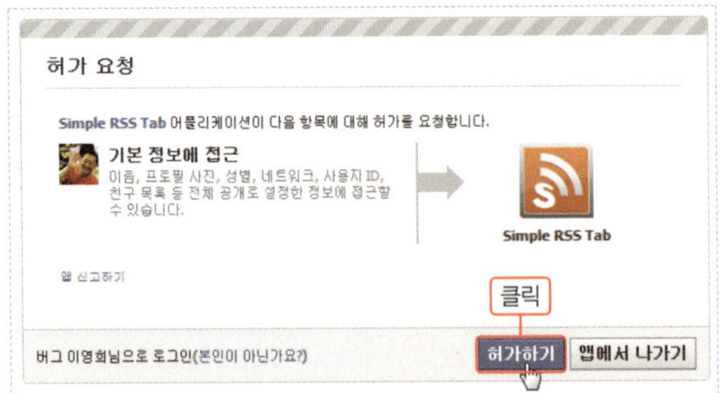

▶ **5** [허가요청]이 나타나면 [허가하기]를 클릭합니다.

6 [Simple RSS Tab] 앱을 사용하려는 페이지 목록에 있는 [Add App]을 클릭합니다. 페이지 제목이 한글일 경우에는 글자가 깨져서 표시될 수 있습니다.

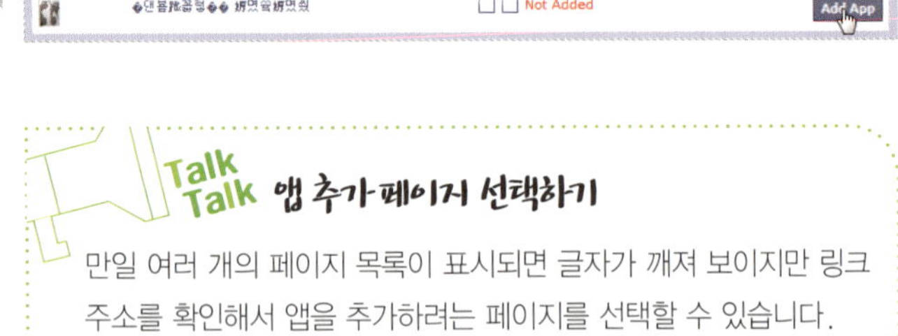

Talk Talk 앱 추가 페이지 선택하기

만일 여러 개의 페이지 목록이 표시되면 글자가 깨져 보이지만 링크 주소를 확인해서 앱을 추가하려는 페이지를 선택할 수 있습니다.

7 운영 중인 페이지가 여러 개일 경우에는 [어플리케이션을 추가할 페이지]에서 앱을 추가할 페이지 제목을 선택합니다. 운영 중인 페이지가 하나뿐일 때에는 바로 [Simple RSS Tab 추가]를 클릭합니다.

8 페이지 화면으로 이동하면 왼쪽 메뉴에 [News]가 추가된 것을 확인할 수 있습니다.

▶ **9** [News]를 클릭하면 [Simple RSS Tab] 앱 환경을 설정하는 화면이 나타납니다. 환경 설정을 하기 위해서 [Configure]를 클릭합니다.

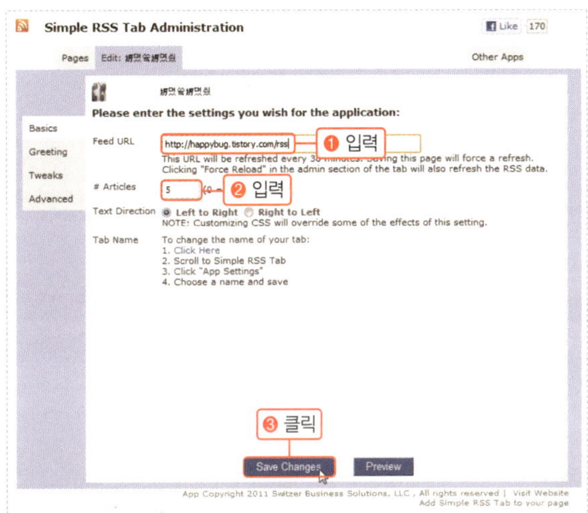

▶ **10** Simple RSS Tab Administration 화면이 나타나면 [Feed URL]에 RSS 주소를 입력합니다. [# Articles]에 보여줄 게시글의 숫자를 지정하고 [Save Changes]를 클릭합니다.

Talk Talk RSS News Tab Name 바꾸기

[Tab Name]의 [Click Here]를 클릭하여 탭 이름을 바꿀 수 있습니다.

1 [Click Here]를 클릭하면 추가된 앱 화면으로 이동하는데 [Simple RSS Tab]의 [설정 편집]을 클릭합니다.

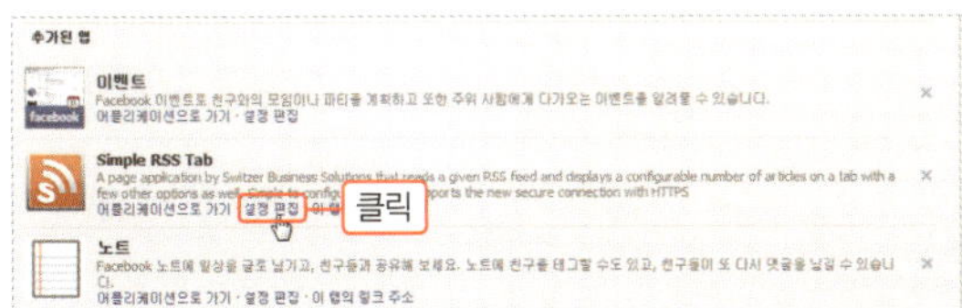

2 [Simple RSS Tab 설정 관리]가 나타나면 [Custom Tab Name] 입력창에 원하는 이름을 입력한 후 [저장]을 클릭합니다. 창을 닫기 위해서 [확인]을 클릭합니다.

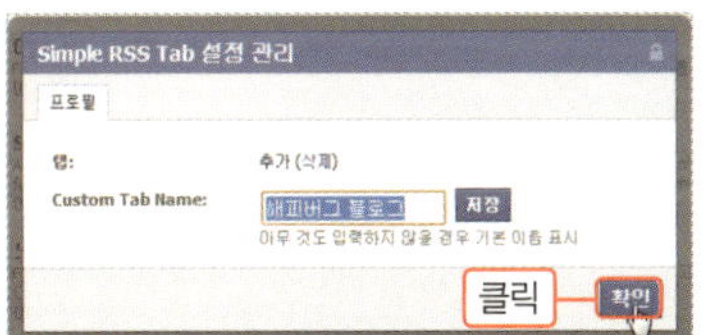

▶ **11** [Simple RSS Tab] 환경 설정을 완료하고 [Preview]를 클릭하며 페이지에 보여줄 화면을 미리보기로 확인할 수 있습니다. [Close Window]를 클릭하여 미리보기 창을 닫습니다.

12 페이지 화면으로 돌아온 후 추가되어 있는 [News]를 클릭하면 잠시 후 블로그에 있는 글을 페이지 화면 안에서 확인할 수 있습니다. ◀

07 나와 많은 소통을 한 페이스북의 친구 사진 보기

페이스북에서 소통을 많이 한 친구들의 목록을 액자처럼 볼 수 있습니다. 자주 왕래하고 글을 주고받은 친구 사진은 더 크게 보여주기 때문에 자신과 자주 소통한 친구를 쉽게 확인해 볼 수 있습니다.

1 웹 브라우저를 실행한 후 http://friendmatrix.co를 입력하고 FriendMatrix 사이트로
이동합니다. [Connect with Facebook] 버튼을 클릭하여 페이스북 로그인 화면이 표시
되면 페이스북 이메일과 비밀번호를 입력하고 [로그인] 버튼을 클릭합니다.

2 [허가 요청]이 나타나면 [허가
하기]를 클릭하여 FriendMatrix
어플리케이션을 허용합니다.

3 자신의 페이스북 담벼락에 그동안 소통한 친구들의 프로
필 사진을 액자 모양으로 등록합니다. 사진이 클수록 많은
교류가 있던 친구입니다.

4 담벼락에 등록된 사진을 클릭하면 좀 더 크게 사진을 확
인할 수 있습니다. 사진에 등록된 친구들의 담벼락에도 자
동으로 태그가 삽입되어 담벼락에 사진들이 보입니다.

정말
쉬운 앱
관리하기
Webuzz

페이지에 앱을 추가하거나 활용하는 방법이 생각보다 쉽지 않을 것입니다. 더군다나 HTML 소스를 전혀 모른다거나 프로그래밍에 대한 일반적인 지식이 없을 경우에는 더욱 어렵기만 할 것입니다. 그래서 이런 어려움을 겪고 있는 페이스북 친구들을 위해서 페이지에 쉽게 앱을 추가하거나 관리할 수 있는 Webuzz를 소개합니다.

❶ 웹 브라우저를 실행한 후 http://www.webuzzapp.com에 접속합니다.

❷ 메뉴 중에서 [Apps]를 클릭하여 페이지에 설치할 수 있는 앱 종류가 나타나면 내 페이지에 추가하고 싶은 앱을 선택합니다.

❸ 원하는 앱에서 [설치]를 클릭합니다.

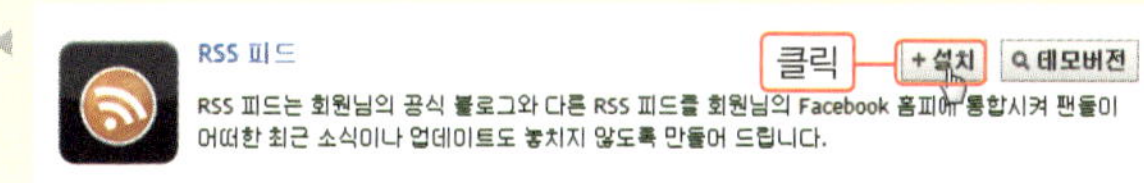

❹ RSS 피드를 내 페이지에 설치하기 위해서 몇 가지를
등록한 후 따라하기만 하면 내 페이스북 페이지에 선택한
앱이 추가된 것을 확인할 수 있습니다.

❺ Webuzz 사이트를 통해서 앱을 추가한 페이지 화면
입니다.

❻ 또한 코멘트 박스 등도 쉽고 간편하게 페이지에 등록
해서 사용할 수 있습니다.

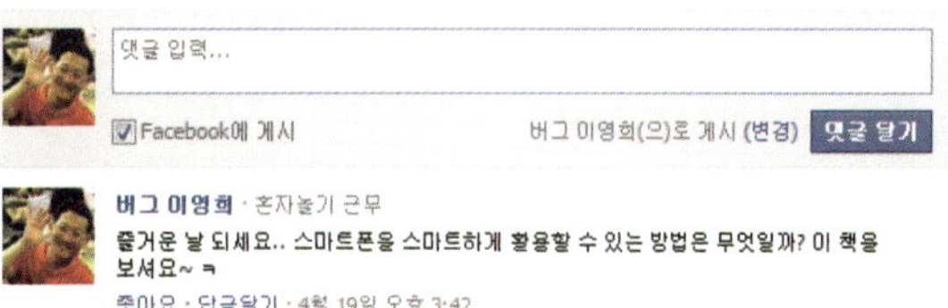

페이스북, 좀 더 가까이

페이스북을 좀 더 다양하게 활용할 수 있는 방법을 알아보겠습니다. 단순히 글과 사진만 올리고 마는 것이 아니라 그룹을 생성하거나 그룹에 가입한 후 공통된 주제를 가지고 있는 친구들과 친밀한 소통을 할 수 있습니다.

페이스북 그룹 만들기

페이스북의 그룹은 일반 인터넷 카페처럼 이미 만들어져 있는 그룹에 가입 신청을 해서 가입할 수도 있고 직접 그룹을 개설하여 운영할 수도 있습니다. 페이스북의 그룹 기능을 이용하기 위해 그룹을 만드는 방법에 대해서 알아보겠습니다.

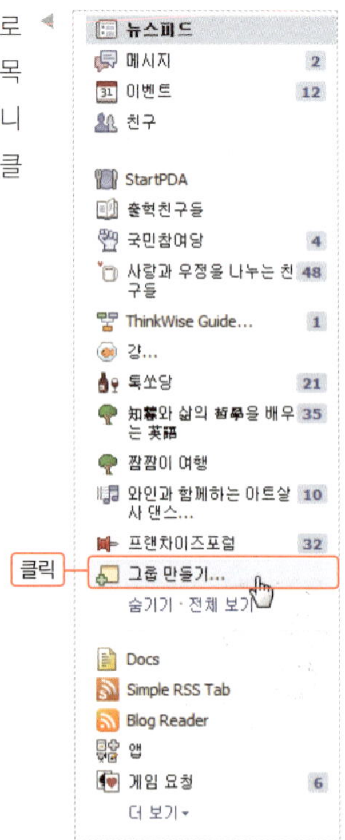

1 페이스북에 접속하여 [facebook] 로고를 눌러 뉴스피드 화면으로 이동합니다.

2 뉴스피드 화면 왼쪽에 보이는 두 번째 메뉴 그룹이 바로 그룹과 관련된 곳입니다. 이 그룹에 가입되어 있는 그룹 목록이 보이거나 새로운 그룹을 만들 수 있는 메뉴가 있습니다. 새로운 그룹을 만들기 위해서 [그룹 만들기] 메뉴를 클릭합니다.

3 [그룹 만들기]가 표시되면 [그룹 이름]에 그룹명을 입력합니다.

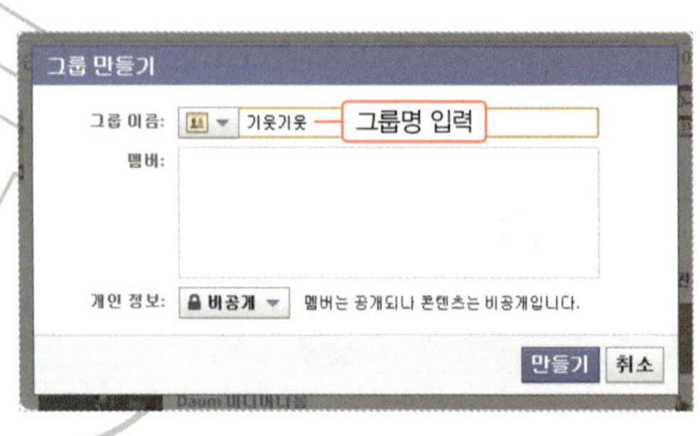

▶ **4** [멤버]에는 친구로 등록되어 있는 사람들을 초대할 수 있는데, 이름을 입력하면 입력한 이름과 일치하는 친구 목록을 자동으로 보여줍니다. 초대하고자 하는 친구를 선택합니다.

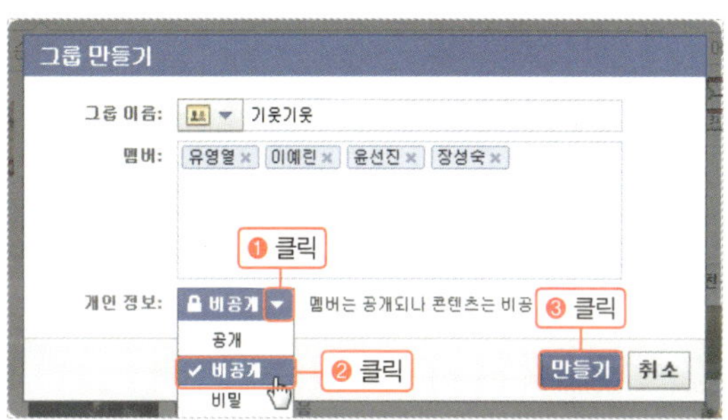

▶ **5** [개인 정보]에서 그룹을 공개할지 비공개로 할지 설정한 다음 [만들기]를 클릭합니다.

6 새로운 그룹이 만들어졌습니다. [확인]을 클릭하여 안내창을 닫습니다.

▶ **7** 뉴스피드 화면의 왼쪽 그룹 메뉴에서 [전체 보기]를 클릭하면 가입되었거나 개설한 그룹 목록을 볼 수 있습니다.

▶ **8** 새로 개설한 그룹 화면입니다. 이제부터 페이스북에서 그룹을 이용하여 인터넷 카페처럼 활용할 수 있습니다. 새로운 멤버를 초대하거나 가입 신청한 친구를 그룹원으로 수락할 수도 있습니다.

02 그룹의 기본 정보 설정하기

그룹을 개설하였으면 그룹과 관련된 기본 정보를 변경하여 자신이 운영하려는 그룹의 정보를 설정해야 합니다. 그룹의 기본 정보를 변경하고 저장하는 방법을 알아보겠습니다.

1 페이스북의 뉴스피드 화면에서 새로 만 ◀ 든 그룹으로 이동합니다.

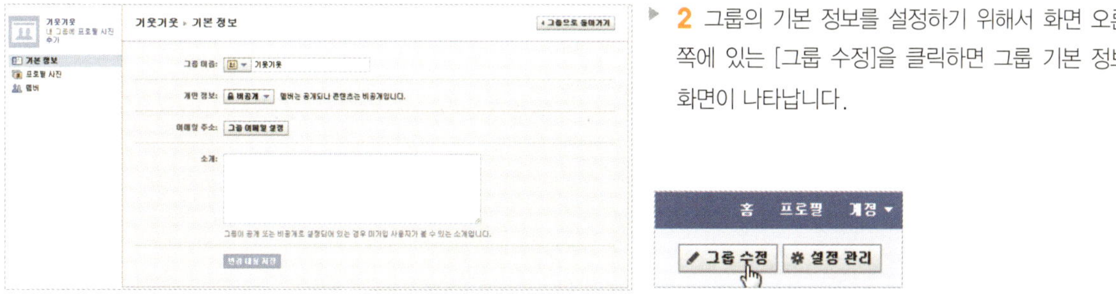

2 그룹의 기본 정보를 설정하기 위해서 화면 오른쪽에 있는 [그룹 수정]을 클릭하면 그룹 기본 정보 화면이 나타납니다.

3 [그룹 이름]에 있는 아이콘을 그룹에 맞는 아이콘으로 바꿀 수 있습니다.

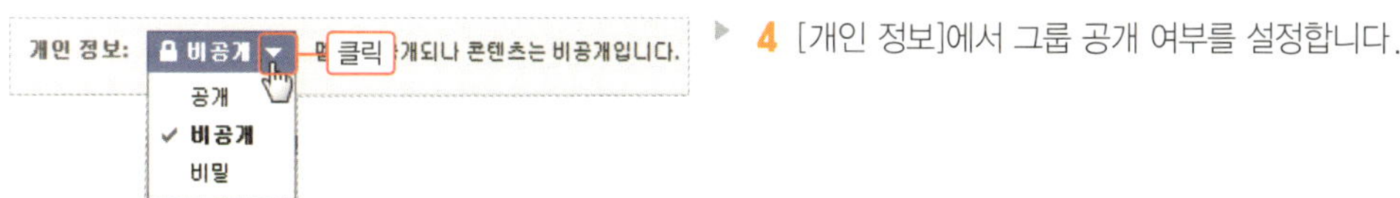

4 [개인 정보]에서 그룹 공개 여부를 설정합니다.

5 [이메일 주소]는 그룹 멤버들에게 자동으로 발송하는 메일 주소를 얻을 수 있습니다. [그룹 이메일 설정]을 클릭합니다.

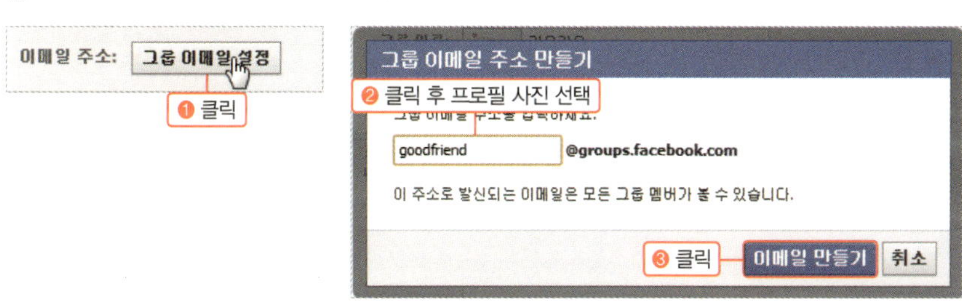

6 그룹 이름에 알맞게 그룹 이메일을 설정합니다.

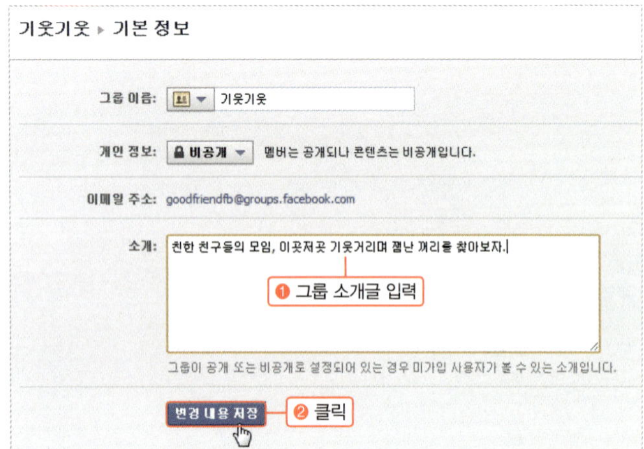

이메일 주소: goodfriendfb@groups.facebook.com

그룹 이메일 주소는 문자, 숫자, 마침표로만 이루어져야 합니다. 발급받은 메일 주소로 메일을 발송하면 자동으로 그룹원에게 전체 메일을 발송합니다.

7 [소개] 항목에 그룹 소개글을 입력한 다음 [변경 내용 저장]을 클릭하여 수정하거나 새로 입력한 내용을 저장합니다.

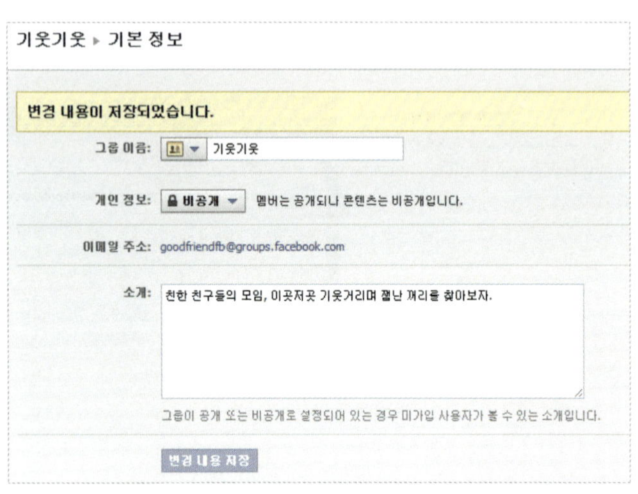

8 '변경 내용이 저장되었습니다.'라는 메시지가 표시되고 [변경 내용 저장]이 비활성화됩니다.

03 그룹의 프로필 사진 바꾸기

그룹의 특성을 나타내는 프로필 사진을 추가하거나 수정할 수 있습니다. 이번에는 프로필 사진을 추가하는 방법에 대해서 알아보겠습니다. 프로필 사진은 최대 4MB 용량까지 업로드할 수 있으며 웹캠이 설치되어 있는 컴퓨터에서는 직접 촬영하여 업로드할 수도 있습니다.

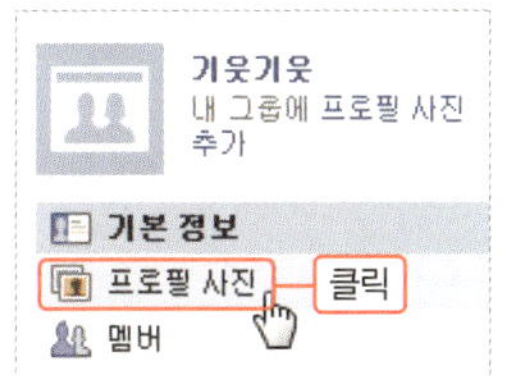

▶ **1** 그룹 기본 정보 설정 화면에서 [프로필 사진]을 선택하거나 [프로필 사진 추가]를 클릭합니다.

2 [프로필 사진]을 선택할 수 있는 화면이 나타나면 [파일 선택]을 클릭하여 컴퓨터에 저장되어 있는 사진을 선택합니다. 웹캠이 설치되어 있는 컴퓨터의 경우에는 [사진 찍기]를 클릭하여 바로 촬영한 사진을 업로드할 수 있습니다.

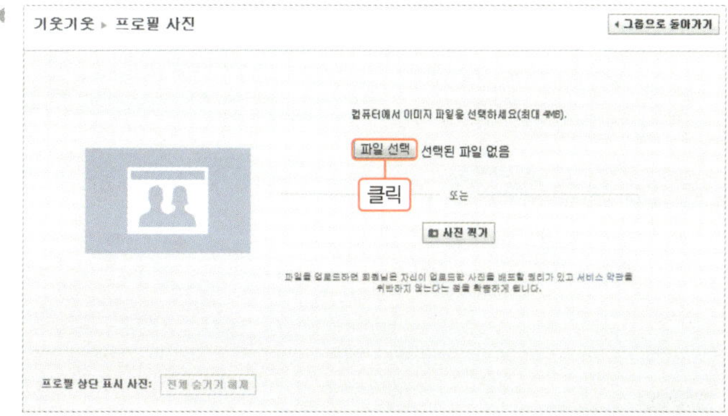

3 [열기] 대화상자가 나타나면 프로필 사진으로 사용할 사진을 선택하고 [열기]를 클릭합니다.

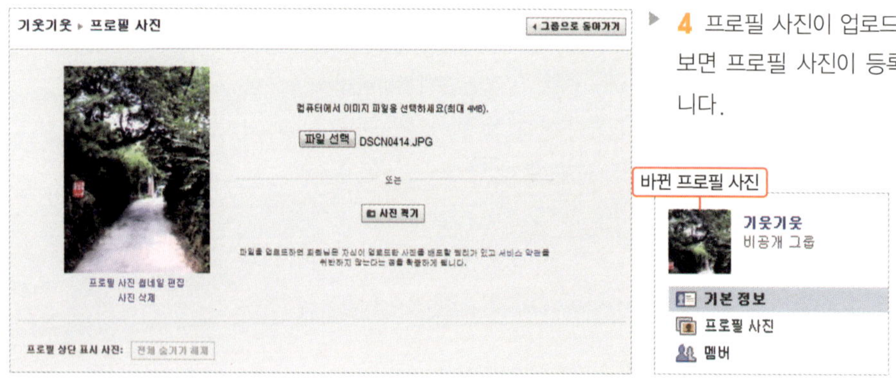

▶ **4** 프로필 사진이 업로드되었습니다. 그룹 화면을 보면 프로필 사진이 등록된 것을 확인할 수 있습니다.

04 그룹원 초대하기

그룹을 생성하고 기본적인 그룹 환경 설정을 완료한 후 그룹에 멤버를 초대해 보겠습니다. 그룹 멤버는 등록된 친구들 중에서 초대할 수 있습니다. 또는 페이스북 친구들이 그룹 가입 신청을 하면 그룹에 가입시킬 수도 있습니다.

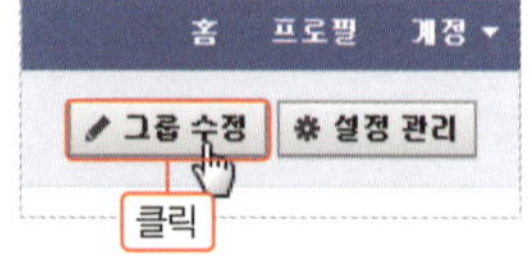

▶ **1** 새로운 멤버를 초대하기 위해서 그룹 화면의 [그룹 수정]을 클릭합니다.

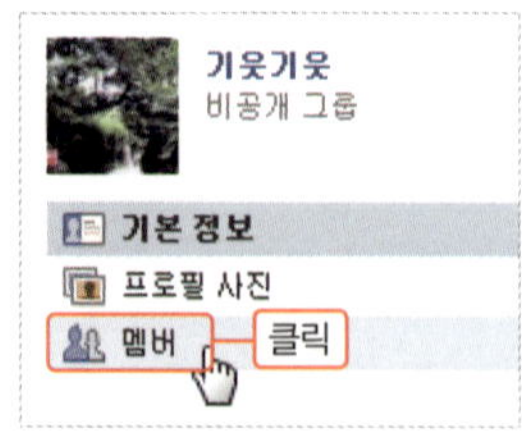

▶ **2** 그룹 수정 메뉴가 화면 왼쪽에 표시되면 [멤버]를 클릭합니다.

3 [그룹에 친구들 추가]를 클릭하여 새로운 친구를 추가할 수 있습니다. [그룹에 친구들 추가]의 입력창에 초대할 친구 이름을 입력하면 검색 목록이 표시됩니다. 원하는 친구 이름을 선택하면 자동으로 입력됩니다.

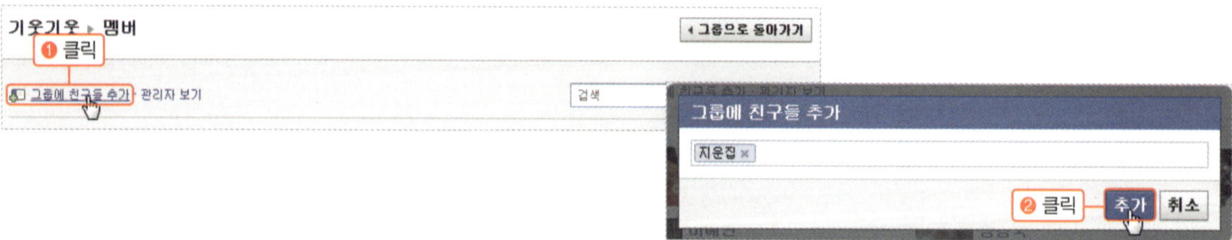

4 새로운 멤버가 그룹에 추가되고 그룹 멤버 목록을 확인할 수 있습니다. [그룹으로 돌아가기]를 클릭하면 그룹 화면으로 되돌아갑니다.

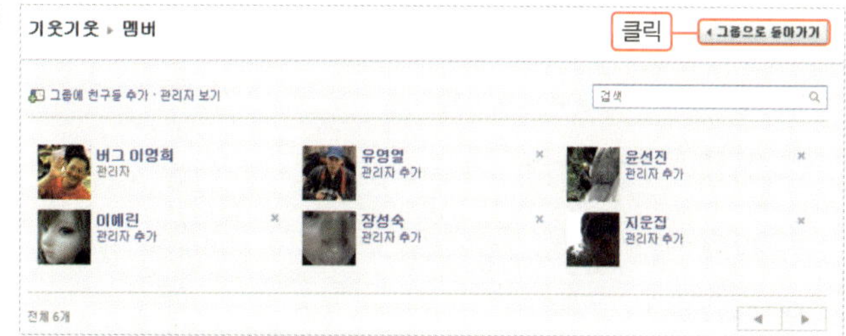

05 그룹 설정 관리하기

그룹에서 발생하는 상황에 대해서 메일로 받아보거나 그룹 채팅 메시지를 받는 등 관련된 설정을 할 수 있습니다. 또는 그룹 이름을 뉴스피드 화면에 지속적으로 노출시킬 것인지 가끔 보일 것인지 등도 지정해 놓을 수 있습니다.

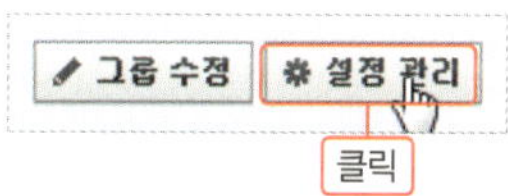

1 그룹 화면의 오른쪽에 있는 [설정 관리]를 클릭합니다.

2 새로운 창에 [그룹 설정 관리] 팝업창이 나타납니다.

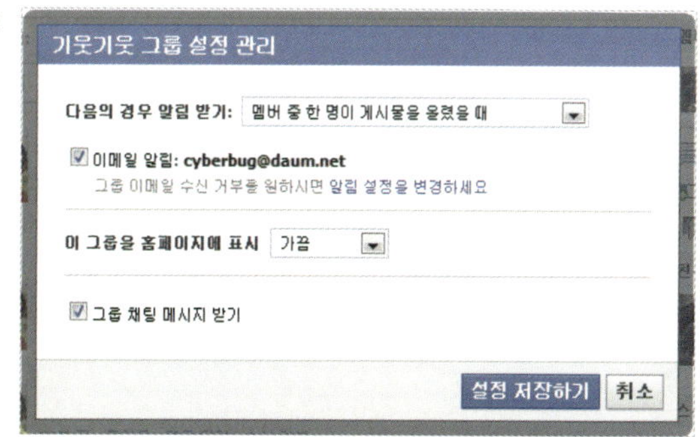

3 [다음의 경우 알림 받기]에서 메일을 받기 원하는 상황을 선택합니다. 알림 메일을 받지 않으려면 [이메일 알림]을 체크 해제합니다.

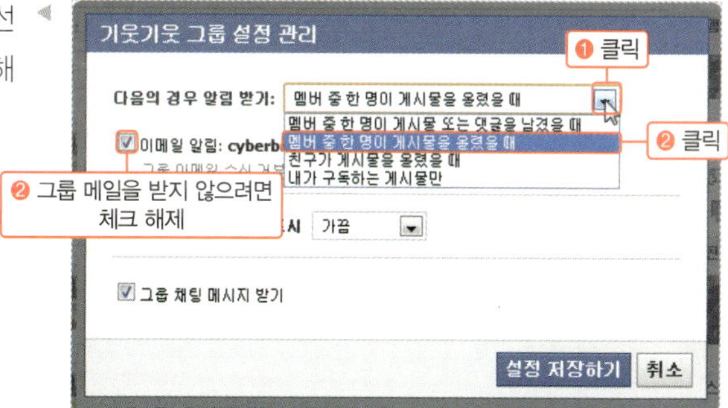

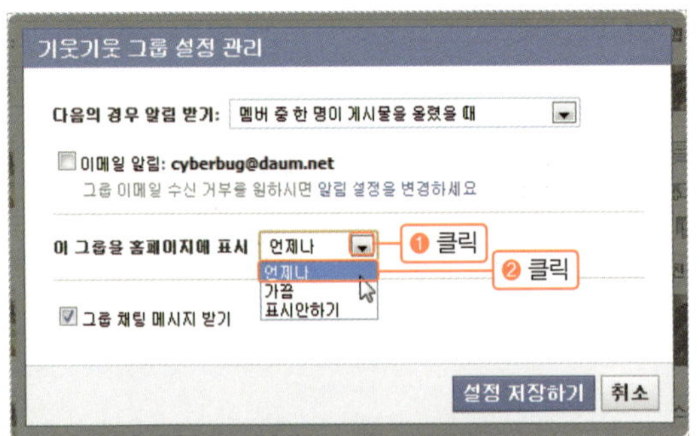

▶ **4** [이 그룹을 홈페이지에 표시]에서 그룹명이 홈페이지에 표시 되도록 하는 주기를 선택합니다.

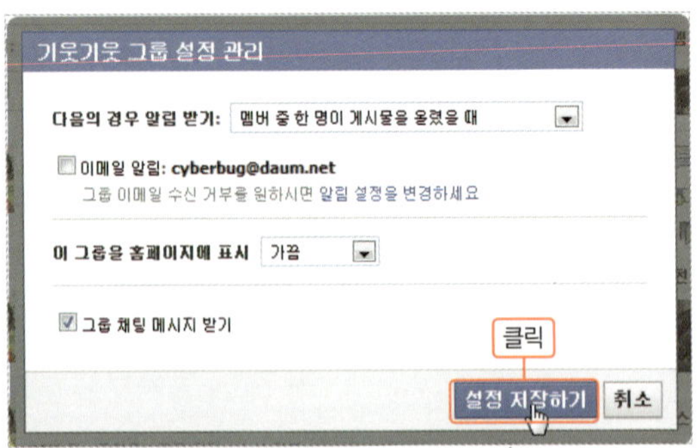

▶ **5** [그룹 설정]을 마쳤으면 [설정 저장하기]를 클릭하여 지정한 설정값을 저장합니다.

06 그룹 관리자 추가하고 멤버 관리하기

그룹을 운영하다보면 인원이 늘어날수록 혼자서 관리하기 쉽지 않습니다. 이럴 때 그룹 멤버들 중에서 관리자를 추가할 수 있습니다. 그룹 관리자를 추가하는 방법 에 대해서 알아보겠습니다.

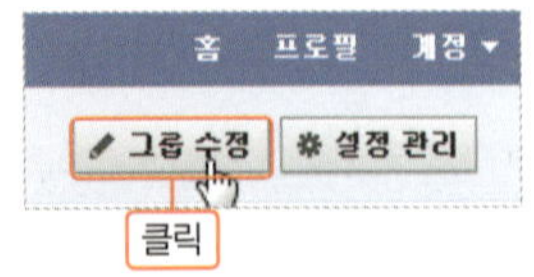

▶ **1** 그룹 관리자를 추가하기 위해서 그룹 화면의 [그룹 수정]을 클릭합니다.

▶ **2** 그룹 수정 메뉴가 화면 왼쪽에 표시되면 [멤버]를 클릭합니다.

3 그룹 멤버들의 목록이 표시되고 목록에서 관리자로 추가하려는 친구 이름에 있는 [관리자 추가]를 클릭합니다.

4 관리자로 설정할 것인지 묻는 팝업창이 나타나면 [관리자로 설정]을 클릭합니다.

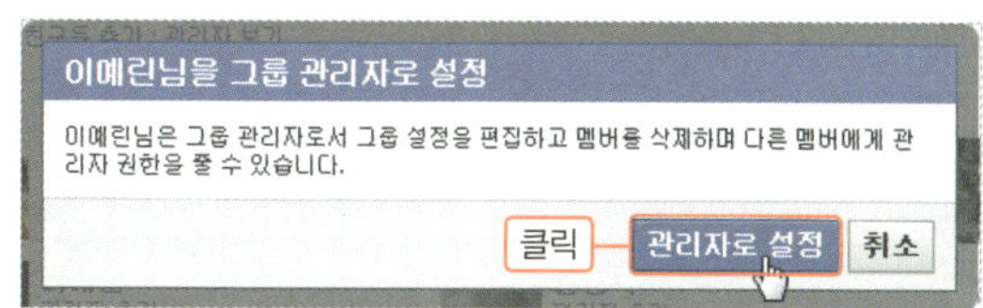

5 만일 관리자를 해제하려면 [관리자 추가]로 나타나던 메뉴가 [관리자 제거]로 나타납니다. 관리자를 해제하기 위해서 [관리자 제거]를 클릭합니다.

6 관리자를 삭제할 것인지 묻는 팝업창에서 [확인]을 클릭합니다.

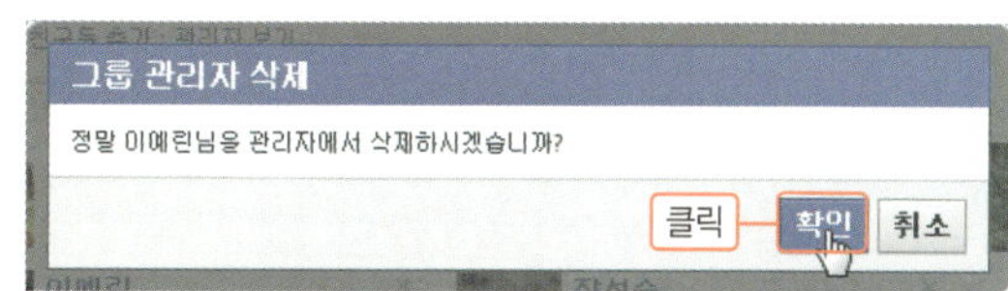

7 만일 그룹 멤버를 제명하거나 탈퇴시키기 위해서 멤버 목록에 있는 ❌ 버튼을 클릭하여 관련 멤버를 제명하고 탈퇴시킬 수 있습니다.

고급 활용,
페이스북

트위터와 페이스북의 연동이나 블로그에 페이스북 위젯을 설치하거나 블로그 게시판에 좋아요 위젯 등을 추가하여 자신의 페이스북을 홍보할 수 있는 고급 기능에 대해 알아보겠습니다.

이 트위터에 글 쓰면 페이스북으로 자동 보내기

스마트폰 사용자가 폭발적으로 늘어나면서 SNS 서비스를 사용하는 사용자도 함께 늘어났습니다. SNS의 대표적인 서비스로 트위터와 페이스북이 있습니다. 트위터와 페이스북을 모두 사용하다 보면 트위터에 글을 남기면 자동으로 페이스북 프로필 담벼락에 글이 나타나는 경우가 있습니다. 여기에서는 트위터에 글을 남기면 페이스북 프로필 화면에 자동으로 글이 등록되는 방법을 알아보겠습니다.

1 페이스북 검색창에서 twitter를 입력하여 검색하면 여러 개의 검색 결과가 나타납니다. 그 중에서 [Twitter] 앱을 선택합니다.

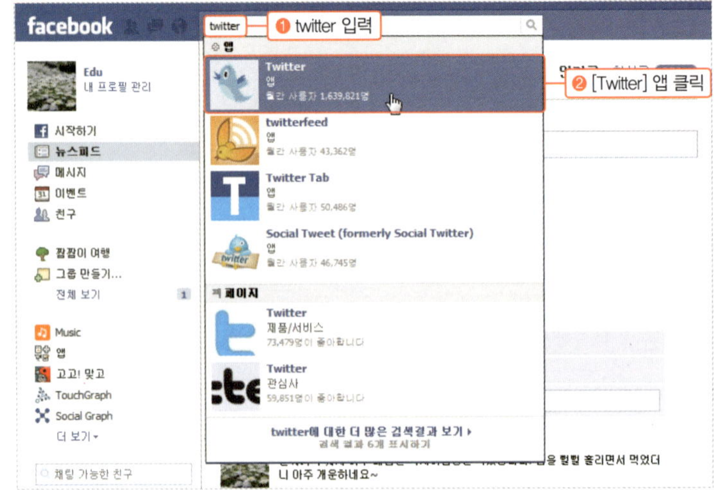

2 Twitter 페이지가 나타나면 [앱으로 가기]를 클릭합니다.

3 [Twitter] 앱을 처음 설치할 때에는 트위터 아이디와 비밀번호를 입력해야 합니다. 자신의 트위터 아이디와 비밀번호를 입력한 후 [Allow]를 클릭합니다. 만일 트위터에 로그인되어 있다면 트위터 아이디와 비밀번호를 물어보지 않고 바로 허가 요청 화면이 나타납니다.

4 허가 요청 화면이 나타나면 [허가하기]를 클릭하여 트위터와 연동하겠다는 승낙을 합니다.

5 페이스북과 트위터가 연동되었다는 메시지가 나타납니다. 페이스북과 트위터의 사진을 페이스북 프로필 사진으로 바꿀 수 있고, 트위터에 쓴 글을 공유할 곳을 설정할 수 있습니다.

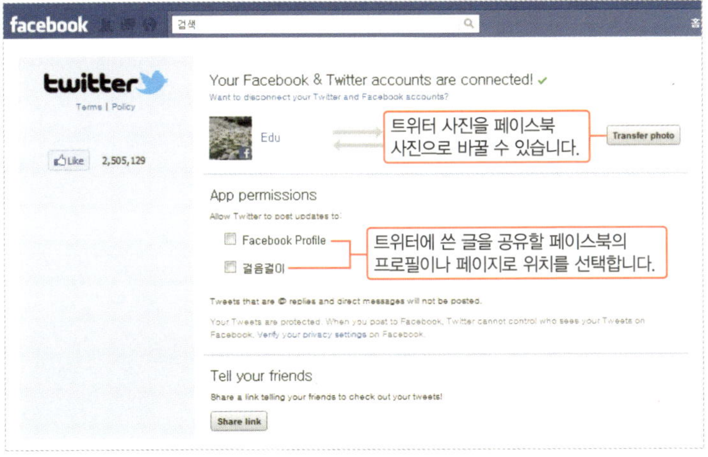

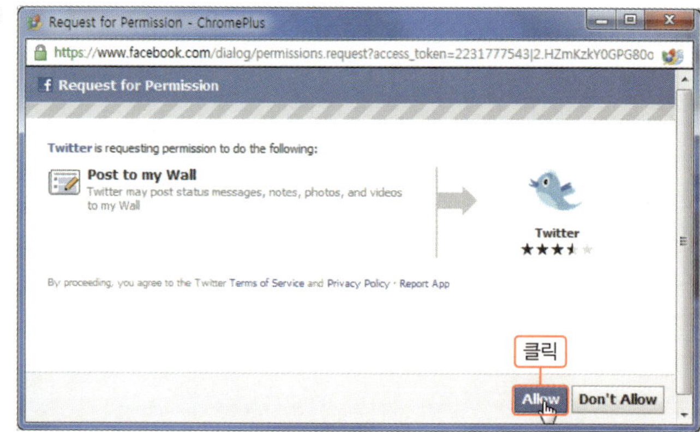

6 [Allow]를 클릭하여 페이스북 담벼락에 글을 쓸 수 있도록 승낙합니다.

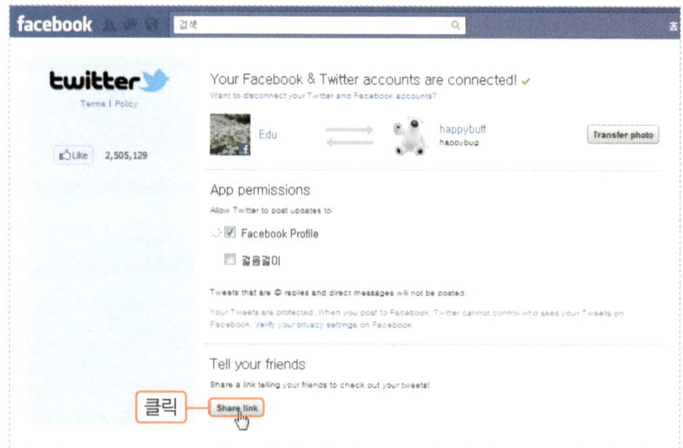

7 [Share link]를 클릭하면 페이스북 친구들에게 내 트위터 주소와 소개글을 자동으로 첨부하여 페이스북 담벼락에 올릴 수 있습니다.

8 자신의 트위터 정보를 확인할 수 있습니다. 자신의 페이스북을 트위터와 연동한다는 소개글을 친구들에게 알리는 글입니다. [Publish]를 클릭합니다.

9 트위터에 글을 작성합니다. 트위터와 페이스북을 연동한 후 트위터에 글을 올리면 잠시
후 페이스북에도 지정한 담벼락이나 페이지에 자동으로 글이 올라갑니다.

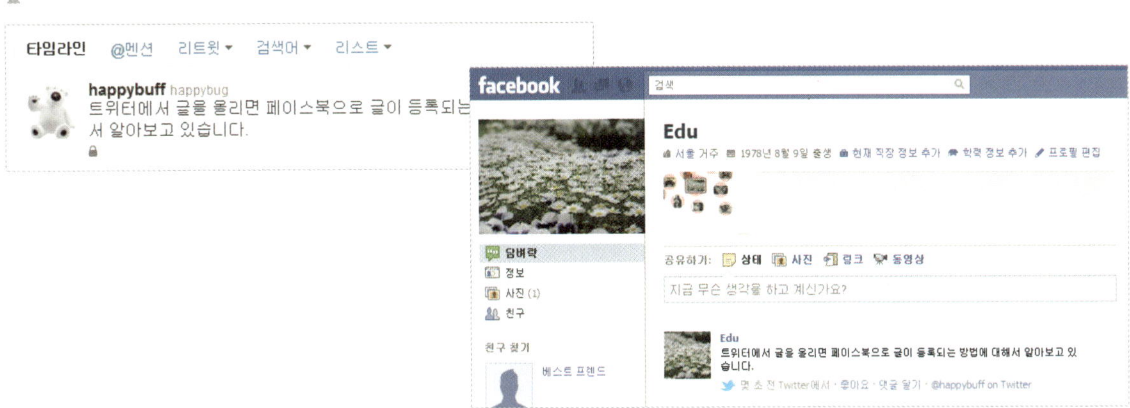

10 트위터와 페이스북의 연동을 끊으려
면 [Twitter] 앱으로 이동한 후 다음과 같이
disconnect 링크를 클릭합니다.

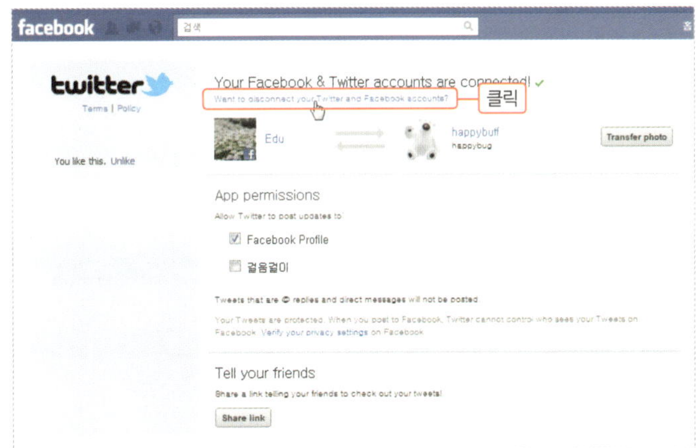

11 트위터와 페이스북의 연동을 끊을 것인지 묻는 팝업창이 나타나면
[확인]을 클릭하여 트위터와 페이스북의 연동을 끊을 수 있습니다.

Talk Talk 페이스북 페이지 글을 트위터로 보내기

아직까지 페이스북 프로필 담벼락에 글을 올리면 자동으로 트위터
로 올리는 방법은 없지만 페이스북 페이지에서는 글을 트위터로 보
낼 수 있습니다. 페이지에서 트위터와 연동하는 기능은 [페이지 관
리] – [앱]에서 설정을 바꿀 수 있습니다.

02 블로그나 웹사이트에 공유할 Facebook 위젯 만들기

Facebook 위젯은 프로필 위젯, 사진 위젯, 좋아요 위젯, 페이지 위젯 등을 선택
하여 다른 웹 사이트나 블로그에 삽입하여 자신의 페이스북을 홍보할 수 있는 편
리한 기능입니다. Facebook 위젯을 만들면서 미리보기를 통하여 원하는 모양이
될 때까지 수정할 수도 있습니다.

▶ **1** 웹 브라우저를 실행한 후 http://www.face
book.com/badges를 입력한 후 [Facebook
위젯]으로 이동하면 프로필, 사진, 좋아요, 페이지
위젯을 선택할 수 있는 화면이 나타납니다.

2 [프로필 위젯]을 선택하여 위젯을 만들어보겠습
니다.

3 [위젯 수정하기]를 클릭하여 기본값으로 정해져 있는 위젯 모양을 수정합니다.

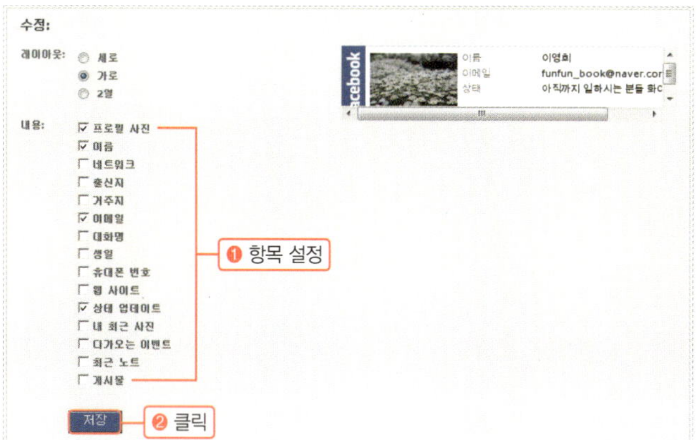

4 위젯 수정 화면에서 위젯에서 보여줄 내용을 체크한 후 [저장]을 클릭합니다.

Talk Talk 프로필 위젯에 '상태' 보여주기

여기에서 [상태 업데이트]를 체크해놓았는데, 사진이나 동영상 없이 글로만 이루어진 내용이 담벼락에 올라갈 경우 글 내용을 위젯에서도 보여 줍니다.

5 프로필 위젯 소스코드를 선택하고 마우스 오른쪽 버튼을 눌러 [복사]를 선택하거나 키보드의 Ctrl+C 를 눌러 복사합니다.

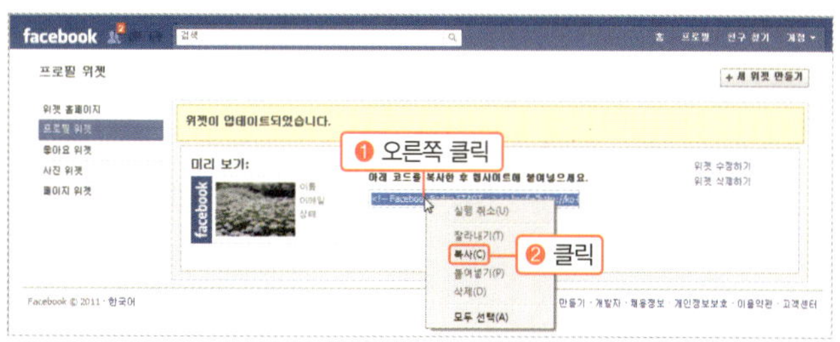

6 복사한 프로필 위젯 소스를 삽입할 웹 사이트에 붙여넣기(Ctrl+V)를 하면 됩니다. 여기에서는 네이버 블로그 게시판에 복사한 소스코드를 붙여 넣어보겠습니다. 블로그 게시판 글쓰기에서 [HTML]을 선택합니다.

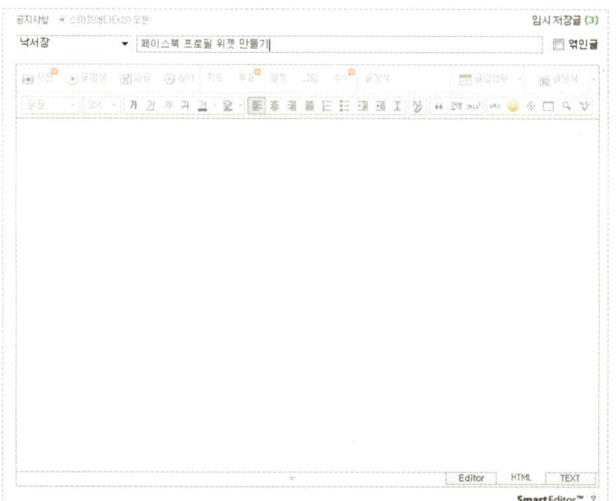

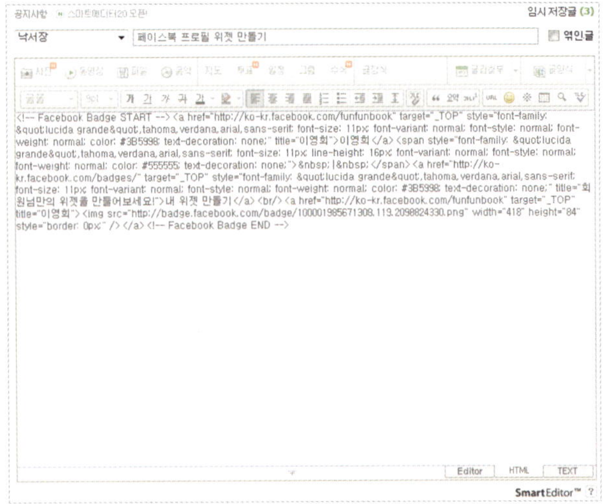

7 복사한 프로필 위젯 소스를 붙여넣기(Ctrl+V)한 화면입니다.

---

8 글을 등록하면 블로그에 프로필 위젯이 표시됩니다. 프로필 위젯 위쪽에 설명이 있는데 깔끔하게 프로필 위젯만 표시해보겠습니다.

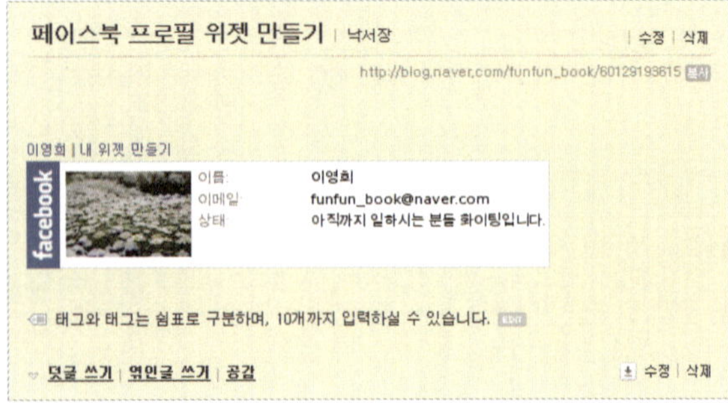

```
<!-- Facebook Badge START --><a href="http://ko-kr.facebook.com/funfunbook"
target="_TOP" style="font-family: &quot;lucida grande&quot;,tahoma,verdana,arial,sans-serif;
font-size: 11px; font-variant: normal; font-style: normal; font-weight: normal; color:
#3B5998; text-decoration: none;" title="이영희">이영희</a><span style="font-family:
&quot;lucida grande&quot;,tahoma,verdana,arial,sans-serif; font-size: 11px; line-height:
16px; font-variant: normal; font-style: normal; font-weight: normal; color: #555555;
text-decoration: none;"> | </span><a href="http://ko-kr.facebook.com/badges/"
target="_TOP" style="font-family: &quot;lucida grande&quot;,tahoma,verdana,arial,sans-serif;
font-size: 11px; font-variant: normal; font-style: normal; font-weight: normal; color:
#3B5998; text-decoration: none;" title="회원님만의 위젯을 만들어보세요!">내 위
젯 만들기</a><br/>
```

```
<a href="http://ko-kr.facebook.com/funfunbook" target="_TOP" title="이영희">
<img src="http://badge.facebook.com/badge/100001985671308.119.2098824330.png"
width="418" height="84" style="border: 0px;" /></a>
```

```
<!-- Facebook Badge END -->
```

9 프로필 위젯 소스에서 까맣게 표시된 부분의 소스는 지웁니다.

10 남겨진 프로필 위젯 소스를 복사(Ctrl+C)합니다.

```
<a href="http://ko-kr.facebook.com/funfunbook" target="_TOP" title="이영희">
<img src="http://badge.facebook.com/badge/100001985671308.119.2098824330.png"
width="418" height="84" style="border: 0px;" /></a>
```

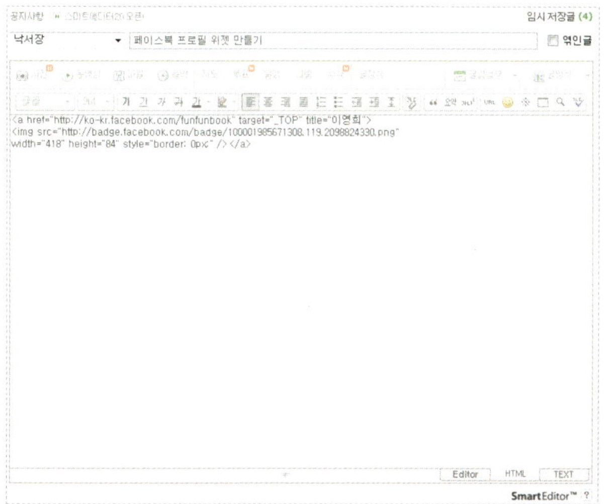

11 삽입하려는 블로그 게시판 글쓰기에서 HTML을 선택한 후 복사해 놓았던 프로필 위젯 소스를 붙여넣기([Ctrl]+[V])를 합니다.

12 프로필 위젯 상단에 있는 안내글이 없어지고 깔끔한 프로필 명함으로 표시됩니다.

Talk Talk 상태(status)

페이스북에서 '상태'라는 말은 사진이나 동영상이 없는 텍스트로만 이루어진 글을 말합니다.

13 같은 방법으로 좋아요, 사진, 페이지 위젯 등을 만들어 원하는 웹 사이트나 블로그에 삽입할 수 있습니다.

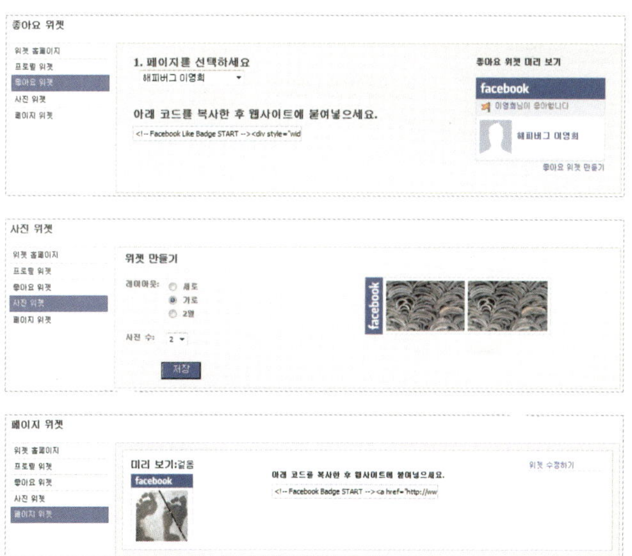

자신의 블로그나 카페, 게시판 등 HTML 태그를 사용할 수 있는 곳에는 페이스북 사용자를 위해서 좋아요 버튼(Like Button)을 달 수 있습니다. 또한 페이스북 홍보를 위해서도 좋아요 버튼을 달 수 있습니다. 좋아요 버튼은 다양한 모양으로 설정할 수 있는데, 마음에 드는 모양을 선택해서 좋아요 버튼을 블로그 게시판에 삽입해보겠습니다.

1 웹 브라우저를 실행한 후 http://developers.facebook.com을 입력하고 이동합니다.

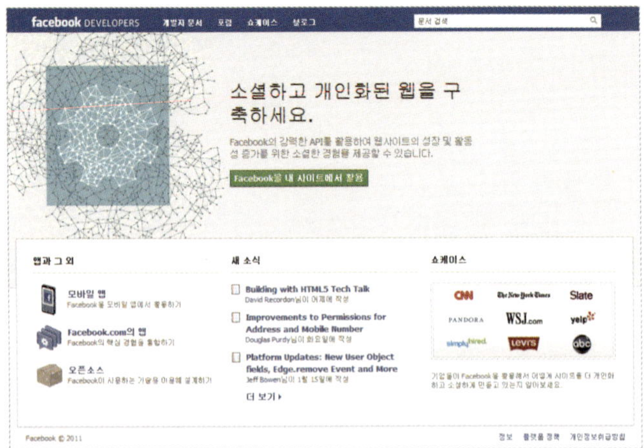

2 검색창에 like를 입력하면 자동으로 표시되는 목록 중 [Social Plugins – Like Button]을 선택합니다.

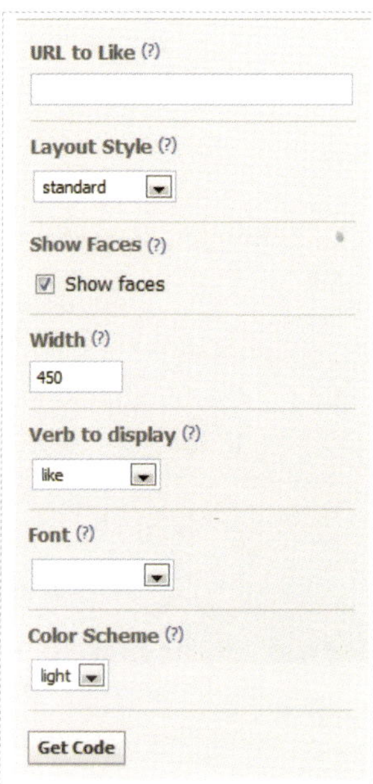

▶ **3** 좋아요 버튼(Like Button)을 만드는 화면이 나타납니다. 이곳에서 각 옵션을 설정합니다.

좋아요 버튼(Like Button) 옵션

1 URL to Like : 블로그, 게시글 주소 또는 페이스북 주소를 입력합니다.

2 Layout Style : 버튼의 레이아웃 스타일을 지정합니다.

▲ Standard

▲ button_count   ▲ box_count

3 Show Faces : 페이스북 프로필 사진을 표시할지 표시하지 않을지를 선택합니다.

▲ 체크했을 때

▲ 체크하지 않았을 때

4 Width : 좋아요 버튼의 폭 크기를 지정합니다.

5 Verb to display : 설명 방식을 설정합니다.

6 Font : 글꼴을 설정합니다.

7 Color Scheme : 좋아요 버튼의 색상을 지정합니다.

▲ light   ▲ dark

8 Get Code : 지금까지 선택한 옵션 모양의 소스코드를 얻을 수 있습니다.

4 좋아요 버튼에 삽입하려는 URL 주소를 복사하기 위해서 블로그의 게시글 복사 기능을 이용합니다. 다음과 같이 블로그의 게시글 주소를 복사하였습니다.

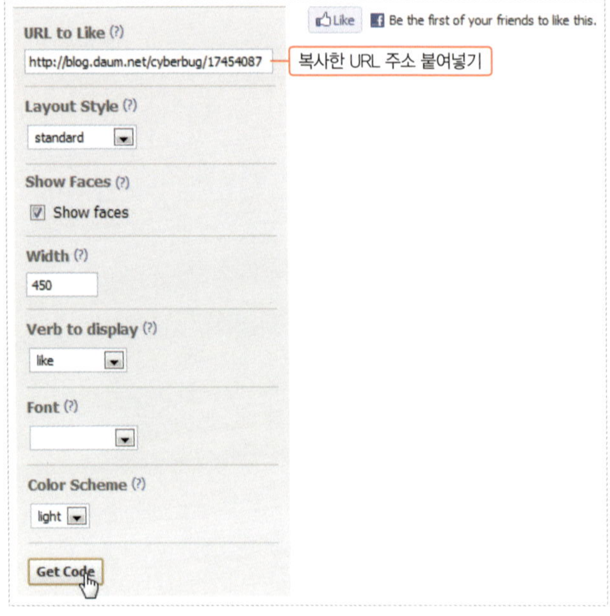

5 좋아요 버튼 화면에서 [URL to Like] 입력창에 앞에서 복사했던 블로그 게시글의 URL 주소를 붙여 넣습니다. 각 옵션값을 설정한 후 [Get Code]를 클릭합니다.

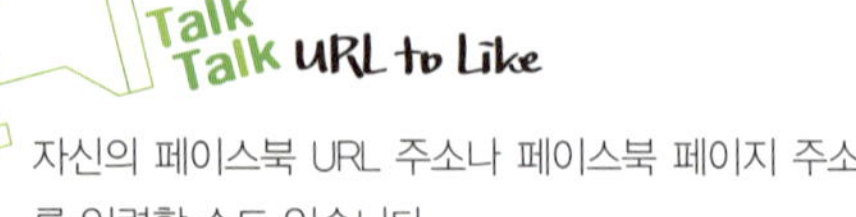

Talk Talk URL to Like

자신의 페이스북 URL 주소나 페이스북 페이지 주소를 입력할 수도 있습니다.

Talk Talk 페이스북 페이지 URL 주소

페이스북 페이지 URL 주소는 페이지를 생성한 후 25명의 '좋아요' 팬이 생겼을 때 페이지 전용 URL 주소를 생성할 수 있습니다.

6 새로운 창이 나타나면서 iframe 소스코드를 보여줍니다. 이 소스를 마우스로 클릭한 후 키보드의 Ctrl + C 를 눌러 복사합니다.

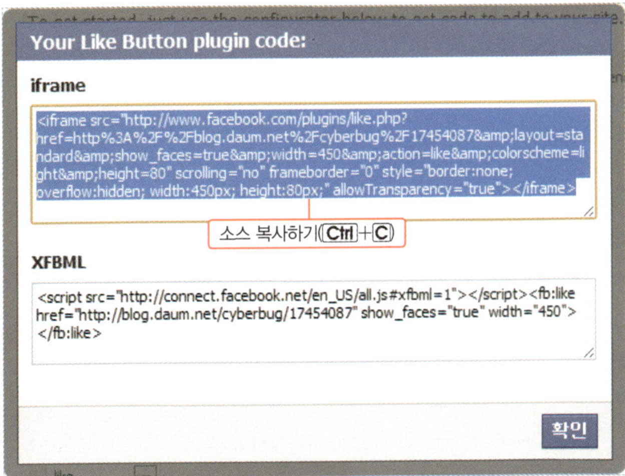

7 다음 블로그에 소스를 붙여보겠습니다. 소스코드를 붙여 넣을 블로그나 게시글을 열고 [수정]을 클릭하여 수정 모드에서 진행합니다.

8 요즘 블로그나 게시판은 웹 에디터 형식이 기본값이기 때문에 반드시 HTML 모드로 변환해야 합니다. 다음 블로그 게시판이나 네이버 블로그에서는 [HTML]에 체크 표시를 합니다.

9 복사했던 소스코드를 글쓰기 화면에서 키보드의 Ctrl + V 를 눌러 붙여넣고 글 수정을 완료합니다.

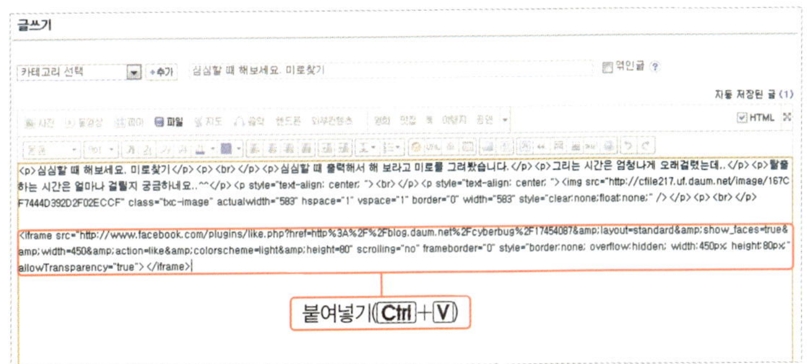

10 블로그 게시글에 좋아요 버튼이 추가된 것을 확인할 수 있습니다.

11 페이스북 사용자들이 게시글을 읽은 후 [좋아요]를 클릭하면 [좋아요] 아래에 자신의 프로필 사진이 표시됩니다.

12 [좋아요]를 클릭한 후 페이스북 프로필 담벼락에 [좋아요]를 클릭한 내역이 표시됩니다.

04 페이지 홍보용 좋아요 상자 만들기

페이스북에서 생성한 페이지를 홍보하기 위해서 좋아요 상자(Like Box)를 만든 후 블로그나 카페, 게시판에 삽입하여 많은 사람들에게 자신의 페이스북 페이지를 알릴 수 있습니다. 또한 좋아요 버튼과 마찬가지로 다양한 형태로 생성하여 HTML 태그를 지원하는 카페나 블로그, 게시판에 삽입할 수 있습니다.

1 웹 브라우저를 실행한 후 http://developers.facebook.com을 입력하고 이동합니다.

2 검색창에 like를 입력하면 자동으로 표시되는 목록 중 [Social Plugins – Like Box]를 선택합니다.

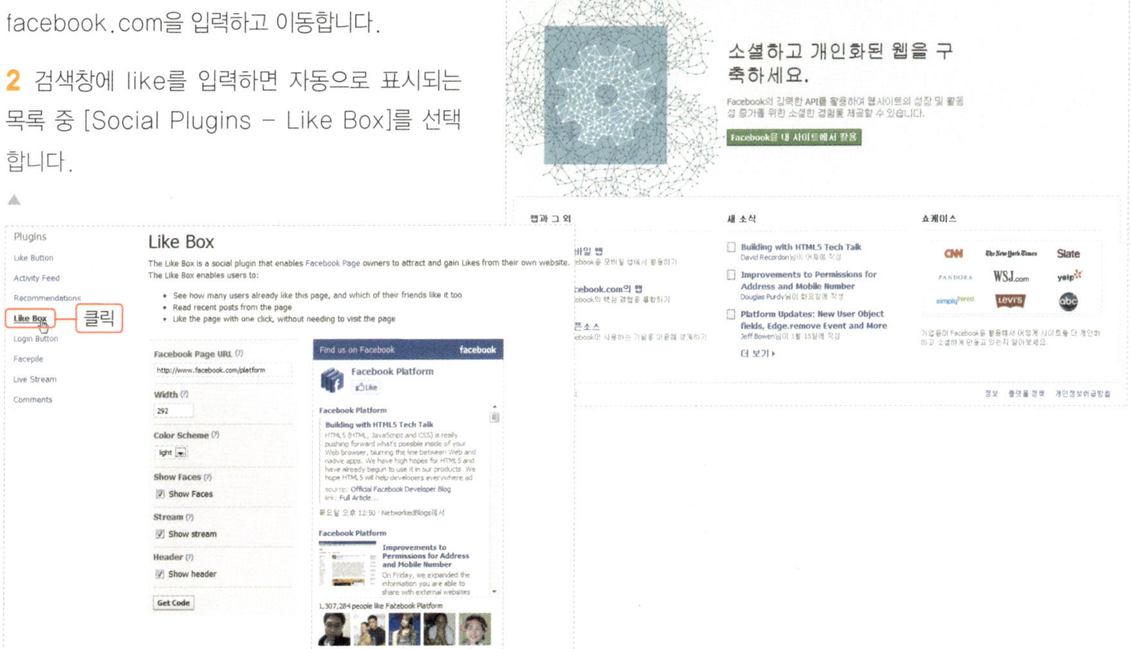

Talk Talk 웹 사이트에 좋아요 상자를 삽입하기

좋아요 상자를 삽입하기 위해서 페이스북 페이지의 [페이지 관리] – [마케팅]을 선택한 후 [웹 사이트에 좋아요 상자를 삽입하기]를 선택하여 실행할 수 있습니다.

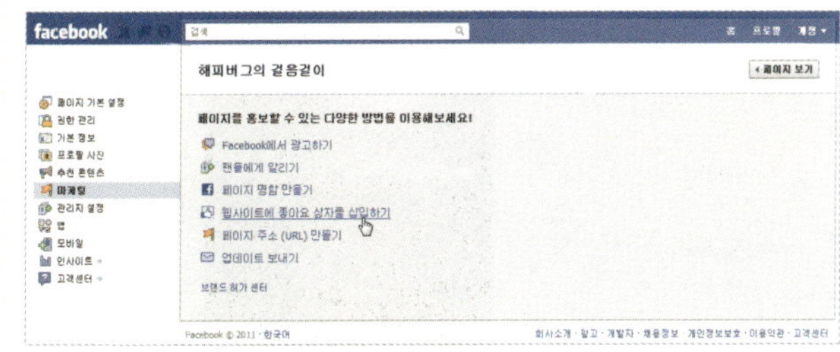

3 [Facebook Page URL]에 페이지 URL 주소를 복사한 후 붙여넣기 합니다. 이 상태에서 바로 [Get Code]를 클릭하여 소스코드를 보여줍니다.

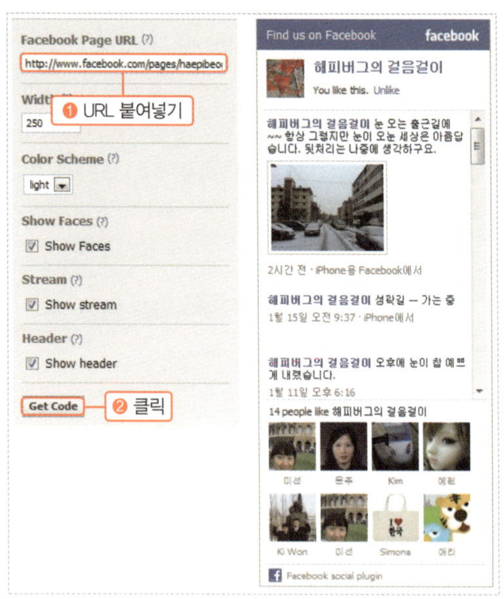

4 [Width]는 좋아요 상자 폭의 크기를 설정하고 [Color Scheme]로 상자의 색상을 설정합니다. 블로그나 게시판의 색상과 맞춰서 선택하면 좋습니다.

5 [Show Faces]를 체크 해제하면 좋아요 상자에 있던 팬들의 프로필 사진이 보이지 않습니다.

6 [Show Stream]을 체크 해제하면 페이지 글 목록과 내용이 보이지 않습니다.

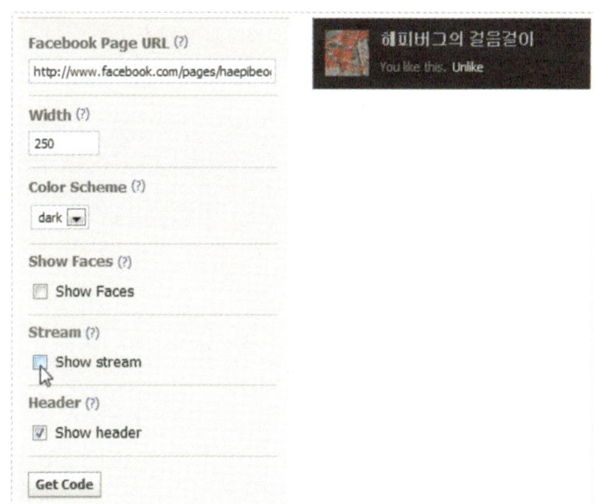

7 [Show header]를 체크 해제하면 페이스북 로고가 보이지 않습니다.

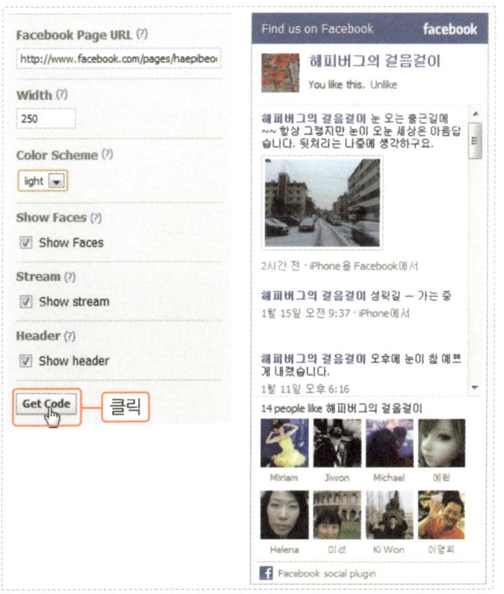

8 다음과 같이 기본 설정으로 설정한 후 소스코드를 구하기 위해서 [Get Code]를 클릭합니다.

> **9** 새로운 팝업창이 나타나면서 소스코드를 보여줍니다. 마우스로 드래그한 후 키보드의 Ctrl + C 를 눌러 복사합니다.

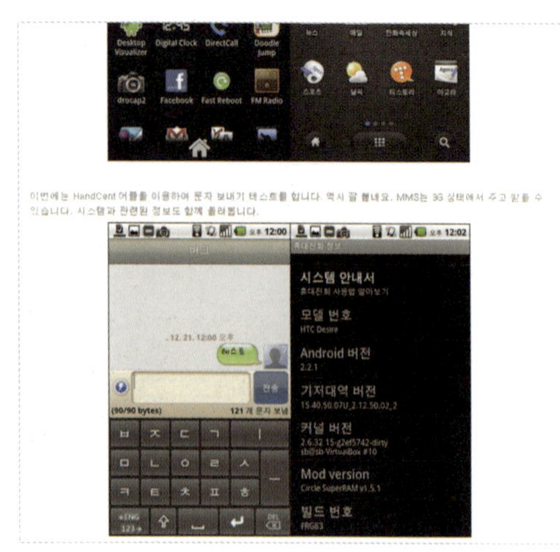

> **10** 블로그에 좋아요 상자를 삽입하였습니다. 소스코드를 HTML/CSS 스킨 편집모드로 선택한 후 원하는 위치에 붙여넣기합니다.

04 추천 박스 만들기

추천 박스(Recommendations Box)는 페이스북에 올린 글들에 대해 누군가가 추천을 해 주었을 때 그 글의 제목과 추천자의 숫자가 글 제목 밑에 표시되는 '추천받은 글 목록 상자'라고 할 수 있습니다. 추천 박스 플러그인을 이용해서 자신의 블로그나 게시판에 삽입하면 블로그나 게시판에 있는 글 중에서 친구들이 공유(share)한 글 목록을 보여주기 때문에 방문객들에게 다른 글도 볼 수 있도록 유도할 수 있습니다. 추천 박스를 내 블로그에 삽입하는 방법도 좋아요 버튼 삽입 방법과 거의 비슷하기 때문에 쉽게 따라할 수 있습니다.

1 웹 브라우저를 실행한 후 http://developers. facebook.com을 입력하고 이동합니다.

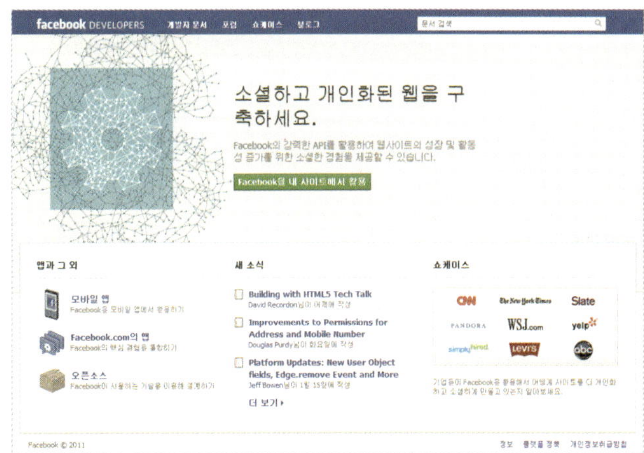

2 검색어 입력창에 rec를 입력하면 표시되는 목록 에서 다음과 같이 [Social Plugins – Recommd ndations]를 선택합니다.

3 [Domain] 입력창에 추천 박스를 생성할 게시판 또는 블 로그 도메인 주소를 입력한 후 [Get Code]를 클릭합니다.

Talk Talk 추천 박스 만들기 옵션

[Width]는 폭, [Height]는 높이, [Header]는 Facebook 로고 부분, [Color Scheme]는 상자 색상, [Font]는 글꼴, [Border Color]는 상자의 선 색상을 말합니다. 자신이 원하는 모양대 로 설정합니다.

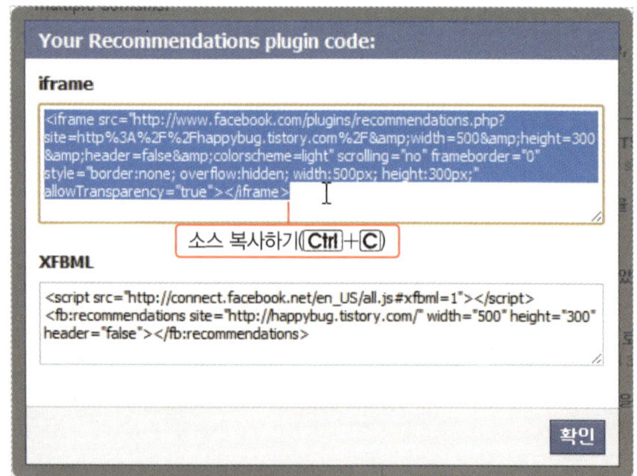

▶ **4** 소스코드 창이 표시되면 마우스로 드래그한 다음 키보드의 Ctrl+C를 눌러 소스코드를 복사합니다.

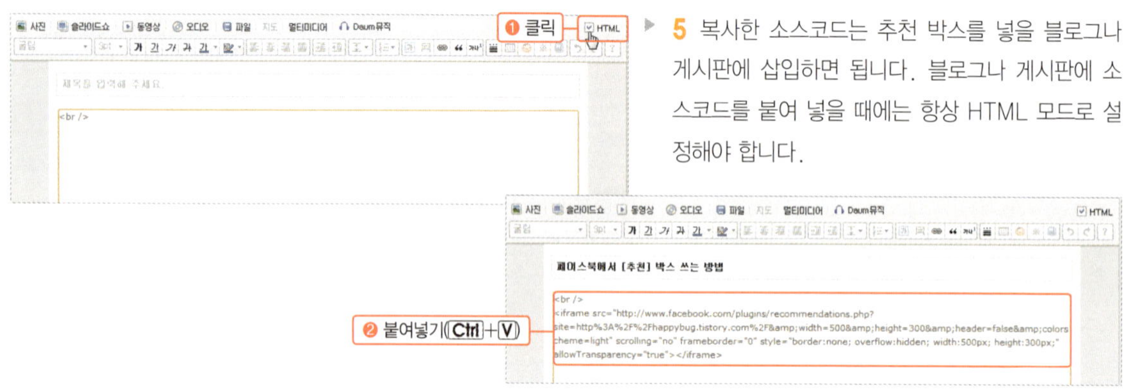

▶ **5** 복사한 소스코드는 추천 박스를 넣을 블로그나 게시판에 삽입하면 됩니다. 블로그나 게시판에 소스코드를 붙여 넣을 때에는 항상 HTML 모드로 설정해야 합니다.

▶ **6** 삽입한 소스코드 위에 〈center〉, 제일 아래에는 〈/center〉을 추가하면 추천 박스가 가운데로 정렬되어 표시됩니다.

7 글 작성을 완료하면 다음과 같이 추천 박스가 나타납니다. 방문객들이 추천 박스를 보면서 다른 글도 함께 읽을 수 있도록 글 제목을 보여주기 때문에 유용하게 활용할 수 있습니다.

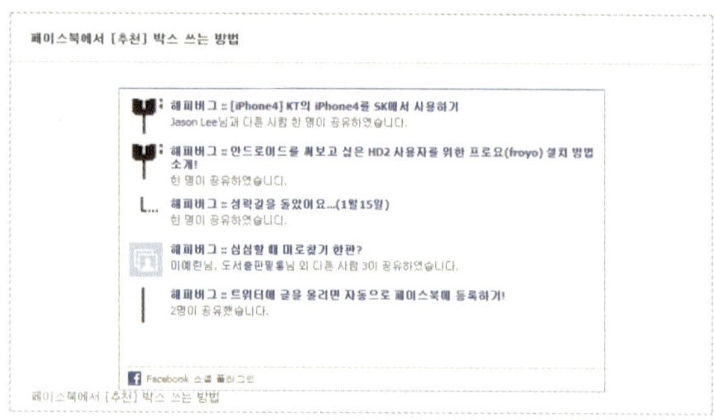

최근 활동(Activity Feed) 상자는 좋아요 버튼이 삽입되어 있는 블로그나 게시판에서 최근에 좋아요 버튼이 눌려진 글 목록을 보여줍니다. 최근 활동 상자를 블로그나 게시판에 삽입해 놓으면 블로그를 방문한 분들에게 많은 사람들이 공감한 글에 대해서 최근 순으로 목록을 보여줄 수 있기 때문에 다른 글을 읽을 수 있도록 소개해줄 수 있는 플러그인입니다.

1 웹 브라우저를 실행한 후 http://developers.facebook.com을 입력하고 이동합니다.

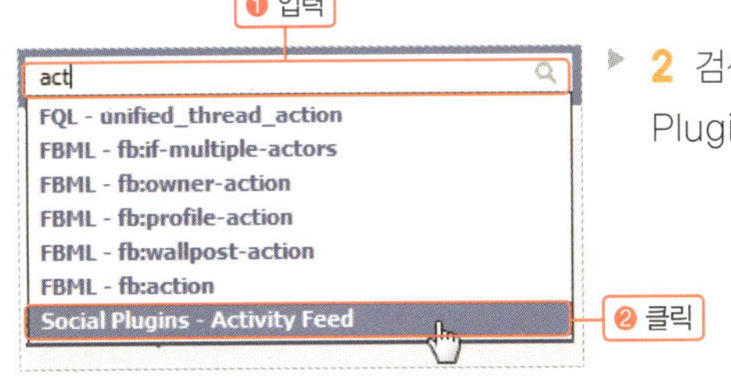

2 검색어 입력창에 act를 입력하면 표시되는 목록에서 다음과 같이 [Social Plugins - Activity Feed]를 선택합니다.

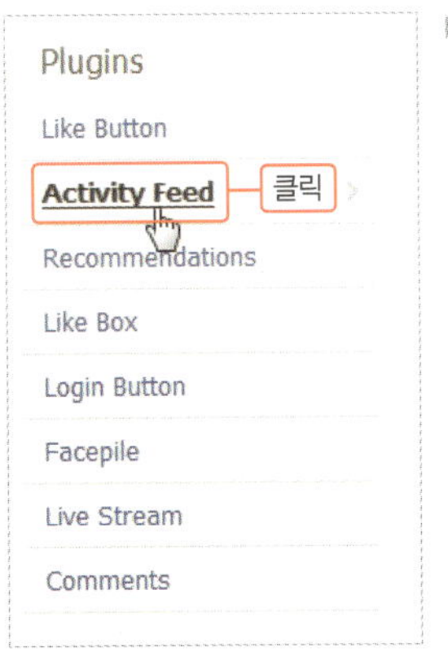

3 화면 왼쪽에 있는 메뉴들 중 [Activity Feed](최근 활동)를 선택합니다.

4 [Domain] 입력창에 최근 활동 내역을 확인할 블로그
주소를 입력합니다. 그 외의 옵션을 자신의 취향에 맞도록
선택합니다.

5 [Get Code]를 클릭하면 새로운 창에 소스코드가 나타
나면 마우스로 드래그하여 Ctrl+C를 눌러 복사합니다. 최
근 활동 상자를 삽입할 블로그나 게시판으로 이동한 후 복사
해 놓은 소스코드를 붙여넣기합니다.

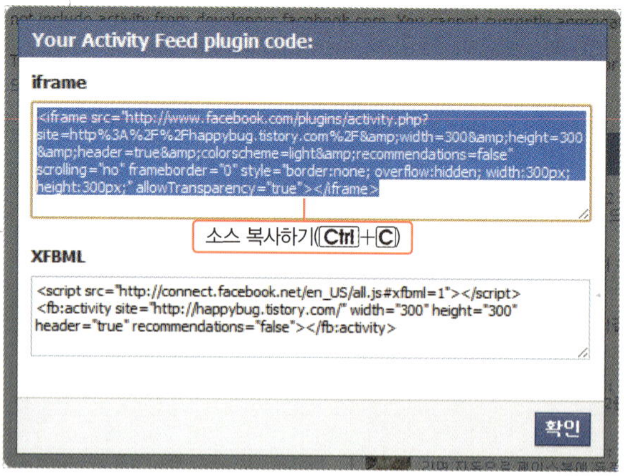

07 라이브 스트림과 코멘트 상자 추가하기

블로그나 게시판에 라이브 스트림(Live Stream)이나 코멘트(Comments)를 삽입
해 놓으면 페이스북의 방문객이 편리하게 댓글을 달 수 있습니다. 라이브 스트림
이나 코멘트에서 댓글을 달면 자신의 페이스북 담벼락에도 동시에 글이 올라가기
때문에 블로그나 게시판에 삽입해 놓으면 페이스북 친구들의 반응을 볼 수 있습니
다. 라이브 스트림과 코멘트를 블로그나 게시판에 삽입하는 방법이 비슷하기 때문
에 두 가지를 한꺼번에 설명하겠습니다.

1 웹 브라우저를 실행한 후 http://developers.
facebook.com을 입력하고 이동합니다.

2 검색어 입력창에 live를 입력하면 표시되는 목록에서 다음과 같이 [Social Plugins-Live Stream]을 선택합니다.

3 [Live Stream]을 클릭하면 나타나는 화면에서 먼저 [Get Code]를 클릭합니다.

4 화면에서 바로 보이는 소스코드를 사용하는 것이 아니고 App ID를 알아내기 위해서 [registering your site]를 클릭합니다.

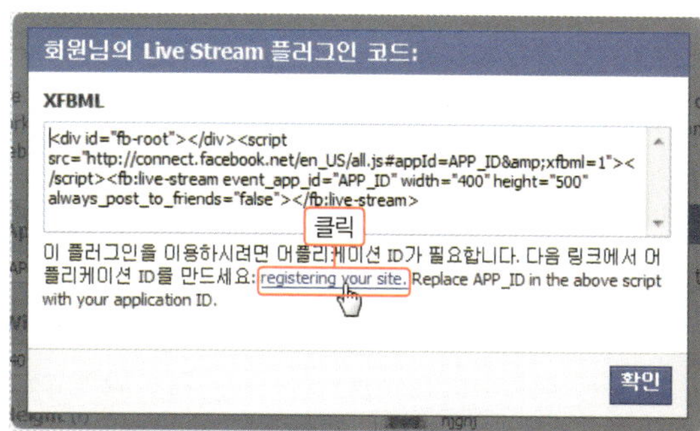

5 페이스북에 로그인된 상태가 아닐 경우에는 로그인을 요청하는 화면이 표시되면 로그인을 합니다.

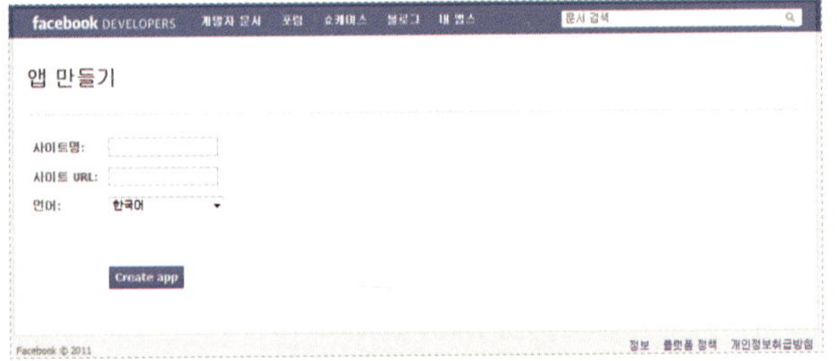

▶ **6** 앱 만들기 페이지가 나타나면 자신의 블로그나 사이트명을 입력한 후 사이트 URL 주소를 입력하고 [Create app]을 클릭합니다.

7 [보안 확인] 문자를 입력한 후 [확인]을 클릭합니다. ◀

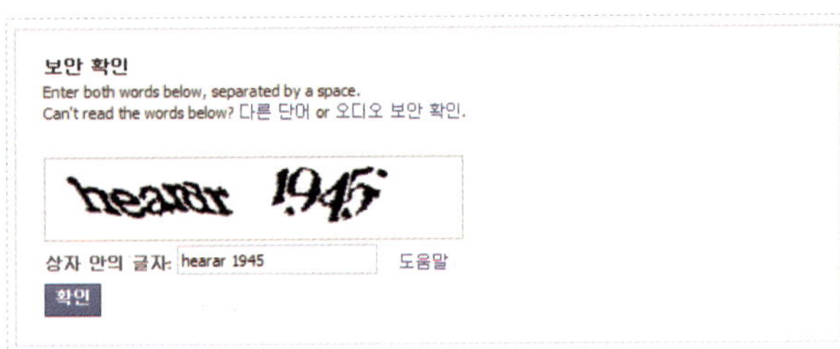

8 자신의 App ID가 발급되었습니다. 이 숫자를 선택하여 Ctrl+C를 눌러 복사합니다. ◀

9 Live Stream 화면으로 와서 App ID에 복사했던 번호를 붙여놓고 [Get Code]를 클릭하면 소스코드를 얻을 수 있습니다. ◀

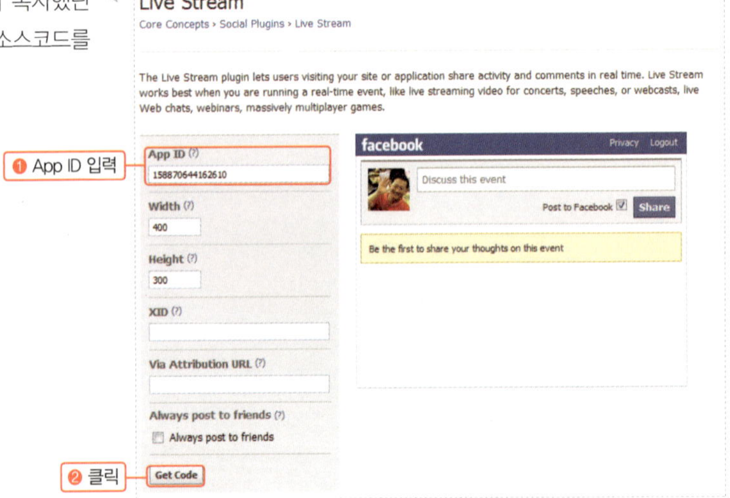

10 [Get Code]를 클릭하여 복사한 라이브 스트림 소스코드를 블로그나 게시판에서 HTML 모드에서 붙여넣기를 합니다. 라이브 스트림이 삽입된 블로그 화면에서 댓글을 달면, 페이스북 담벼락에도 동시에 글이 등록됩니다.

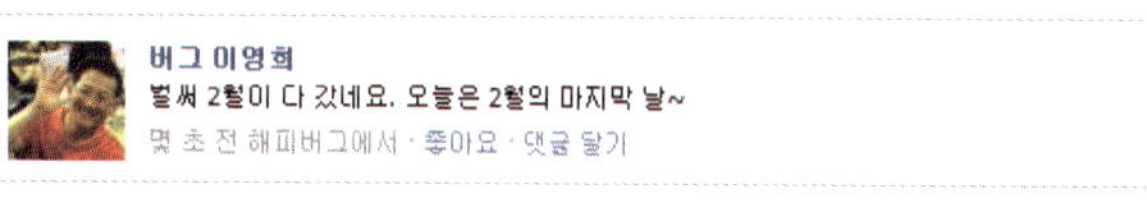

11 같은 방법으로 [Comments]를 선택하고 [Unique ID]에 복사했던 App ID를 입력합니다. [Get Code]를 클릭하여 소스코드를 얻을 수 있습니다.

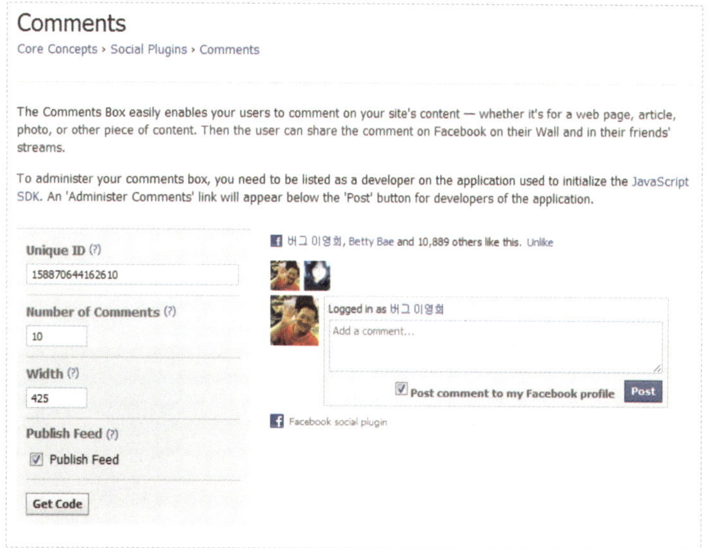

12 [Get Code]를 클릭하여 복사한 코멘트 소스코드를 블로그나 게시판에서 HTML 모드에서 붙여넣기를 합니다. 코멘트 상자가 삽입된 블로그 화면에서 댓글을 달면, 페이스북 담벼락에도 동시에 글이 등록됩니다.

08 페이스북 툴바 설치하기

인터넷 익스플로러나 파이어폭스 웹 브라우저에서 편리하게 사용할 수 있는 페이스북 툴바는, 툴바를 통해서 로그인해 놓으면 페이스북에 접속하지 않아도 툴바를 통해서 페이스북과 관련된 정보를 편리하게 확인할 수 있습니다. 툴바를 설치하는 방법에 대해서 알아보겠습니다.

1 페이스북 검색창에 tool을 입력한 후 표시되는 목록 중에서 [Facebook Toolbar]를 선택합니다.

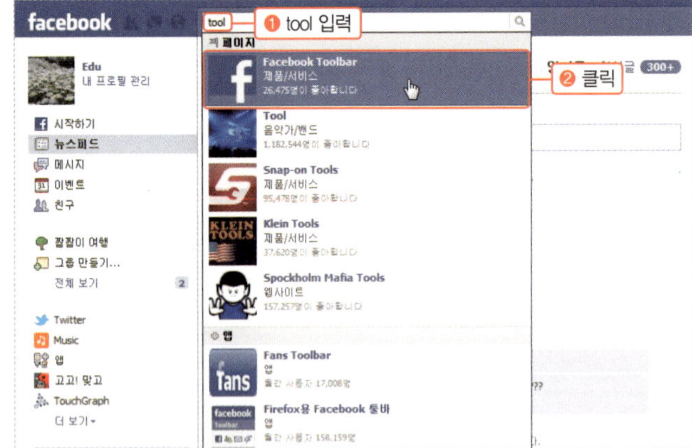

2 Facebook Toolbar 페이지로 이동한 후 [Download Now] 탭을 클릭합니다.

> **Talk Talk** 제목 부분에 있는 [좋아요]를 클릭하면 이 페이지의 팬이 될 수 있습니다.

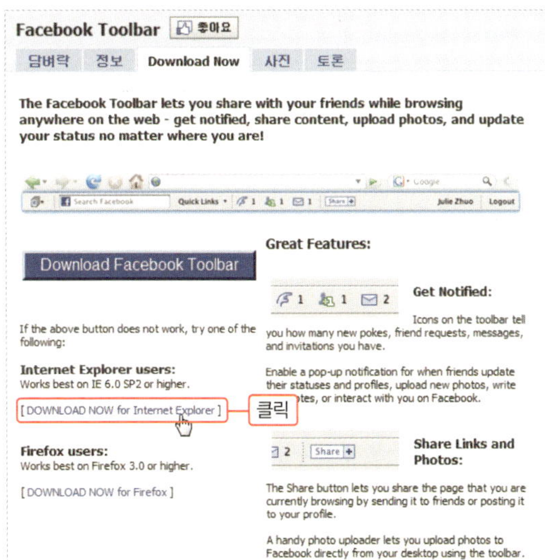

3 다운로드 내용이 나타나면 자신이 사용하고 있는 웹 브라우저 종류를 선택하고 다운로드받습니다.

Talk Talk 많은 사람들이 사용하고 있는 인터넷 익스플로러 다운로드인 [Download Now for Internet Explorer]를 클릭합니다.

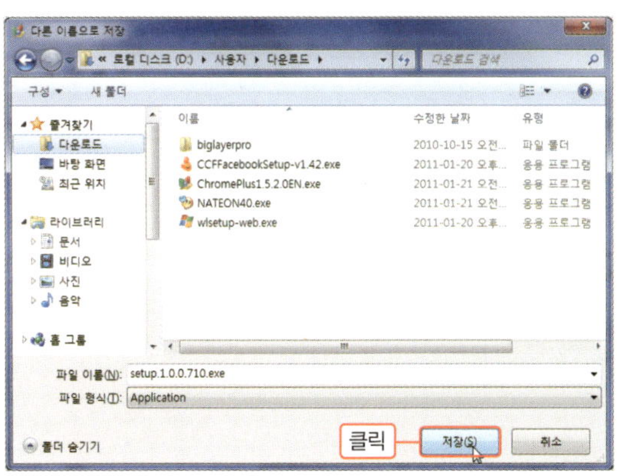

4 [다른 이름으로 저장] 대화상자가 나타나면 [저장]을 클릭하여 파일을 다운로드받습니다.

Talk Talk 다운로드 받을 툴바 플러그인 프로그램의 파일명은 다를 수 있습니다.

5 다운로드 받은 플러그인 프로그램을 실행한 후 [Next]를 클릭하여 설치를 시작합니다.

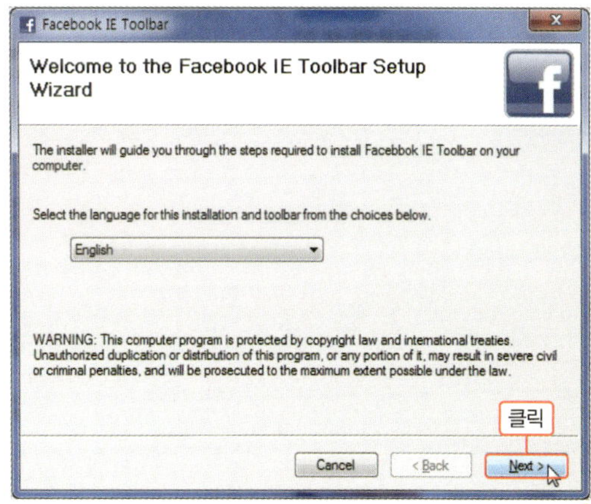

6 [Next]를 클릭한 후 설치가 완료되면 [Close]를 클릭합니다.

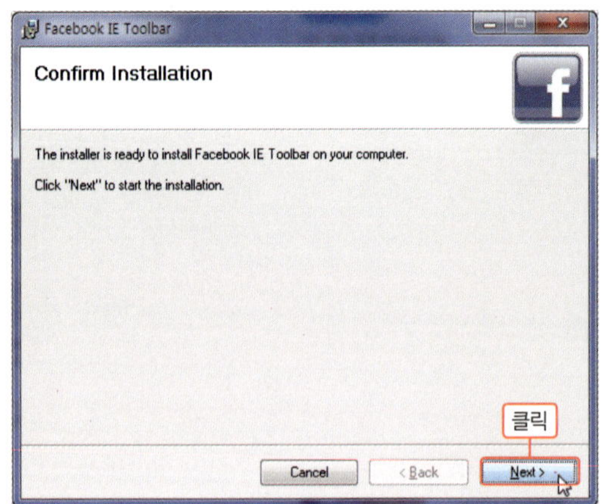

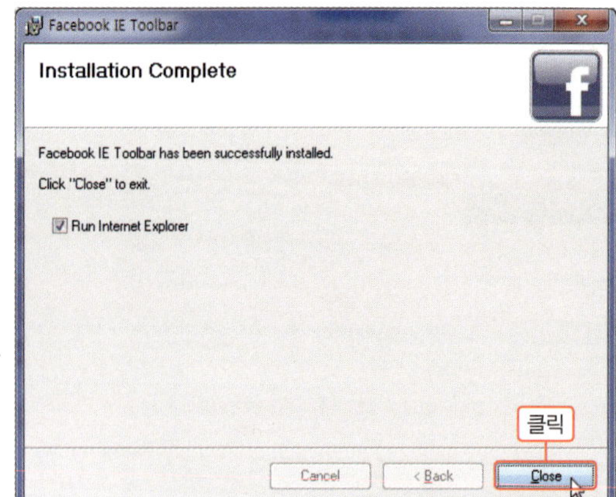

7 인터넷 익스플로러 상단 메뉴에서 마우스 오른쪽 버튼을 누르면 나타나는 메뉴에서 [Facebook Toolbar]를 선택합니다.

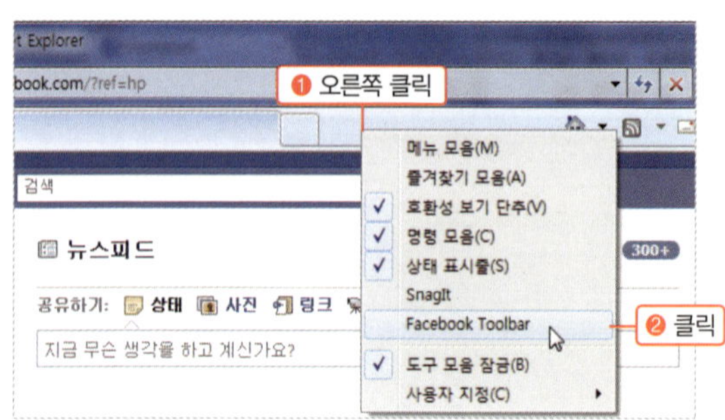

8 페이스북 툴바가 인터넷 익스플로러 상단 메뉴바에 나타나면 [Login to Facebook]을 클릭합니다.

9 [허가 요청] 팝업창이 나타나면 [허가하기]를 클릭하여 Toolbar for IE 어플리케이션에 대해 자신의 페이스북 접근을 승낙합니다.

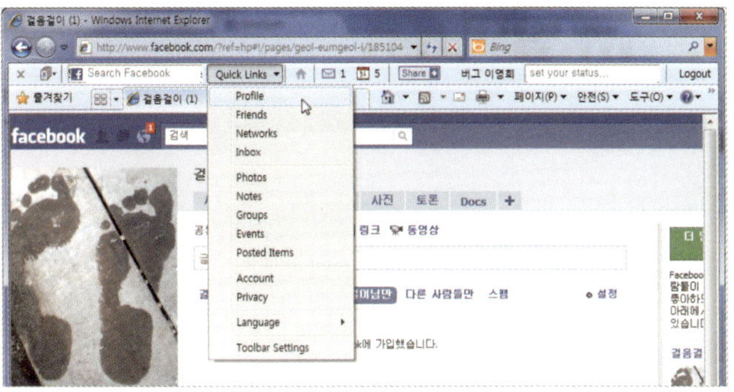

10 인터넷 익스플로러 툴바를 이용하여 페이스북을 좀 더 편리하고 간단하게 사용할 수 있습니다.

페이스북에서 설문조사(Poll) 앱을 이용하면 페이스북 친구들을 통하여 다양한 설문조사를 할 수 있습니다. 질문을 만들고 설문을 조사하는 방법에 대해서 알아보겠습니다.

1 페이스북 검색창에서 Poll을 입력하고 검색 결과 목록 중 앱 항목에 있는 [Poll]을 선택합니다.

2 Poll 페이지가 표시되면 [앱으로 가기]를 클릭하여 [Poll] 앱으로 이동합니다.

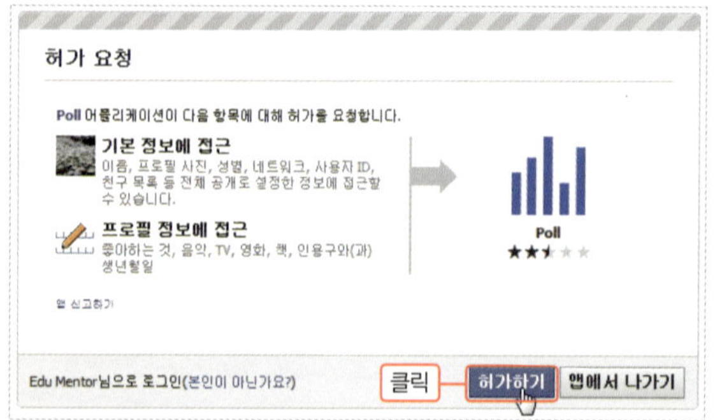

3 [Poll] 앱을 사용할 것인지 허가 요청을 묻는 화면이 나타나면 [허가하기]를 클릭합니다.

4 [Click here to get started]를 클릭하여 설문조사 만들기를 진행합니다.

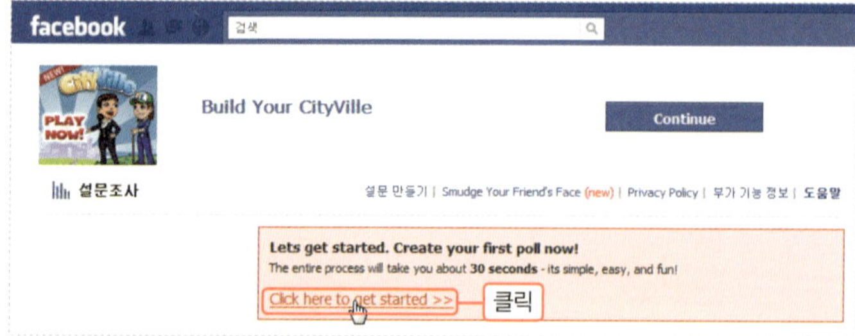

5 설문 만들기에서 각 항목들을 입력한 후 [Create Poll]
을 클릭하여 설문을 만듭니다.

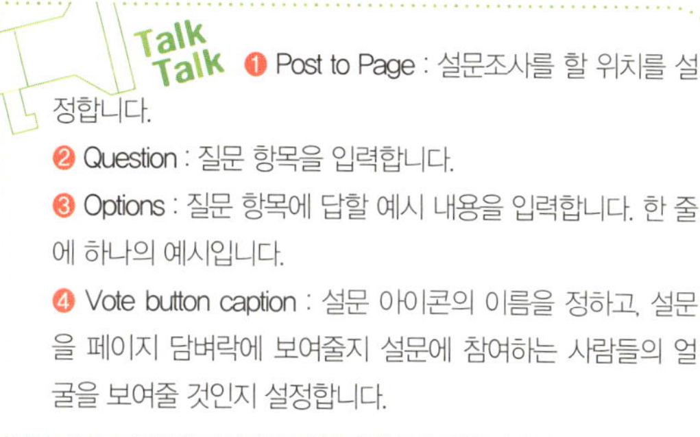

Talk Talk

❶ Post to Page : 설문조사를 할 위치를 설
정합니다.

❷ Question : 질문 항목을 입력합니다.

❸ Options : 질문 항목에 답할 예시 내용을 입력합니다. 한 줄
에 하나의 예시입니다.

❹ Vote button caption : 설문 아이콘의 이름을 정하고, 설문
을 페이지 담벼락에 보여줄지 설문에 참여하는 사람들의 얼
굴을 보여줄 것인지 설정합니다.

6 설문조사 내용을 친구들에게 알릴 것인지 설정합니다.
[초대하기]를 클릭하고 설문을 요청할 친구들을 선택합니
다. [Poll 요청 보내기]를 클릭하여 설문 요청 이메일을 발
송합니다.

7 설문 안내 메일의 미리보기 화면이 표시되면 [보내기]를
클릭하여 메일 발송을 완료합니다.

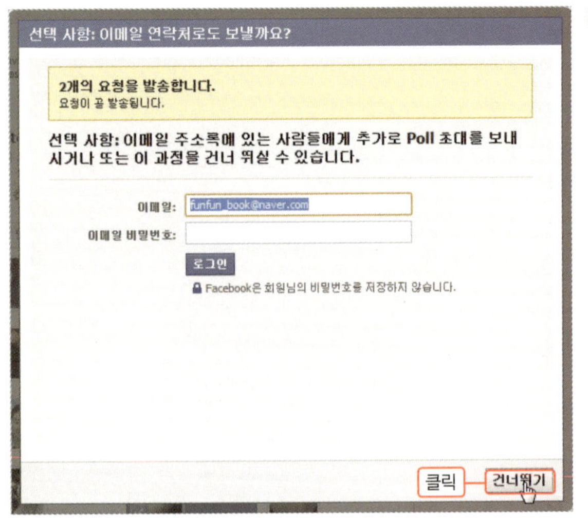

8 페이스북을 가입할 때 입력한 메일 주소에 등록된 다른 친구들에게도 발송할 것인지 묻는 팝업창이 나타납니다. [건너뛰기]를 클릭하여 이 과정을 생략합니다.

9 설문조사 메일을 받으면 [알림]을 통해서 새로운 메시지가 왔음을 알려줍니다. 설문조사에 동의할 것인지 물으면 [동의]를 클릭하여 설문조사에 응합니다. ☒ 버튼을 클릭하여 응하지 않을 수도 있습니다.

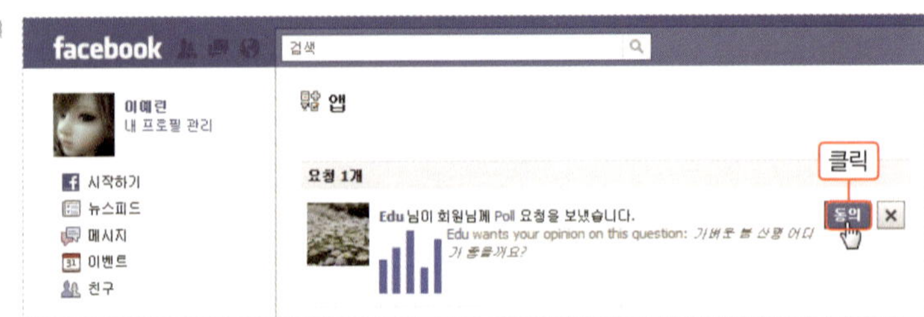

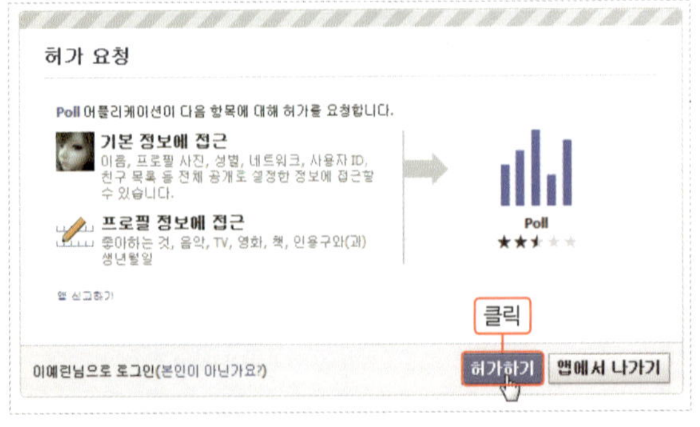

10 Poll 어플리케이션에 대한 승낙 여부를 결정합니다. [허가하기]를 클릭하면 설문조사에 참여할 수 있습니다.

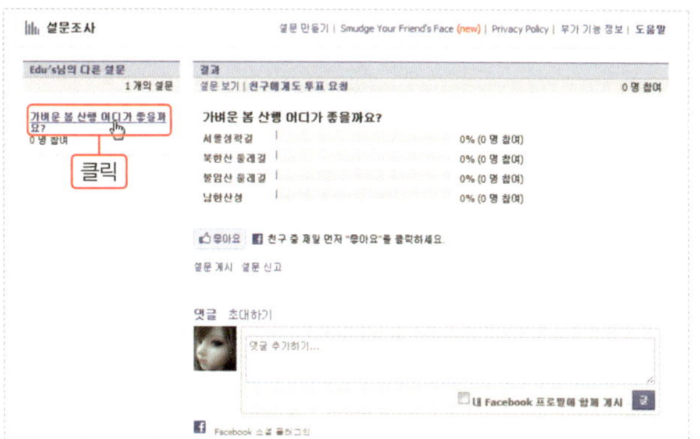

11 설문조사 앱으로 이동하여 질문 내용과 예시를 확인할 수 있습니다. 왼쪽에 있는 설문조사 제목을 클릭합니다.

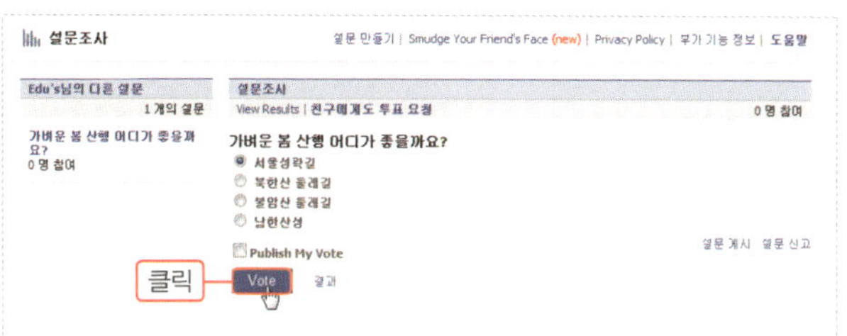

12 설문조사 제목과 예시가 보이는데, 이곳에서 자신이 원하는 항목을 선택한 후 [Vote]를 클릭하여 설문조사에 참여합니다.

13 설문조사 결과를 알 수 있습니다. 자신의 댓글을 추가하거나 다른 친구들을 초대할 수 있습니다.

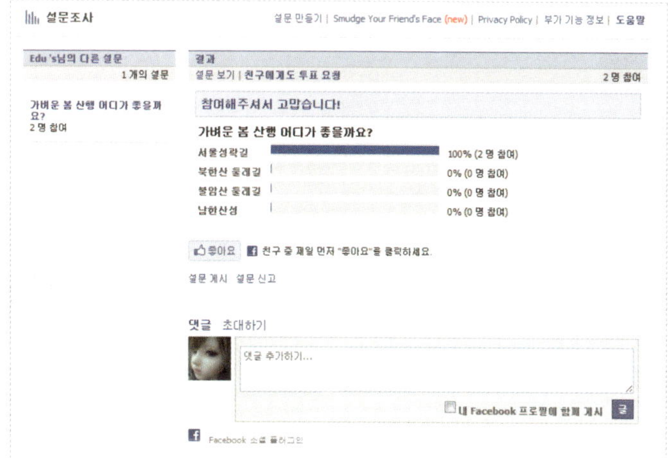

마이크로소프트의 윈도우 라이브 메신저(MSN)와 페이스북을 연동하여 사용할 수 있습니다. MSN을 사용하면서 페이스북을 사용하고 있는 사용자라면 MSN과 페이스북을 연동하여 편리하게 사용할 수 있습니다. 메신저와 페이스북에 있는 친구들에게 내 소식과 상황을 알릴 수 있으며 메신저 대화명을 자동으로 페이스북에 최신글로 올릴 수 있습니다.

1 웹 브라우저를 실행한 후 http://www.live.co.kr을 입력하여 MSN 페이지로 이동합니다. MSN 아이디와 암호를 입력하여 로그인합니다.

2 화면 상단에 있는 [Messenger]를 클릭하면 나타나는 메뉴에서 [Profile]을 선택합니다.

3 MSN의 Profile 화면이 표시되면 [Connected to]의 [Connect]를 클릭합니다.

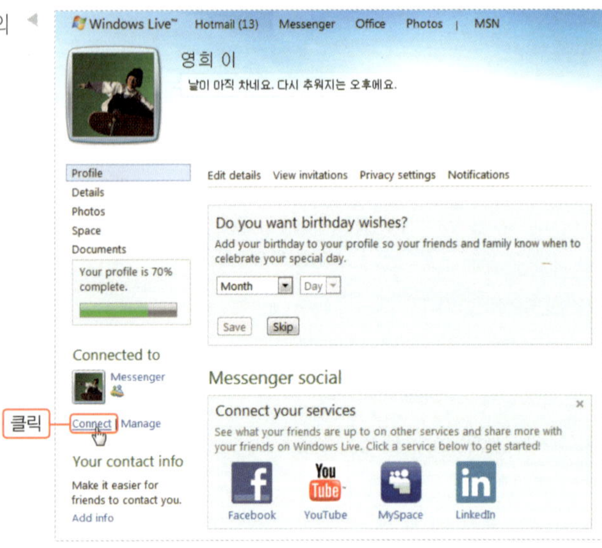

4 MSN과 연동할 수 있는 다양한 서비스 항목이 나타나면 [facebook] 로고 이미지를 클릭합니다.

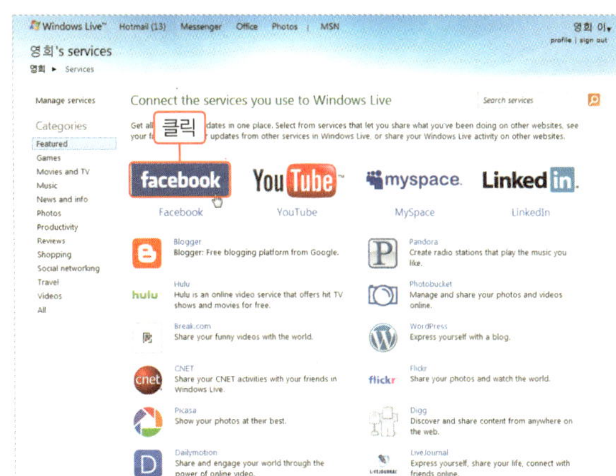

5 페이스북을 윈도우 라이브에 연동하는 옵션과 윈도우 라이브를 페이스북과 연동하는 옵션이 나타납니다. 각 옵션에 필요한 부분을 체크한 후 [Connect with Facebook]을 클릭합니다.

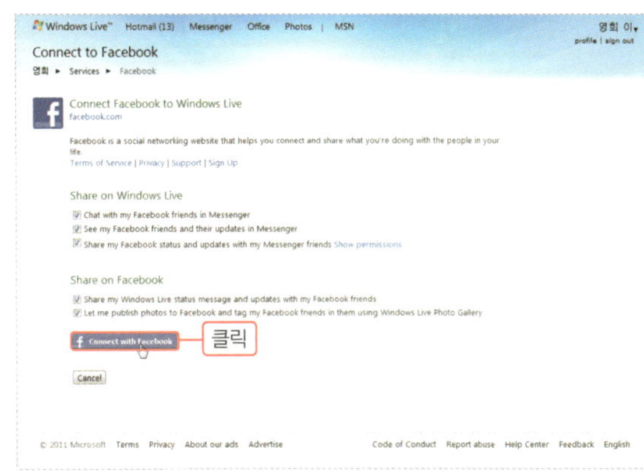

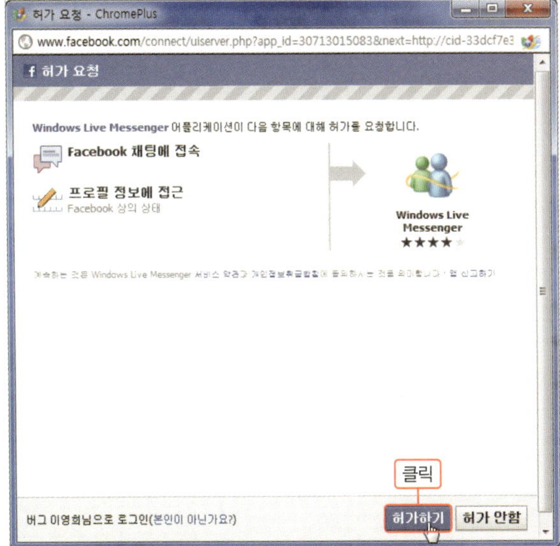

6 허가 요청 화면이 나타나면 [허가하기]를 클릭하여 윈도우 라이브 메신저와 연동을 승낙합니다. 만일 페이스북에 로그인 상태가 아니라면 페이스북에 로그인하라는 창이 나타납니다.

7 페이스북과 윈도우 라이브가 연동되었을 경우 Facebook 로고에 체크 표시가 됩니다. 다른 서비스들도 윈도우 라이브와 연동할 경우에 체크 표시가 나타납니다.

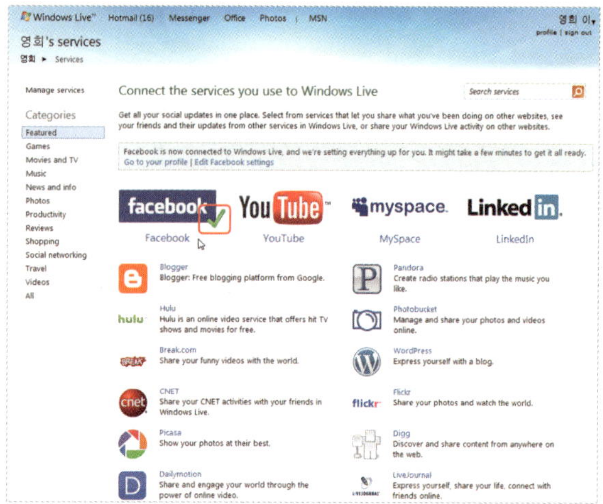

8 윈도우 라이브 메신저의 상태창에 내용을 입력한 후 [Share]를 클릭하면 페이스북 담벼락에 바로 올릴 수 있습니다.

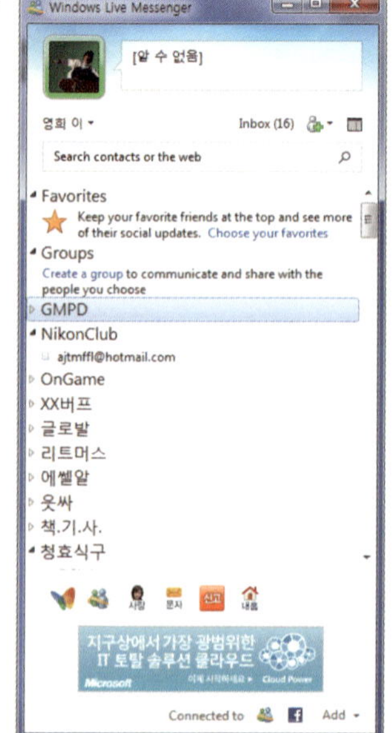

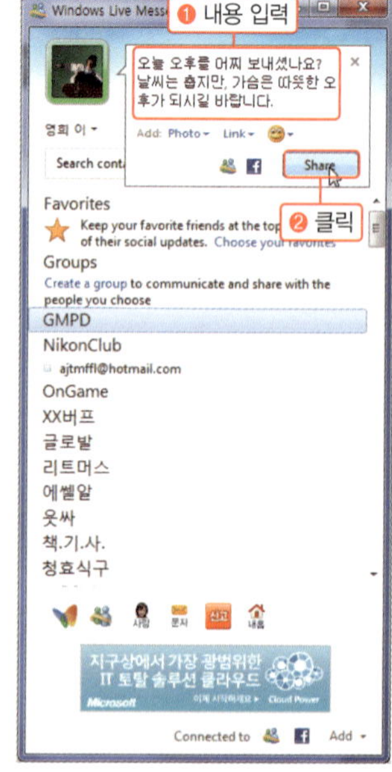

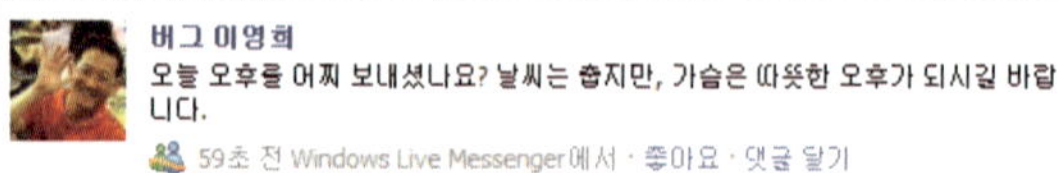

9 윈도우 라이브 메신저에서 공유한 글이 페이스북 담벼락에 등록된 것을 확인할 수 있습니다.

10 윈도우 라이브 메신저의 [전체 보기 전환] 아이콘을 클릭하면 [Messenger Social]
창이 나타나면서 페이스북에 올라오는 글들을 실시간으로 볼 수 있습니다.

11 윈도우 라이브 메신저와 페이스북의 연동을 끊기 위해
서는 윈도우 라이브 화면으로 이동한 후 [Messenger] 메
뉴에서 [Profile]을 선택합니다.

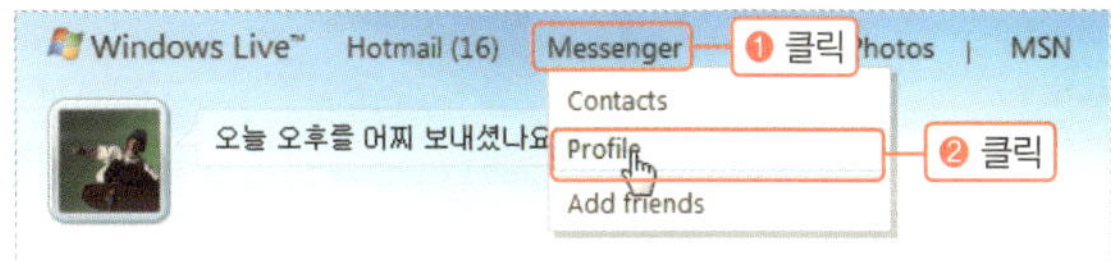

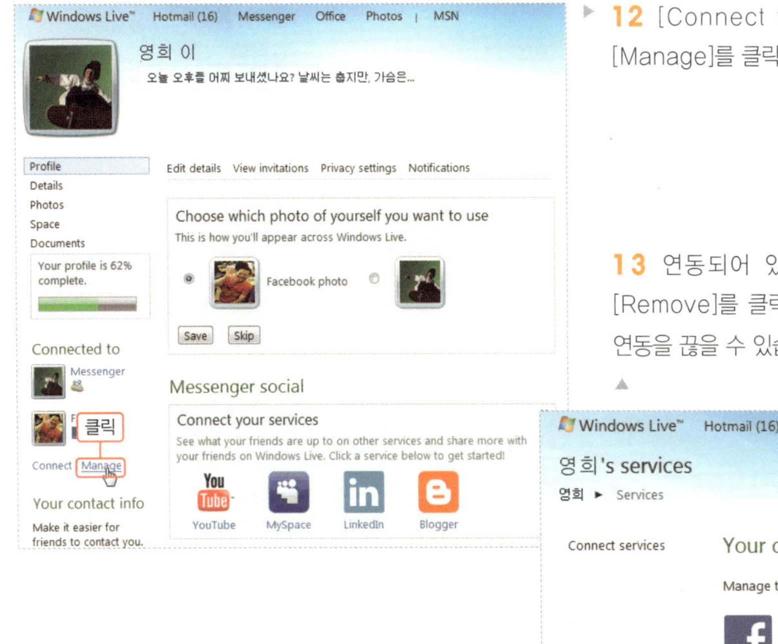

12 [Connect to]에 연동되어 있는 항목이 나타나면
[Manage]를 클릭합니다.

13 연동되어 있는 항목 중 [Facebook]에 있는
[Remove]를 클릭하여 윈도우 라이브 메신저와 페이스북
연동을 끊을 수 있습니다.

페이스북 친구들과 페이스북에 로그인하지 않아도 칫챗(Chit Chat) 페이스북 메신저를 이용하면 페이스북 친구들과 실시간 대화를 나눌 수 있습니다. 칫챗 페이스북 메신저를 설치하고 활용하는 방법에 대해서 알아보겠습니다.

1 웹 브라우저를 실행한 후 http://www.chitchat.org.uk/english/home을 입력한 후 [Download]를 클릭하여 칫챗 프로그램을 다운로드받습니다.

2 [다른 이름으로 저장] 대화상자가 나타나면 [저장]을 클릭하여 칫챗 프로그램을 내 컴퓨터로 다운로드받습니다.

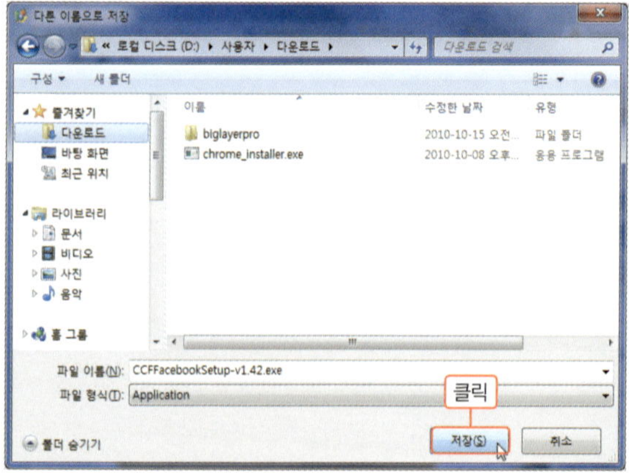

3 다운로드 받은 프로그램을 실행한 후 프로그램 설치를 시작합니다.

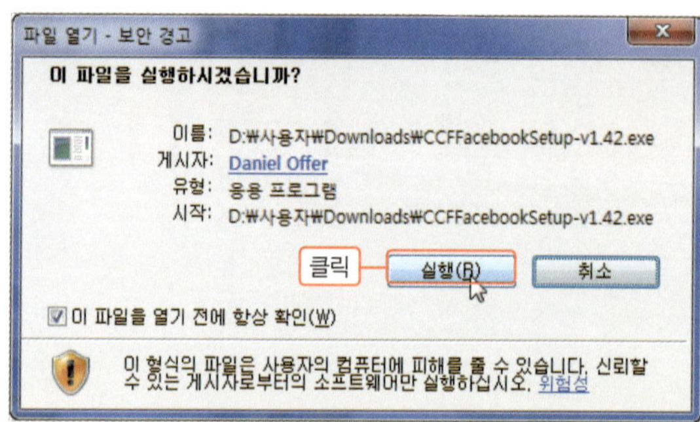

4 [Next]를 클릭하여 칫챗 설치 마법사를 진행합니다.

5 [Accept]를 체크하고 [Next]를 클릭합니다.

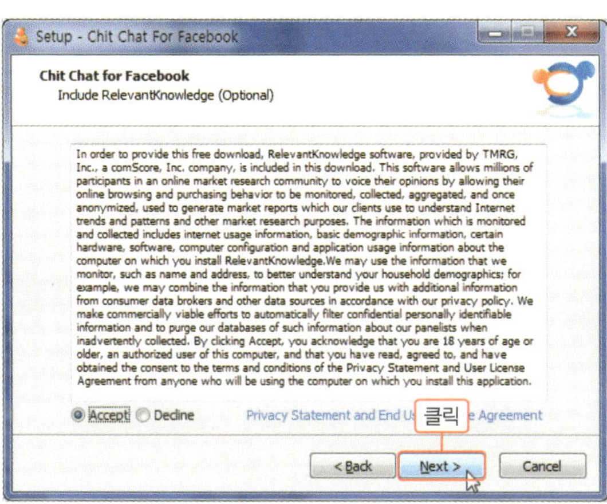

6 프로그램이 설치될 폴더를 지정한 다음 [Next]를 클릭합니다. 폴더를 변경하려면 [Browse]를 클릭하여 변경해도 되지만 기본값을 그냥 두고 [Next]를 클릭합니다.

7 [Next]를 클릭하여 다음으로 진행합니다.

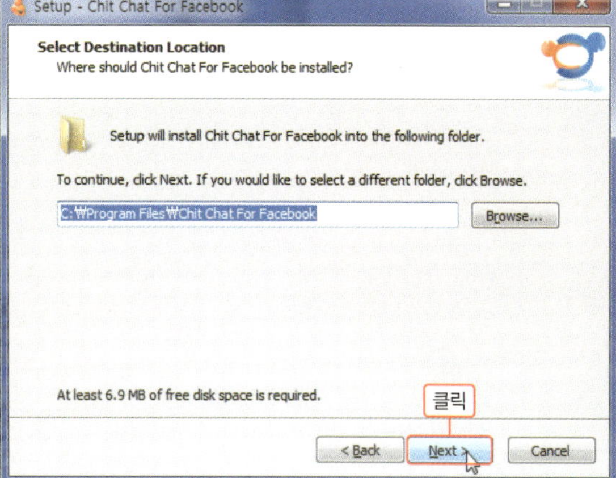

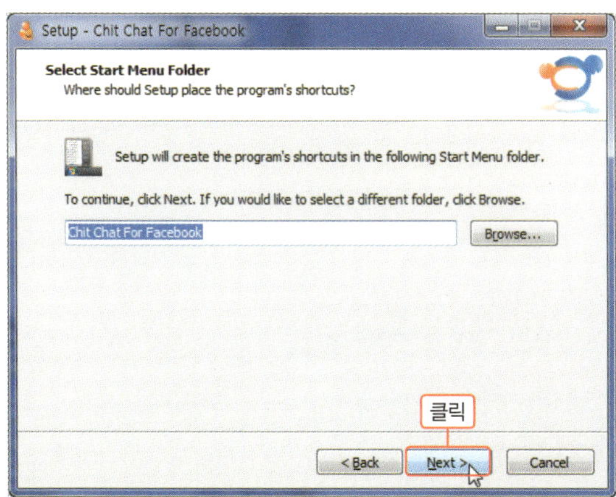

8 칫챗을 설치하기 위한 설정을 완료하였으면 [Install]을
클릭하여 프로그램 설치를 진행합니다.

9 칫챗 설치를 완료한 후 [Finish]를 클릭합니다.

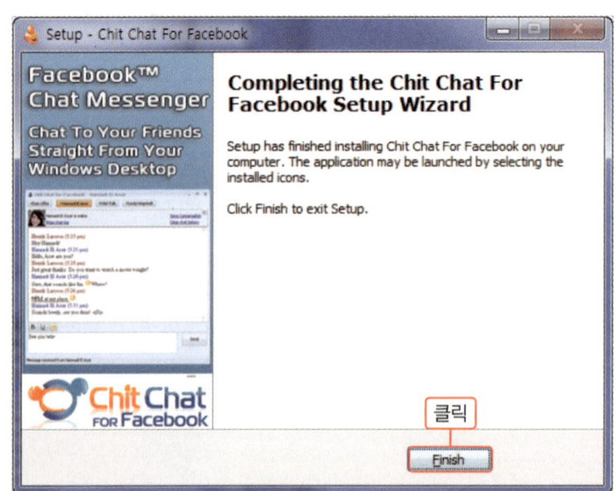

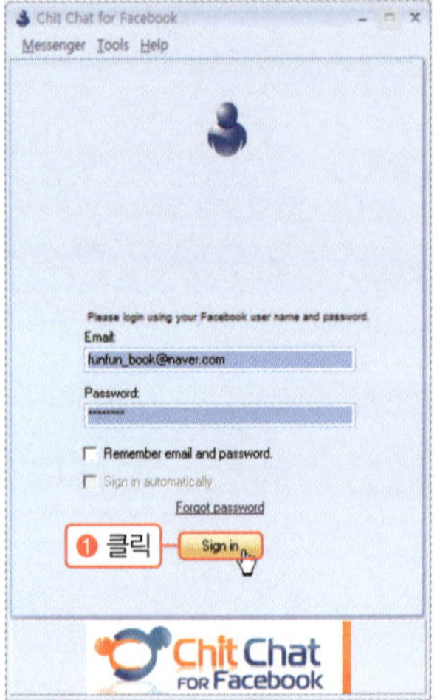

10 칫챗 프로그램을 실행한 후 페이스북에 사용한 이메일(E-mail)과 비밀번호를 입력
한 후 [Sign In]을 클릭합니다. 새로운 창이 나타나면 [예]를 클릭합니다.

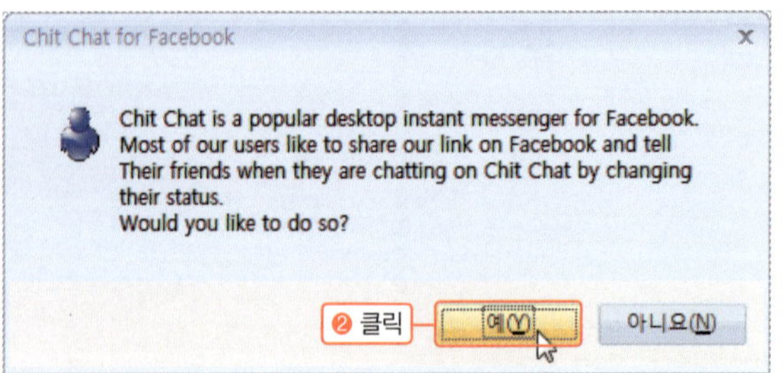

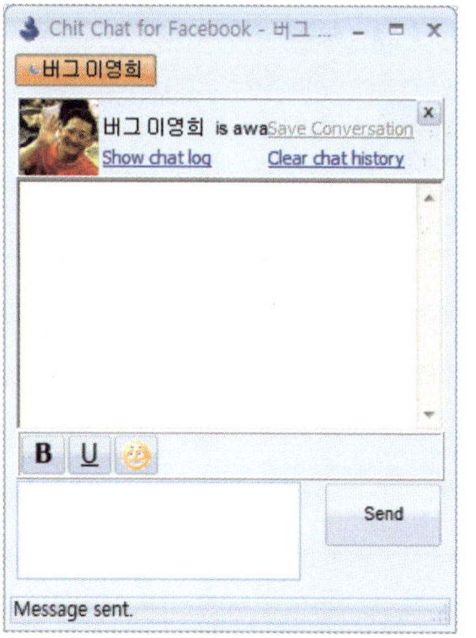

▶ **11** 칫챗 프로그램에 로그인되었습니다. 페이스북에서 친구를 맺은 목록이 표시됩니다. 지금 당장 대화를 할 수 있는 온라인(Online)과 오프라인(Offline) 그룹으로 나누어 표시합니다. 온라인 상대와 직접 대화를 나눌 수 있습니다.

l2 페이스북 인맥 관계도, TouchGraph

페이스북 친구가 늘어갈수록 점점 더 다양한 친구들을 만나게 될 것입니다. 어느 때에는 나의 페이스북 친구들이 얼마나 될까 눈으로 확인해보고 싶을 때도 있습니다. 그때 활용할 수 있는 앱이 바로 페이스북 인맥 관계도를 볼 수 있는 TouchGraph입니다.

1 페이스북에 접속한 후 검색창에 touch graph 를 입력한 후 검색 결과 목록에서 [TouchGraph] 앱을 선택합니다.

2 TouchGraph 페이지가 나타나면 [앱으로 가기]를 클릭합니다. [좋아요]를 클릭하면 이 페이지의 팬으로 등록할 수 있습니다.

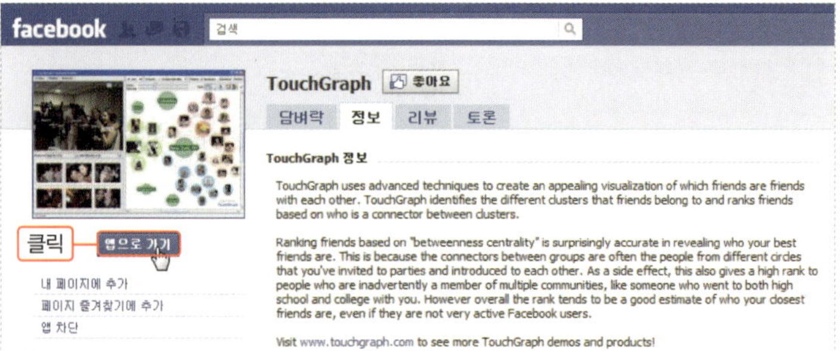

3 [허가하기]를 클릭하여 TouchGraph 어플리케이션이 나의 페이스북 정보를 볼 수 있도록 승낙합니다.

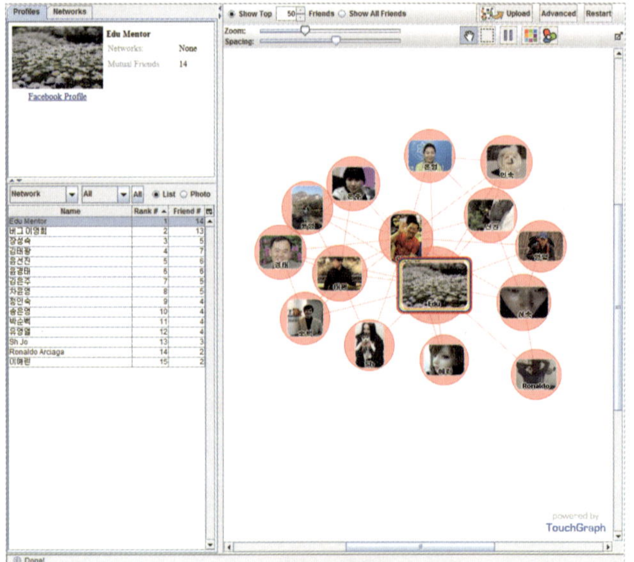

4 TouchGraph가 실행되면서 현재 나의 페이스북 친구들을 마인드맵 형태로 보여줍니다.

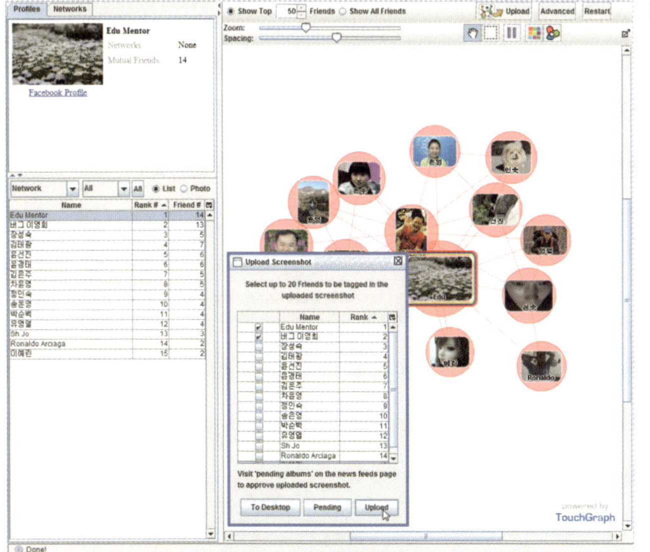

5 보이는 화면을 페이스북 담벼락에 업로드하기 위해서 [Upload]를 클릭합니다. 새롭게 나타난 [Upload Screenshot] 대화상자에서 친구들 목록을 선택하여 친구 담벼락에도 동시에 사진을 올릴 수 있습니다. 친구 선택을 마쳤으면 [Upload]를 클릭합니다.

6 [대기중인 사진 보기]를 클릭하면 업로드 대기중인 사진을 볼 수 있습니다.

7 사진을 업로드할 것인지 묻는 화면이 나타나면 [사진 승인]을 클릭하여 담벼락에 사진을 등록합니다.

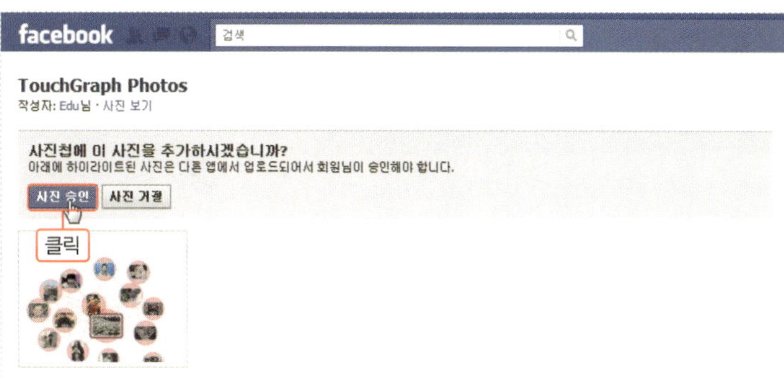

> **8** 승인된 사진이 담벼락에 게시된 것을 확인할 수 있습니다.

> **9** 페이스북 친구들의 사진이 마인드맵 형식으로 한눈에 알아볼 수 있는 사진이 담벼락에 게시되었습니다. 이처럼 재미있는 기능을 이용해서 친구들과 인맥 관계를 확인해 볼 수 있습니다.

13 페이스북에 뮤직 앱으로 음악 올리기

페이스북을 음악과 함께 즐길 수 있는데 뮤직(Music iLike) 앱을 이용하여 페이스북을 방문한 친구들에게 좋은 음악을 공유하며 분위기 있는 페이스북을 연출할 수 있습니다.

1 페이스북에 접속한 후 검색창에 Music를 입력하고 검색결과 목록에서 [Music] 앱을 선택합니다.

2 Music iLike 페이지로 이동한 후 [앱으로 가기]를 클릭하여 [iLike] 앱을 설치합니다. [좋아요]를 클릭하여 팬 페이지로 등록할 수 있습니다.

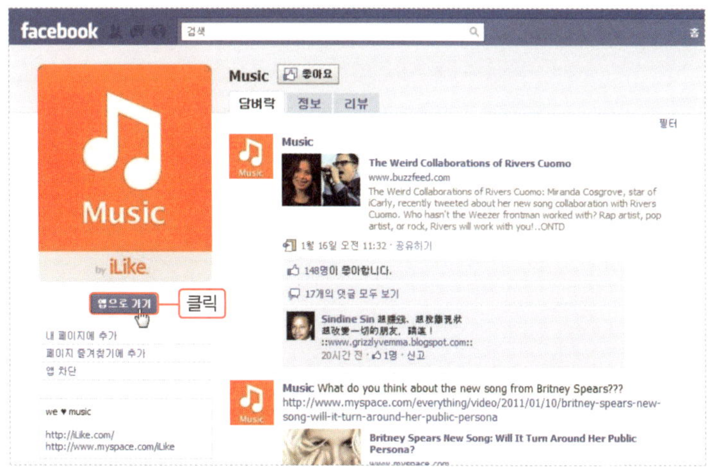

3 [iLike] 앱과 연동하기 위해 [허가하기]를 클릭합니다.

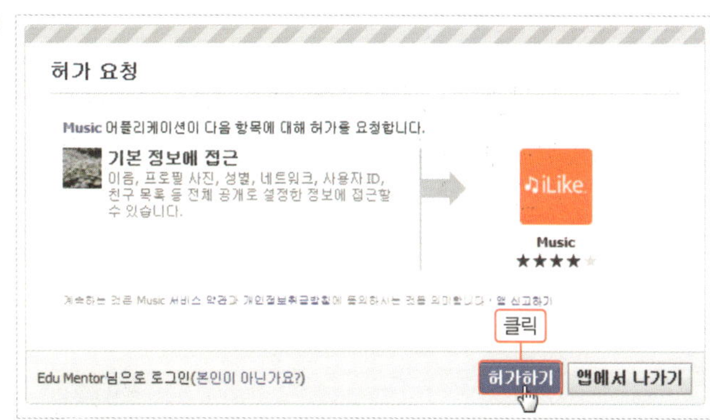

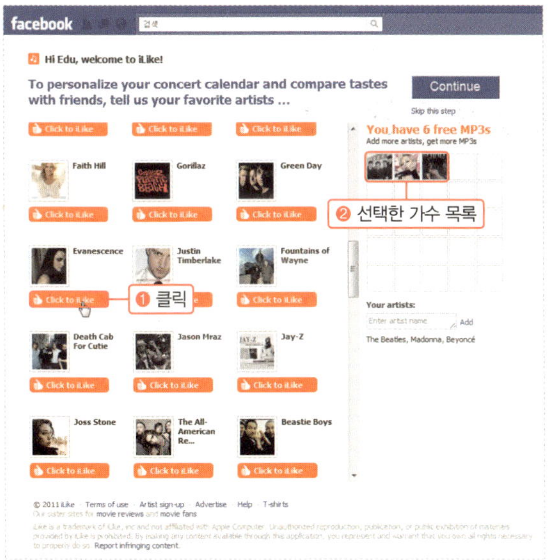

4 [iLike] 앱을 설치하여 iLike 페이지로 이동하면 선호하는 가수들을 지정하는 절차가 나타납니다. [Continue]를 클릭하여 건너뛸 수도 있으며 좋아하는 가수를 지정할 수도 있습니다. [Click to iLike]를 클릭하면 오른쪽에 선택한 가수 목록이 나타납니다.

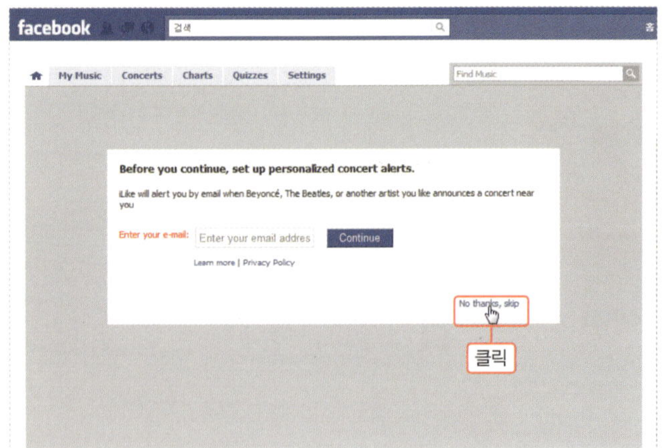

5 이메일 주소를 묻는 창에서 자신의 메일 주소를 입력할 수도 있지만 [No thanks, skip]을 클릭하여 건너뛰기를 합니다.

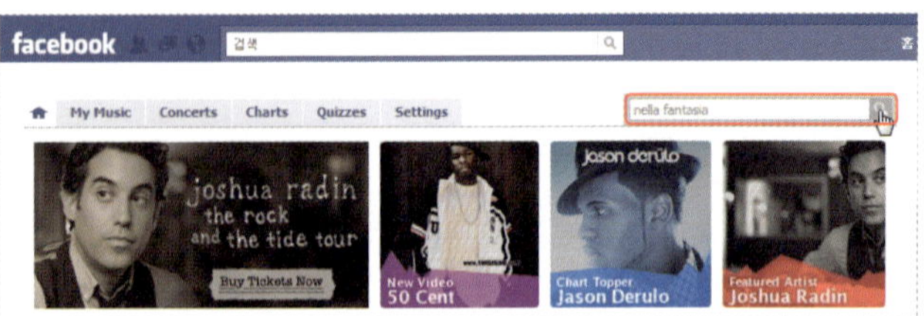

6 검색창에서 페이스북에 공유하고 싶은 노래 제목을 입력하고 검색합니다. 여기에서는 넬라 판타지아(nella fantasia)를 검색해보겠습니다.

7 검색한 노래 결과 목록이 나타나면 찾고자 하는 노래의 [iLike]를 클릭합니다.

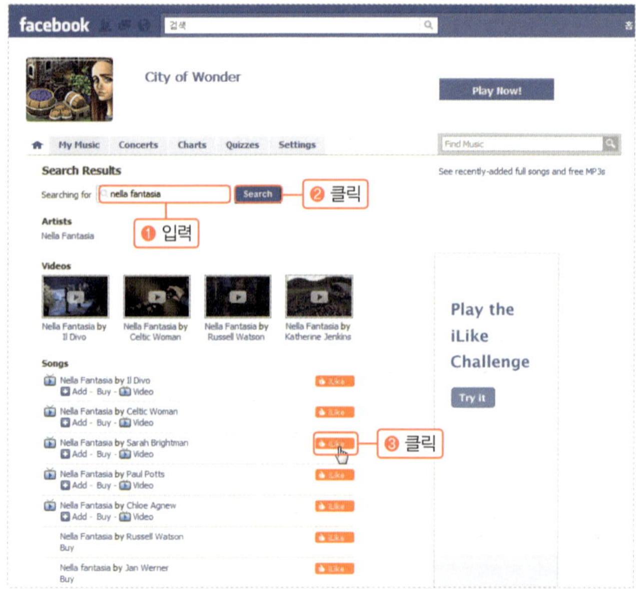

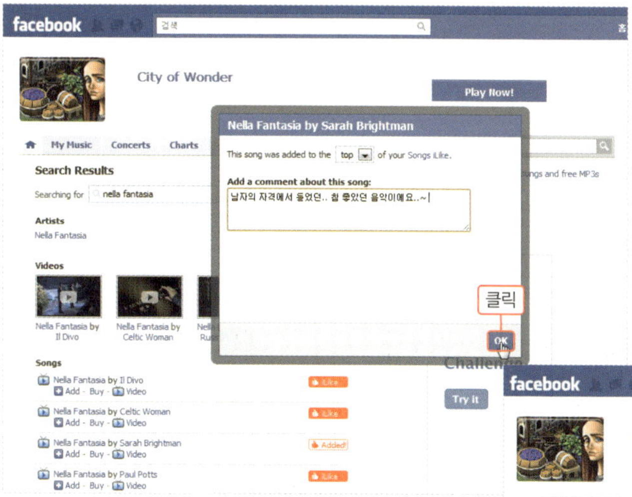

8 새롭게 추가할 노래의 위치를 설정한 후 음악에 대한 설명을 입력하고 [OK]를 클릭합니다.

9 입력한 설명과 함께 음악 파일을 자신의 담벼락에 [게시하기]를 클릭하여 새로운 글과 함께 올립니다.

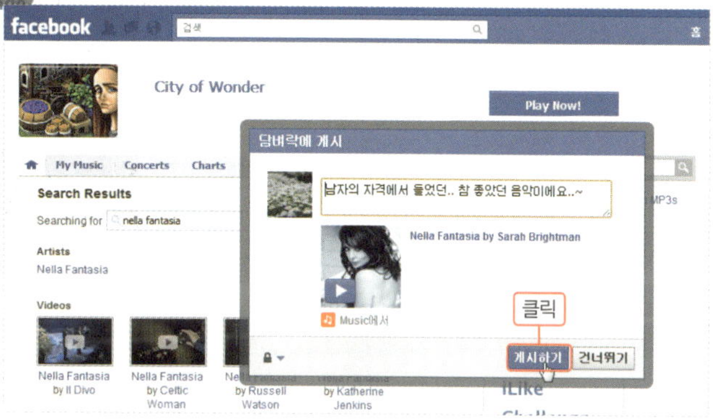

10 [허가 요청]이 나타나면 [허가하기]를 클릭합니다.

11 페이스북 담벼락에 [iLike] 앱에서 선택한 노래가 등록되었습니다. [Play]를 클릭하면 음악을 들을 수 있습니다. 또한 [Share Music]을 클릭하면 음악을 공유할 수 있습니다.

직접 촬영한 동영상을 올리는 방법에 대해서 이전에 알아보았습니다. 이번에는 유투브(YouTube)에 올라와 있는 동영상을 내 담벼락에 공유하는 방법에 대해서 알아보겠습니다.

1 웹 브라우저를 실행한 후 http://www.youtube.com을 입력하여 유투브 사이트로 접속합니다. 유투브 회원으로 가입하고 로그인합니다.

Talk Talk 직접 촬영한 동영상을 올리는 방법은 69쪽을 참고하세요.

2 페이스북에서 공유하고 싶은 동영상을 검색하여 원하는 동영상을 찾았다면 동영상 아래에 있는 [페이스북 Share]를 클릭합니다.

3 프로필에 올리기 창이 나타나면 선택한 동영상에 대한 간단한 설명을 추가한 다음 [공유하기]를 클릭합니다.

Talk Talk 페이스북이 로그인 상태가 아니라면 페이스북에 로그인하라는 창이 나타납니다. 이때 로그인을 하게 되면 프로필에 올리기 창이 나타납니다.

4 자신의 프로필 담벼락에 동영상과 설명이 게시됩니다.

5 업로드된 동영상의 [Play]를 클릭하면 동영상을 볼 수 있습니다. 다른 친구들이 내 프로필 페이지에서 [공유하기]를 클릭하여 공유할 수 있습니다.

15 Pick&Zip 앱으로 페이스북 사진을 통째로 다운받기

페이스북을 오랫동안 사용하다보면 많은 사진들이 축적되어 있습니다. 페이스북
친구들이나 그룹, 팬 페이지에 있는 사진을 한꺼번에 다운로드받을 수 있습니다.
친구들이나 그룹, 팬 페이지에 있는 사진을 쉽고 간단하게 다운로드받는 방법에
대해서 알아보겠습니다.

▶ **1** 페이스북 검색창에서 pick&zip을 입력하고 검색 결과
목록에서 [Pick&Zip – Photo downloader]를 선택합
니다.

▶ **2** Pick&Zip – Photo downloader 페이지가 나타나면
[앱으로 가기]를 클릭하여 앱을 설치합니다.

3 Pick&Zip 홈페이지에서 [Login with Facebook]을
클릭합니다.

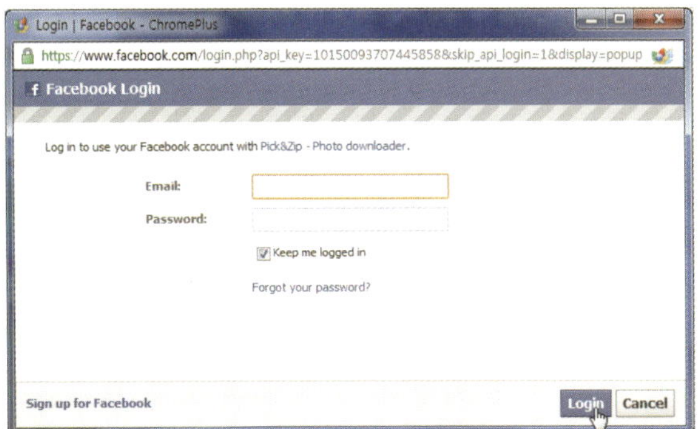

4 로그인 창이 나타나면 페이스북에 가입한 이메일과 비밀 번호를 입력하고 [Login]을 클릭합니다.

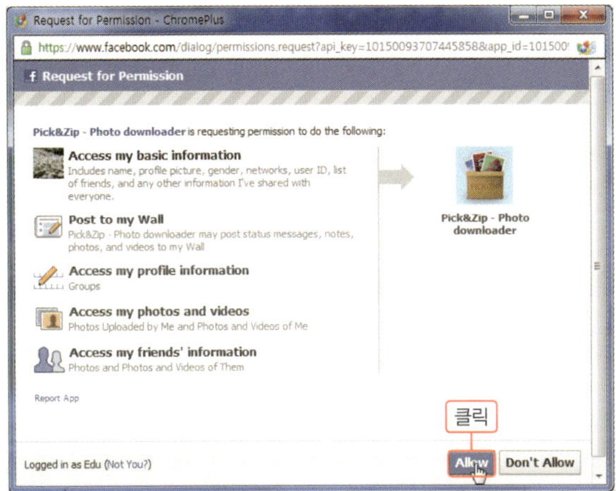

5 [Allow]를 클릭하여 [Pick&Zip – Photo downloader] 앱이 페이스북 정보를 사용할 수 있도록 승낙합니다.

6 [FRIENDS]나 [GROUPS] 탭에서 원하는 친구나 그룹을 선택합니다. [PAGES] 탭은 팬 페이지를 등록했을 경우에 표시됩니다.

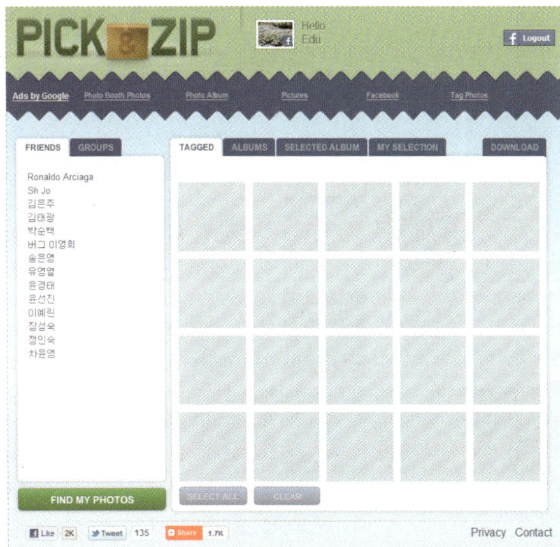

7 [FRIENDS] 탭에서 친구 목록을 선택하면 오른쪽의 [ALBUMS] 탭의 친구 목록에서 선택한 친구가 그동안 올렸던 사진 목록을 볼 수 있습니다.

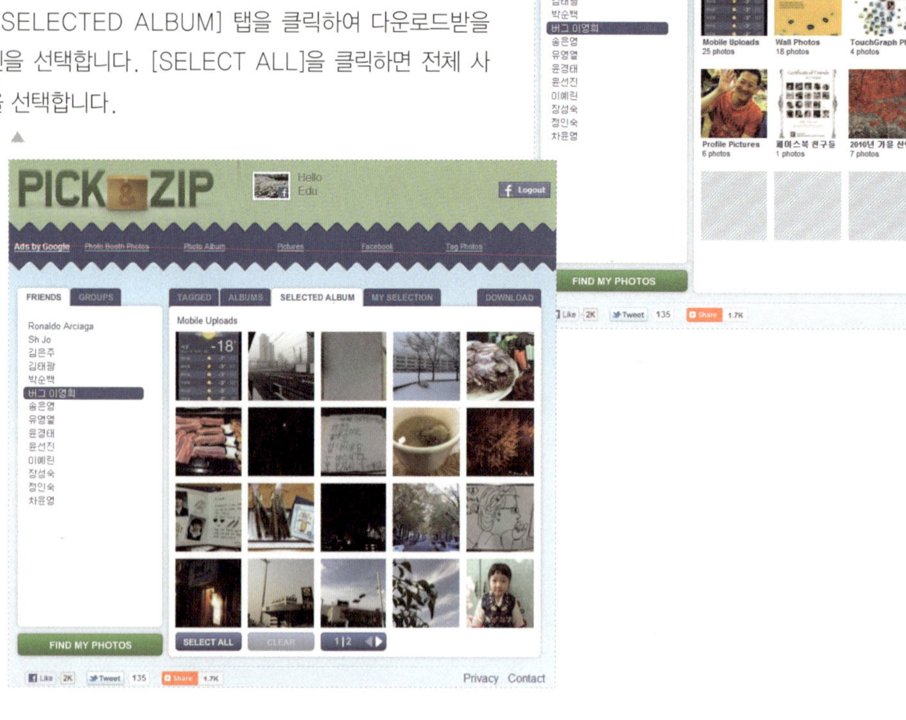

8 [SELECTED ALBUM] 탭을 클릭하여 다운로드받을 사진을 선택합니다. [SELECT ALL]을 클릭하면 전체 사진을 선택합니다.

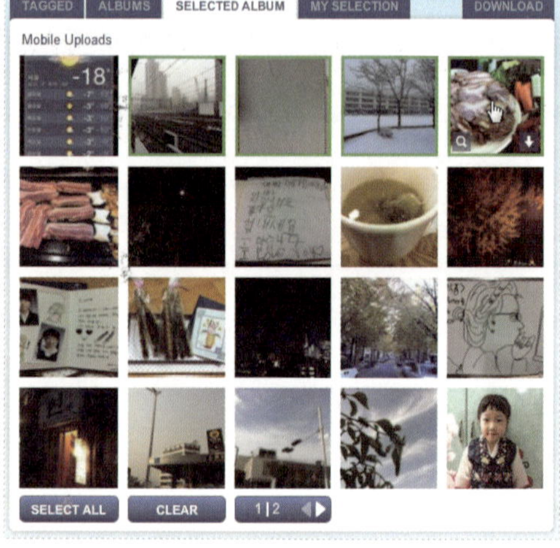

9 선택하고자 하는 사진으로 마우스를 가져다대면 화살표가 표시되는데 이때 마우스로 클릭합니다.

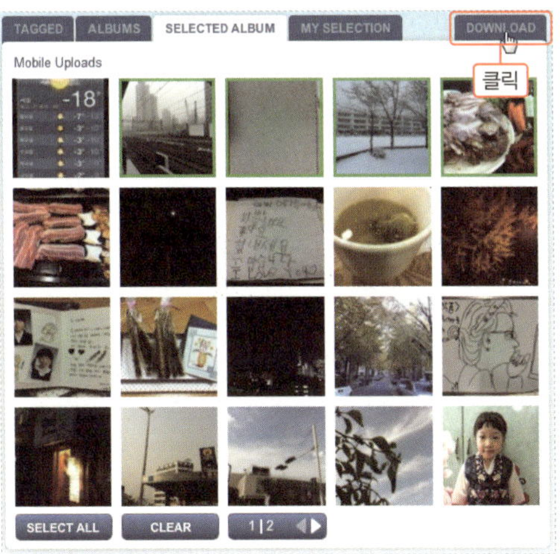

▶ **10** 다운로드받을 사진의 선택을 완료하였으면 [DOWNLOAD] 탭을 클릭합니다.

11 [Download my selection]을 클릭하여 선택했던 사진들을 다운로드받습니다.

12 다운로드받을 파일 형식을 설정하는데, ZIP 형식의 압축파일로 다운로드받아 보겠습니다.

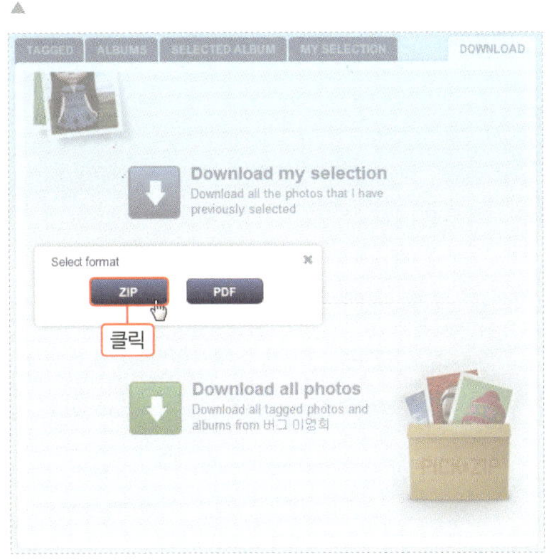

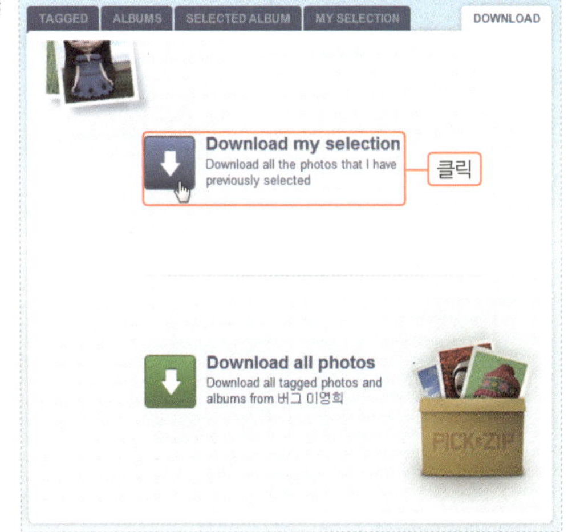

▶ **13** [SAVE]를 클릭합니다.

14 새로운 창이 나타나면 다운로드받을 파일명을 입력한 후 [저장]을 클릭합니다. 다운로드받은 압축 파일은 알집 등의 압축 프로그램을 이용해서 압축을 해제한 후 사진을 확인할 수 있습니다.

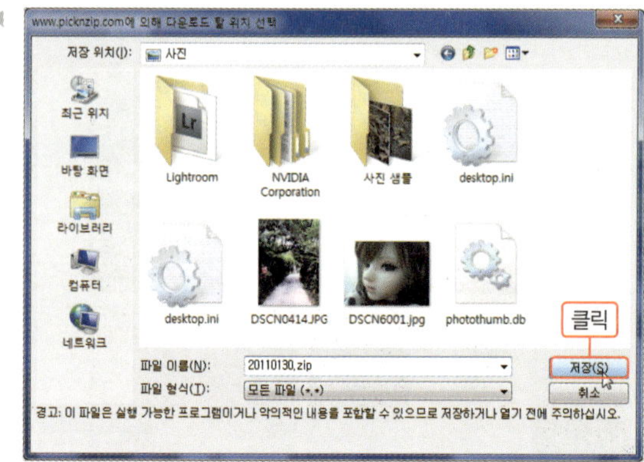

16 페이스북에서 즐기는 고스톱

페이스북은 단순히 SNS의 기능을 넘어 친구들과 함께 게임을 즐길 수 있는 앱의 개발로 더욱 다양해지고 있습니다. 그 와중에 페이스북의 친구들과 간단하게 고스톱을 즐기며 재미있는 페이스북 생활을 즐겨보기 바랍니다.

1 페이스북에 접속한 후 검색창에 고고!맞고를 입력하고 검색 결과에서 [고고!맞고] 앱을 선택합니다.

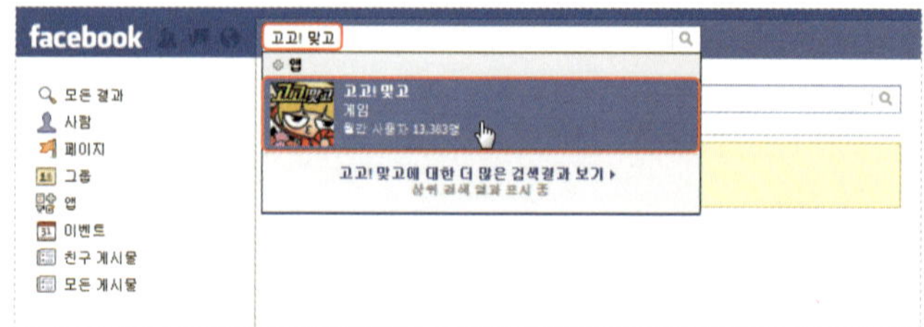

2 고고!맞고 페이지가 나타나면 [앱으로 가기]를 클릭하여 어플리케이션을 설치합니다. [좋아요]를 클릭하여 팬 페이지에 등록합니다.

3 허가 요청 화면이 나타나면 [허가하기]를 클릭하여 [고고!맞고] 앱이 자신의 페이스북 정보에 접근할 수 있도록 승낙합니다.

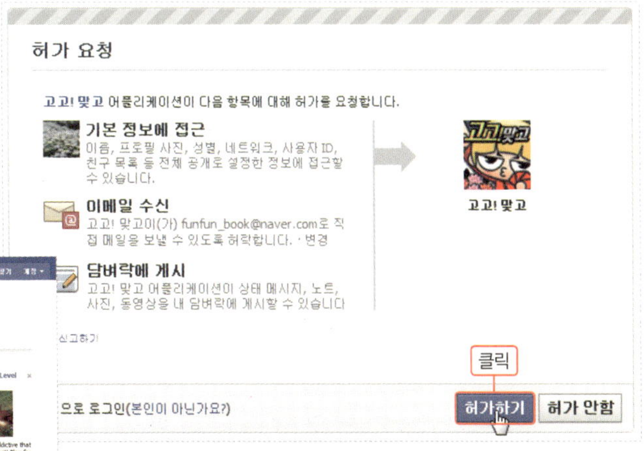

4 성인 인증을 거쳐야 하는 게임이기 때문에 성인 인증 과정을 거치기 위해서 [확인]을 클릭합니다.

5 자신의 이름과 주민등록번호를 입력하고 [성인 확인]을 클릭하여 성인 인증을 마칩니다.

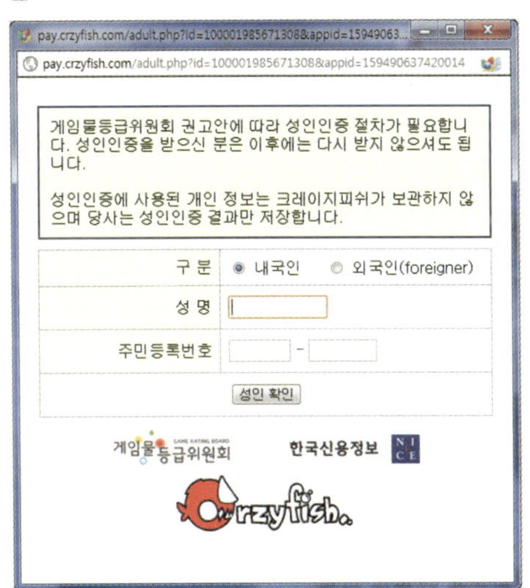

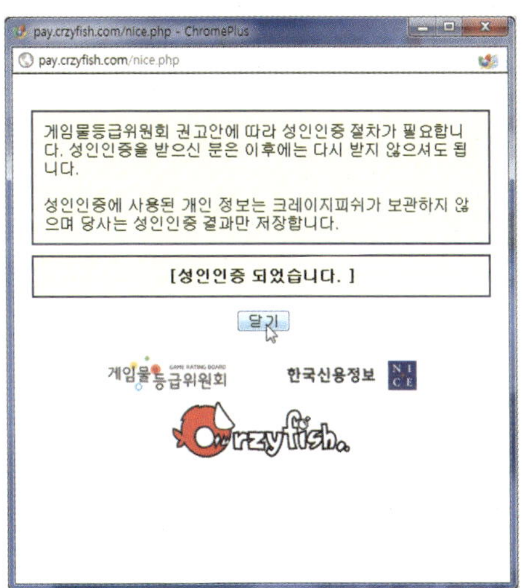

6 게임을 즐기기 위해 기본 게임 머니를 제공합니다. [확인]을 클릭하여 게임 속으로 들어가 보겠습니다.

7 [고고!맞고 게임 시작하기]를 클릭하면 페이스북 고스톱 게임을 즐길 수 있습니다.

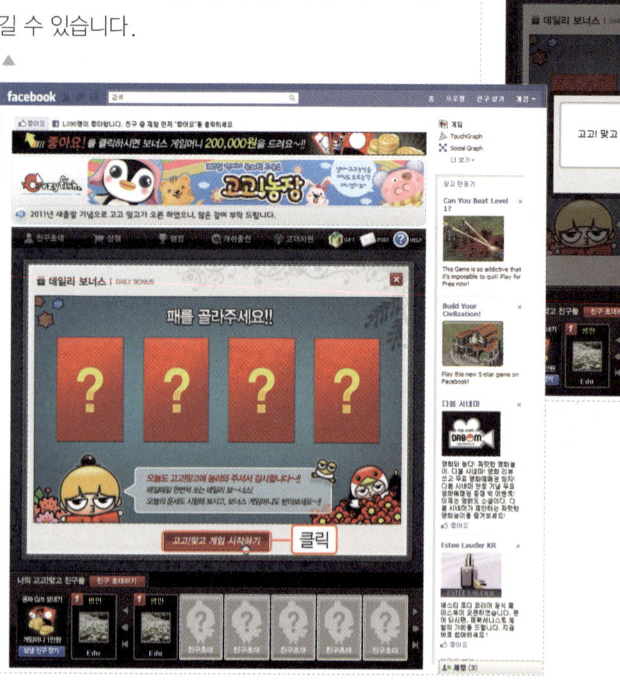

8 게임 화면에서 자신의 수준에 맞는 레벨의 방을 선택하고 [입장하기]를 클릭합니다. 처음하는 사람이라면 [입문 이상] 레벨을 선택하는 것이 좋겠네요.

9 자신의 레벨에 맞는 방을 선택해 들어가면 많은 방이 개설되어 있는데, [바로 시작]을 클릭하여 이미 만들어져 있는 방으로 들어가서 게임을 즐길 수 있습니다. [방만들기]를 클릭하면 자신만의 방을 만들어 다른 사용자가 들어오기를 기다리거나 초대할 수 있습니다.

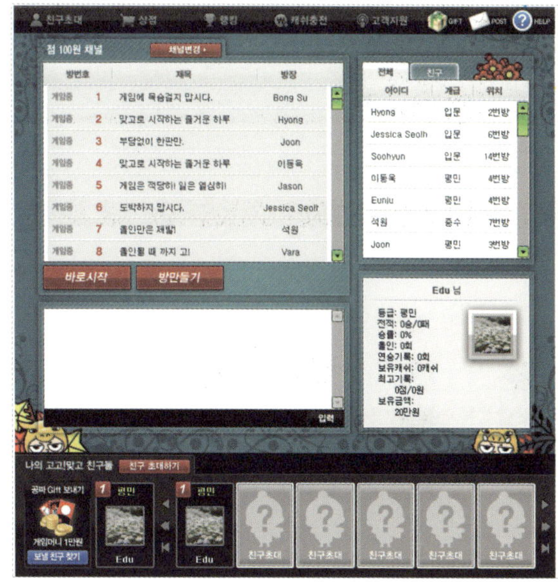

10 게임이 시작된 화면입니다. 가벼운 대화를 시도할 수 있으며 이제부터 즐거운 고스톱 게임을 즐기기 바랍니다.

11 승리하면 재미있는 결과와 재미있는 화면을 보여줍니다.

12 화면 아래에 있는 [친구 초대하기]를 클릭하여 페이스북 친구들을 초대할 수 있습니다.

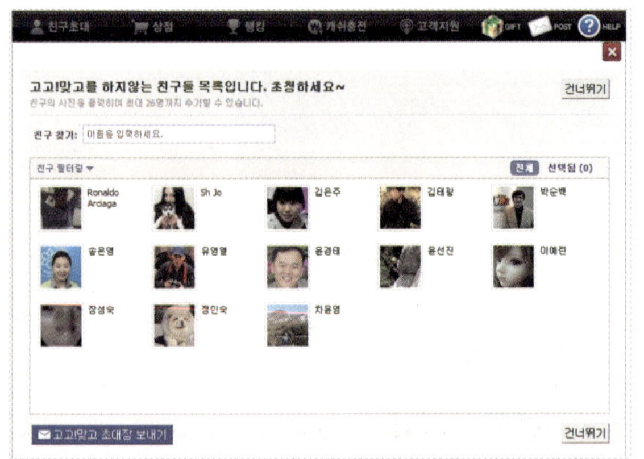

13 페이스북 친구들의 목록이 표시되면 초대하려는 친구를 선택하고 [고고!맞고 초대장 보내기]를 클릭합니다.

14 [고고!맞고] 앱을 설치한 후 페이스북 왼쪽 메뉴에 앱이 추가된 것을 볼 수 있습니다.

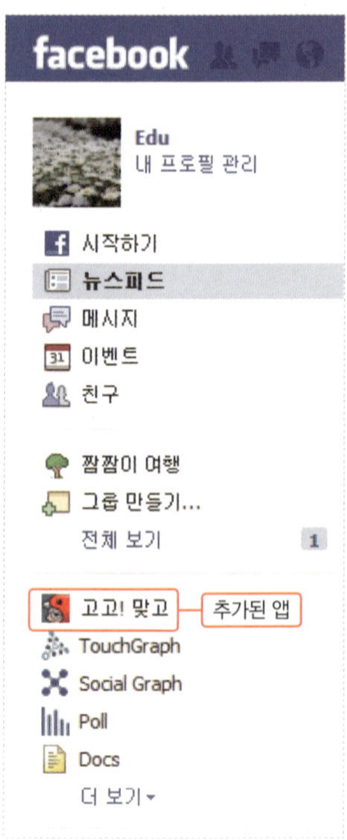

페이스북 그룹에서 다양한 활동하기

페이스북에서 페이지(Page)와 함께 그룹(Group) 기능을 이용하여 좀 더 확장된 커뮤니티를 즐길 수 있습니다. 친목과 정보를 공유하고 있는 그룹에 대해서 알아보겠습니다.

❶ 그룹을 검색하기 위해서 검색어를 입력하면 나타나는 검색 결과 목록에서 관심 있는 그룹을 클릭합니다.

❷ 원하는 그룹일 경우에는 [그룹 가입 신청] 버튼을 눌러 그룹에 가입할 수 있습니다.

❸ 그룹에 가입하면 페이스북 홈 화면에서 그룹 목록을 확인할 수 있는데, 이동하려는 그룹명을 클릭합니다. [더보기] 메뉴를 누르면 더 많은 그룹 목록을 볼 수 있습니다.

페이스북, Docs 고급 활용법

페이스북의 앱 중 하나인 Docs를 이용하면, 여러 친구들과 공동 프로젝트를 진행할 수 있으며, 작성한 문서를 워드(MS-Word), 파워포인트(Power Point), 엑셀(Excel) 등의 파일로 저장하여 자신의 PC에서 작업을 할 수 있습니다.

이 Docs를 페이스북에 연동하기

Docs는 인터넷이 연결되어 있는 곳이라면 오피스 프로그램을 설치하지 않고 웹 브라우저 상태에서 바로 오피스를 사용할 수 있도록 해주는 웹 어플리케이션입니다. 페이스북을 거치지 않고 바로 사용할 수도 있지만 여기에서는 페이스북과 연동하여 사용하는 방법을 알아보겠습니다. MS오피스(MS-Office) 프로그램의 함수 적용도 무리없이 이루어지며, 마이크로소프트에서 제작하여 호환성이 아주 좋습니다.

1 웹 브라우저를 실행한 후 http://www.facebook.com을 입력하고 페이스북 홈페이지로 이동합니다.

2 페이스북 위쪽의 검색창에 docs라고 입력한 후 검색 결과에서 [Docs] 앱을 선택합니다.

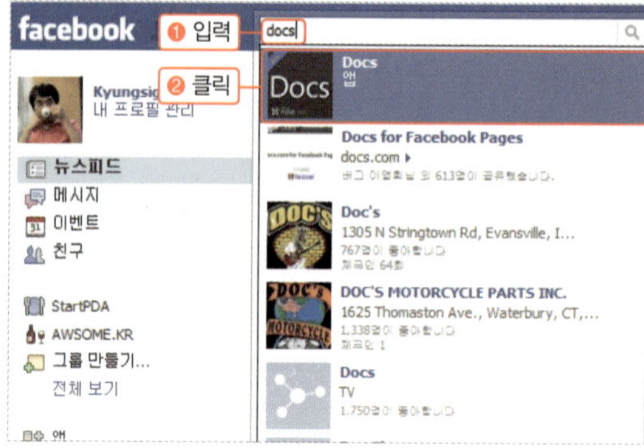

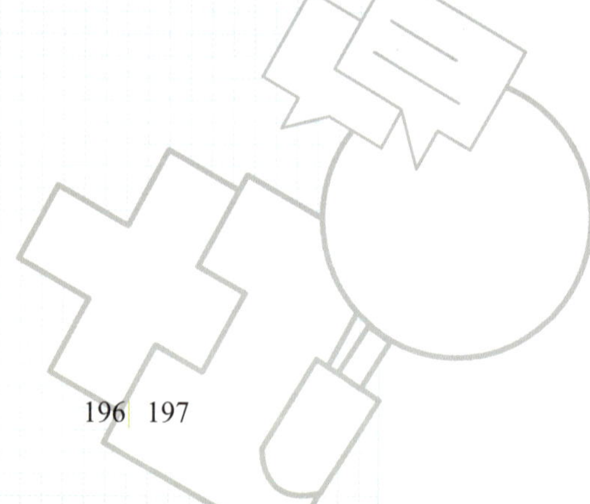

3 Docs 페이지가 나타나면 [앱으로 가기]를 클릭합니다.

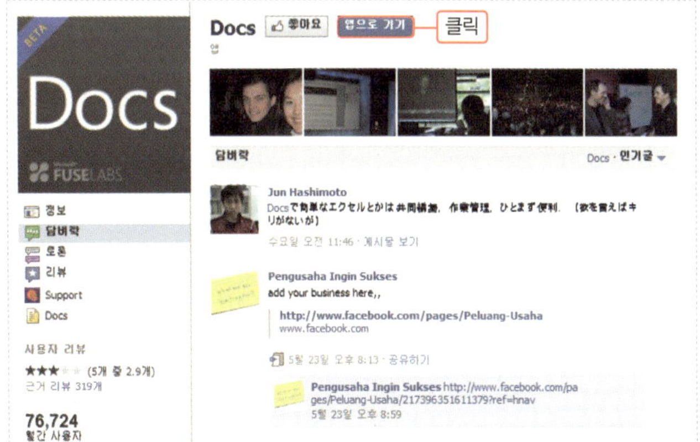

4 허가 요청 화면이 나타나면 Docs와 페이스북을 연동하기 위해 [허가하기]를 클릭합니다.

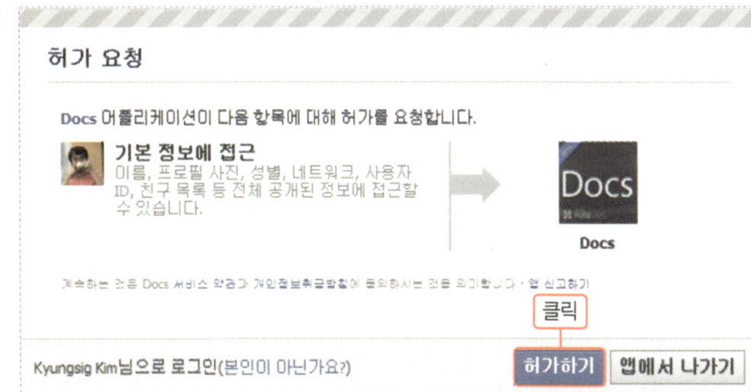

5 다음과 같이 Docs의 메인 화면이 나타납니다. 상단의 [facebook]을 클릭하여 facebook 메인으로 이동합니다.

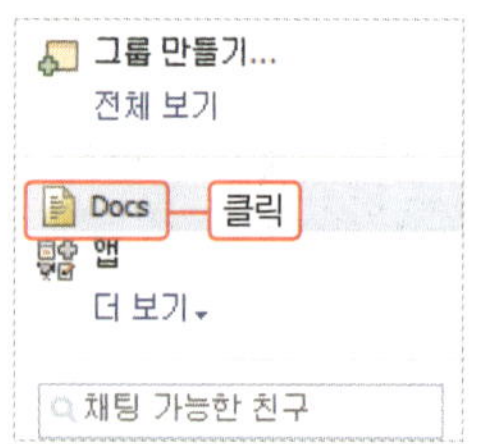

6 페이스북 화면 왼쪽 아래에 있는 앱 목록에서 Docs가 추가되어 있는지 확인하고 클릭합니다.

7 페이스북과 Docs의 연동이 완료되었습니다.

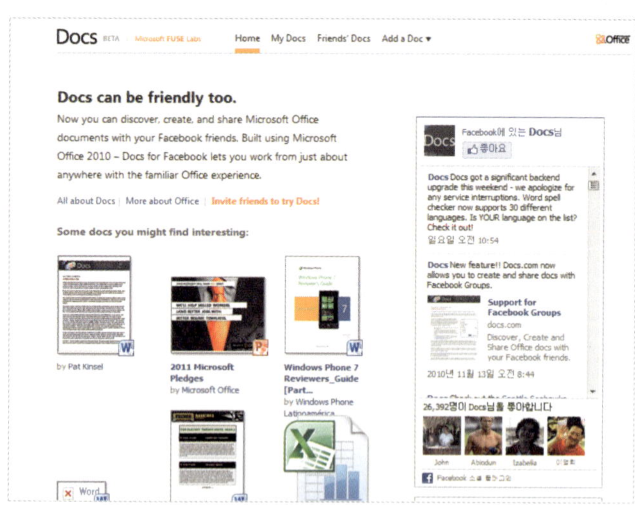

02 Docs에 파일 업로드하기

Docs를 페이스북에 연동하는 방법을 알아보았습니다. 하지만 연동만 해놓고 사용하지 않으면 무용지물이겠지요? MS오피스 프로그램을 이용해서 작성한 오피스 문서를 Docs에 업로드하여 웹에서 오피스 문서를 불러오는 방법을 알아보겠습니다.

1 페이스북에 접속하여 로그인한 후 왼쪽 메뉴에서 [Docs]를 클릭하여 Docs 페이지로 이동합니다.

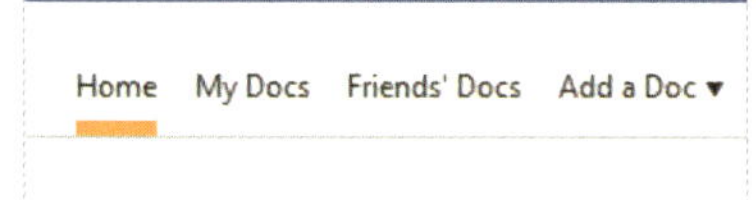

▶ **2** Docs 페이지의 위쪽 메뉴를 보면 왼쪽부터 [Home](메인), [My Docs](내 문서), [Friend's Docs](친구들의 문서), [Add a Doc](문서 추가 – 업로드, 새로 만들기)가 있습니다.

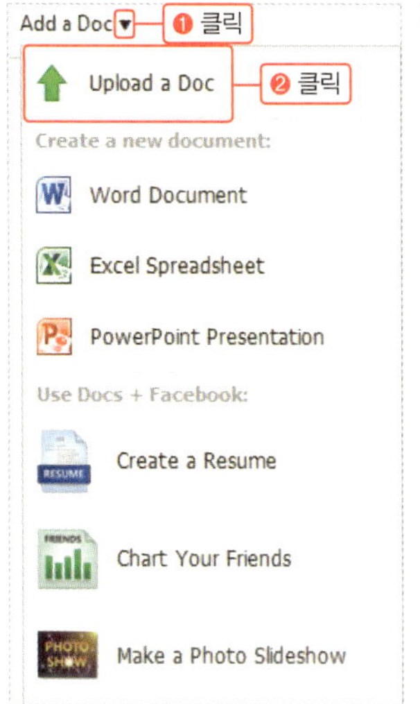

▶ **3** [Add a Doc]를 클릭하고 [Upload a Doc]를 선택하여 문서를 업로드해보겠습니다.

▶ **4** [Drag and drop your docs here]로 파일을 드래그하여 옮겨놓거나 [click here to browse for files]를 클릭합니다.

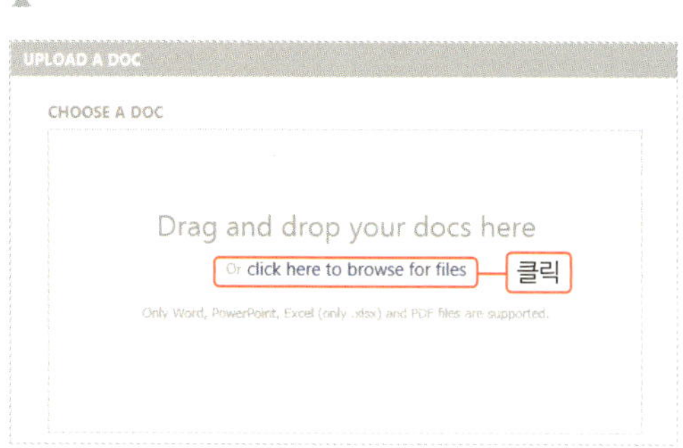

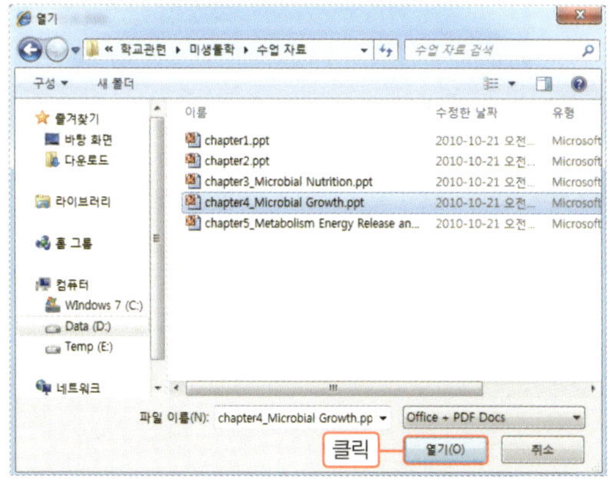

▶ **5** [열기] 대화상자가 나타나면 업로드할 파일을 선택한 후 [열기]를 클릭합니다. 여러 개의 파일을 선택하고자 하면 **Ctrl**을 누른 상태에서 마우스로 클릭하여 선택할 수 있습니다.

6 파일이 선택되면 화면을 아래로 옮겨 [TAGS]에 태그를 입력합니다.

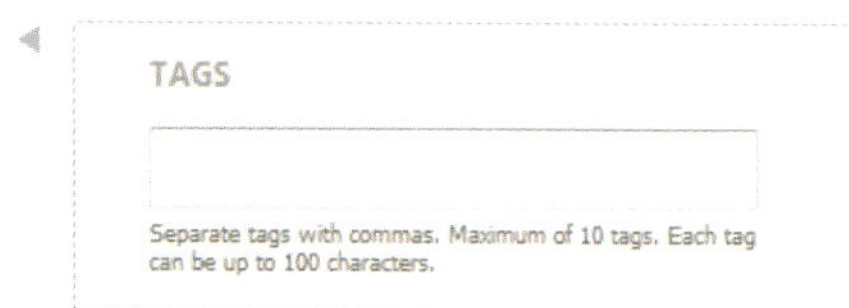

Talk Talk 예를 들어 '미생물학, 수업자료' 식으로 콤마(,)로 태그 구분을 하며 태그는 10개까지 입력할 수 있습니다. 태그를 입력해 놓으면 나중에 자료를 찾을 때 수월합니다.

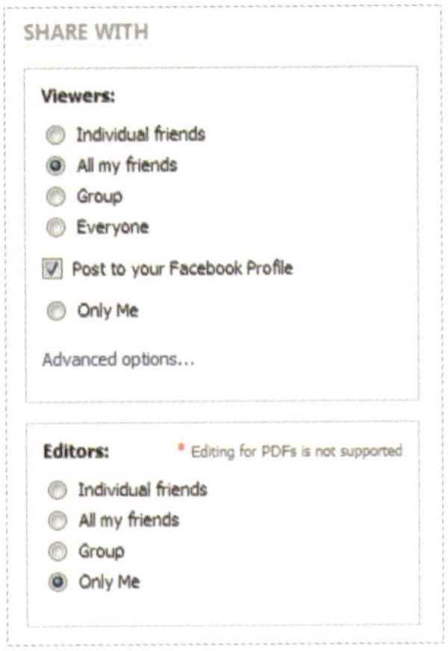

7 [SHARE WITH]에서는 선택한 문서의 공유 설정을 합니다. [Viewers]에서는 이 문서를 볼 수 있는 사람을, [Editors]에서는 이 문서를 수정할 수 있는 사람을 선택합니다.

8 이제 [Upload]를 클릭하여 선택한 문서를 업로드합니다.

9 다음과 같이 권한 요청이 한 번 더 나타나는데 이는 담벼락에 글을 올리거나 뉴스피드의 엑세스 권한에 대한 내용입니다. [Allow]를 클릭합니다.

10 다음과 같이 업로드가 완료되면 방금 올린 파일을 볼 수 있습니다. 업로드된 문서를 클릭합니다.

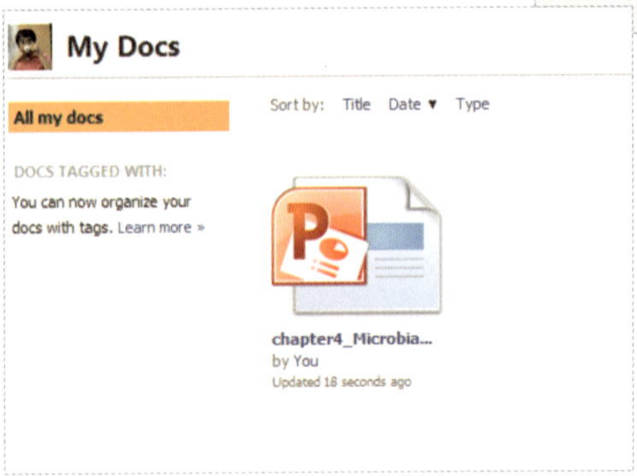

11 다음과 같이 업로드된 문서가 화면에 나타납니다.

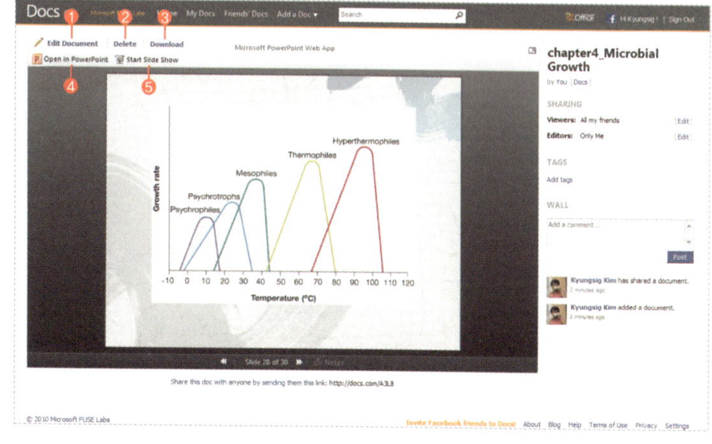

❶ **Edit Document** : 문서를 수정할 수 있습니다.

❷ **Delete** : 문서를 삭제할 수 있습니다.

❸ **Download** : 파일로 다운로드 할 수 있습니다.

❹ **Open in PowerPoint** : PC에 설치되어 있는 파워포인트를 통해 열립니다.

❺ **Start Slide Show** : 새 창이 열리면서 슬라이드 쇼가 진행됩니다.

03 Docs에서 오피스 파일 작성하기

Docs에서는 파일 업로드 뿐만 아니라 문서 작성도 가능합니다. 업로드된 파일을 수정하거나 새로운 문서를 만들어 오피스 문서를 작성할 수 있습니다. 이제 온라인에서 직접 오피스 문서를 작성하는 방법에 대해 알아보겠습니다.

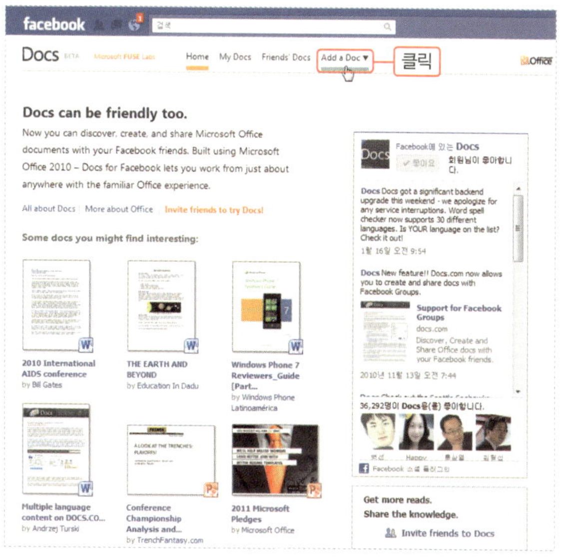

1 페이스북 앱 목록에서 [Docs]를 선택하면 나타나는 Docs 페이지에서 [Add a Doc]를 클릭합니다.

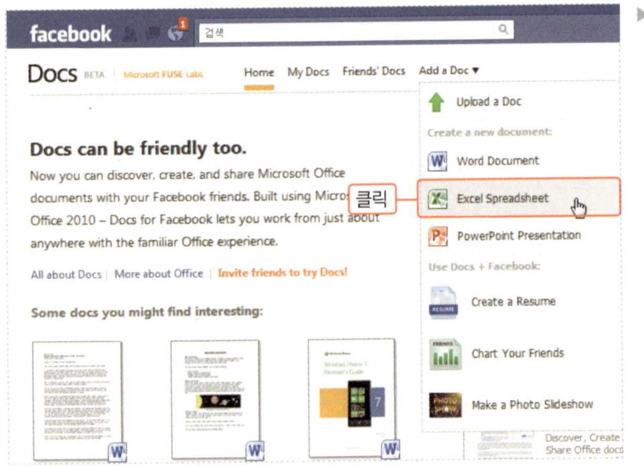

▶ **2** 새로운 엑셀 문서를 만들기 위해 [Create a new document]를 클릭하여 워드, 엑셀, 파워포인트 중에서 원하는 문서 종류를 선택합니다. 여기에서는 엑셀을 선택하였습니다.

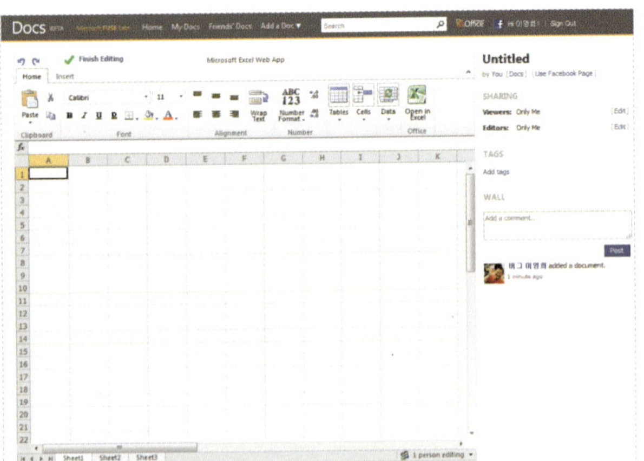

▶ **3** 엑셀 화면이 실행된 것을 볼 수 있습니다. 이제 엑셀 프로그램을 사용하듯이 엑셀 문서를 작성하면 됩니다.

4 Docs만을 이용해서 간단하게 샘플 문서를 작성해 보았습니다. 오른쪽 위를 클릭하면 제목을 설정할 수 있습니다.

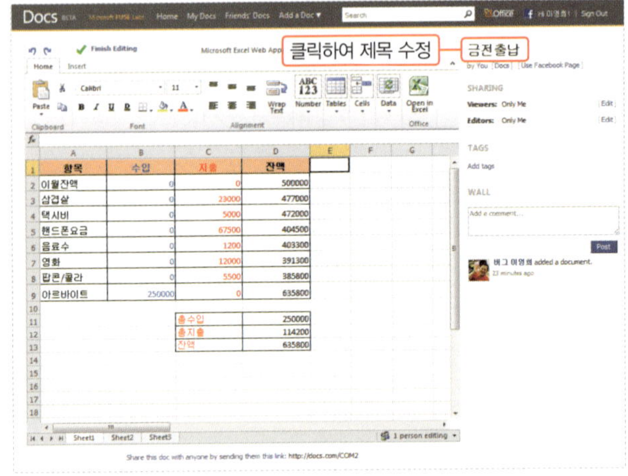

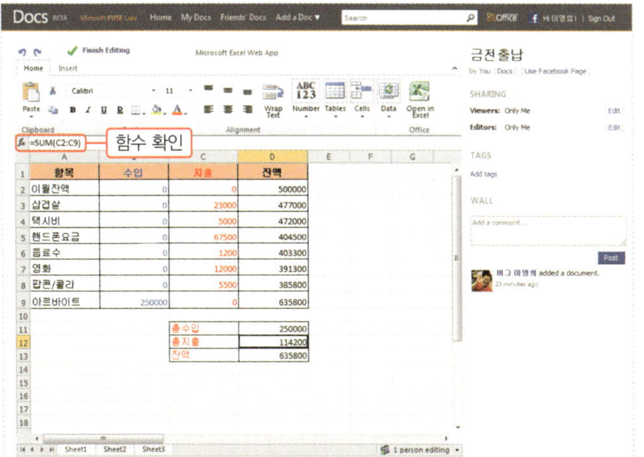

5 다른 엑셀의 기본 함수들도 정상적으로 작동하는 것을 확인할 수 있습니다.

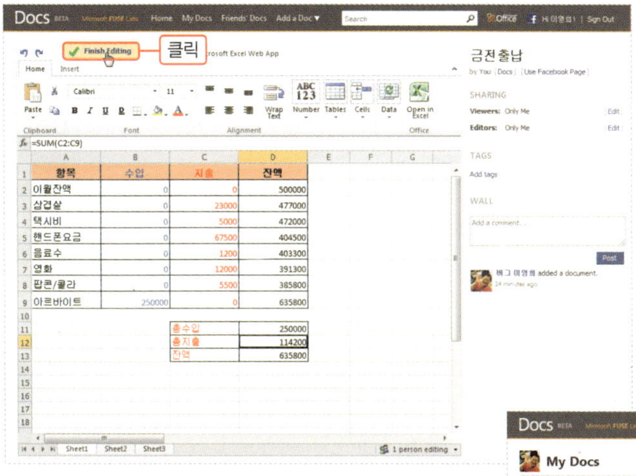

6 엑셀 문서 작성을 마쳤으면 [Finish Editing]을 클릭하여 문서를 저장하고 빠져나옵니다.

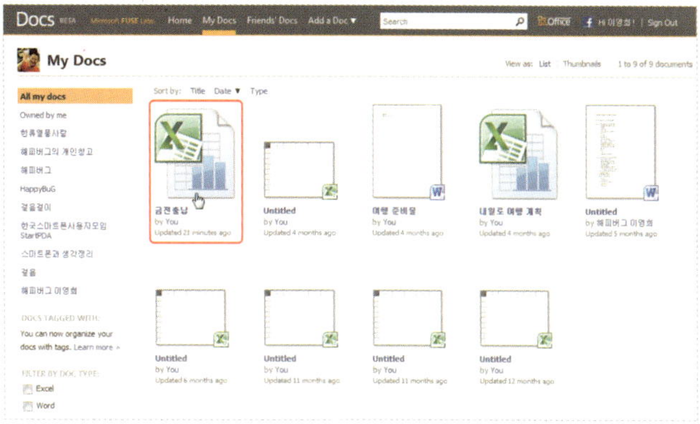

MS오피스나 Docs를 이용하여 문서를 작성하다 보면 완성된 내용이라 하더라도 수정하는 경우가 많습니다. 새롭게 추가할 항목이 있거나 삭제하고 수정할 내용이 있을 것입니다. 또한 Docs는 MS오피스의 모든 기능을 지원하지 않기 때문에 일부 기능을 구현하기 위해서는 MS오피스를 이용하여 편집해야 할 때도 있습니다. 이번에는 작성한 파일을 어떻게 수정하는지 알아보고, Docs에서 작성한 문서를 다운로드하여 MS오피스에서 수정하는 방법을 알아보겠습니다.

1 Docs 페이지의 [My Docs]를 클릭하여 작성하거나 업로드한 문서 목록을 확인합니다.

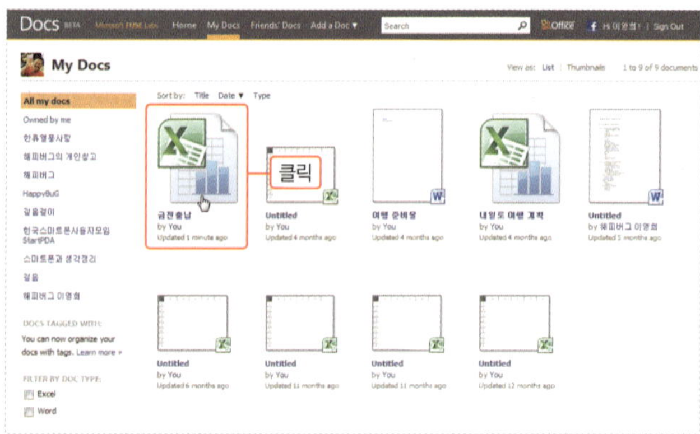

2 수정한 문서를 선택한 후 클릭하면 문서가 열립니다.

3 문서를 수정할 때와는 비슷하지만 조금은 다른 화면입니다. 문서를 수정할 수 있는 상태가 아닌 문서 확인만 가능한 상태입니다. [Edit Document]를 클릭해야 문서를 수정할 수 있습니다.

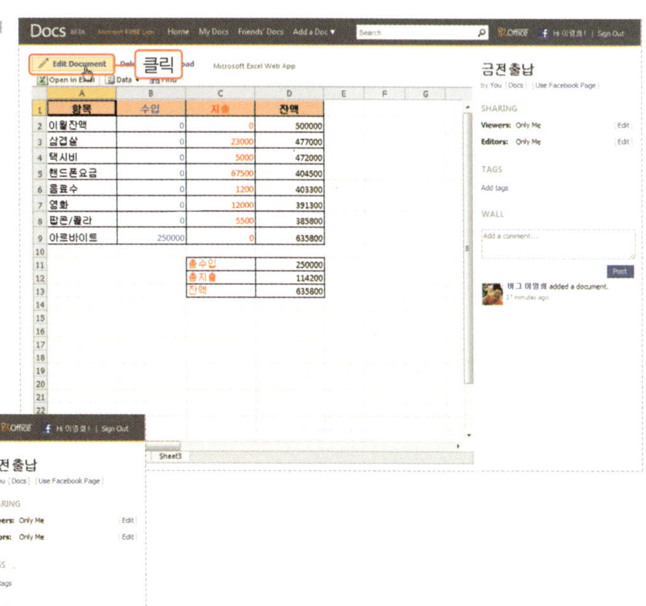

4 아래에 한 줄을 추가하여 총액 계산 함수를 바꿔주고 다시 저장합니다. 같은 방법으로 사용자의 컴퓨터에 오피스가 설치되어 있지 않더라도 문서 작성과 수정이 가능합니다.

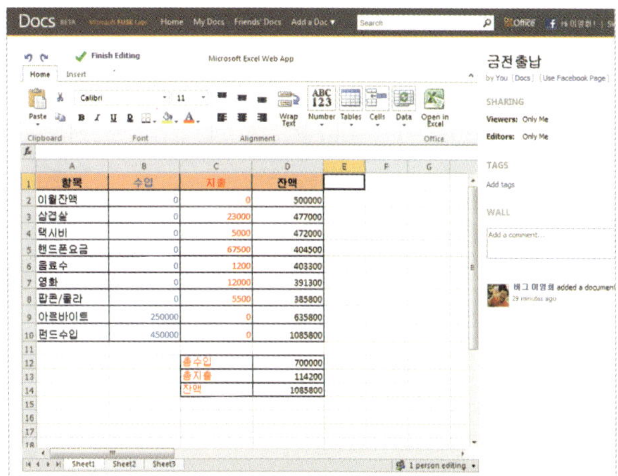

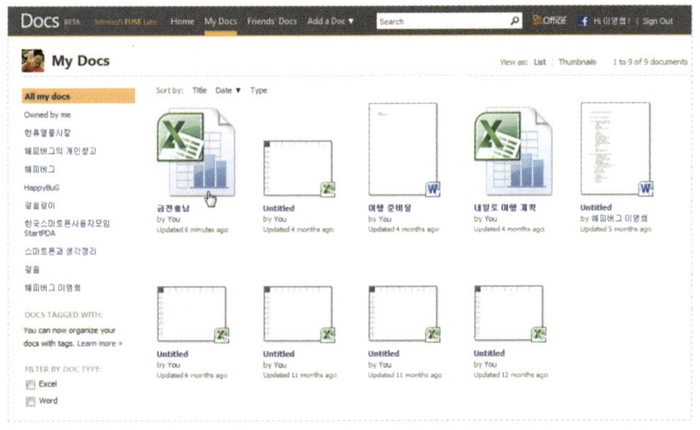

5 이제 작성하고 수정한 문서를 다운로드하여 컴퓨터에 설치되어 있는 오피스로 열어보겠습니다. Docs 페이지의 [My Docs]를 클릭하여 다운로드할 문서를 선택합니다.

6 [Download]를 클릭하여 문서를 다운로드받거나 [Open in Excel]을 클릭하여 컴퓨터에 설치된 오피스 프로그램에서 바로 문서를 열 수도 있습니다. 여기서는 [Download]를 클릭합니다.

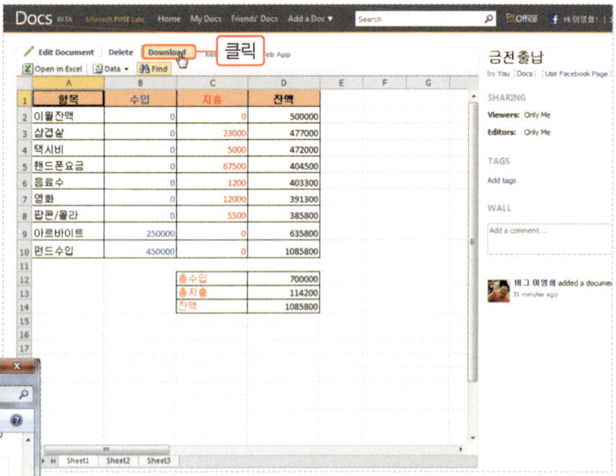

7 다운로드 받은 뒤 문서를 실행합니다. 파일명은 임의로 저장할 수 있습니다.

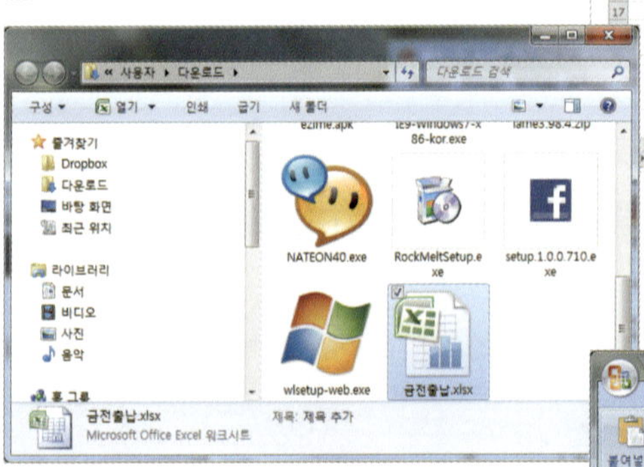

8 엑셀에서 다운로드받은 파일이 열리는 것을 확인할 수 있습니다.

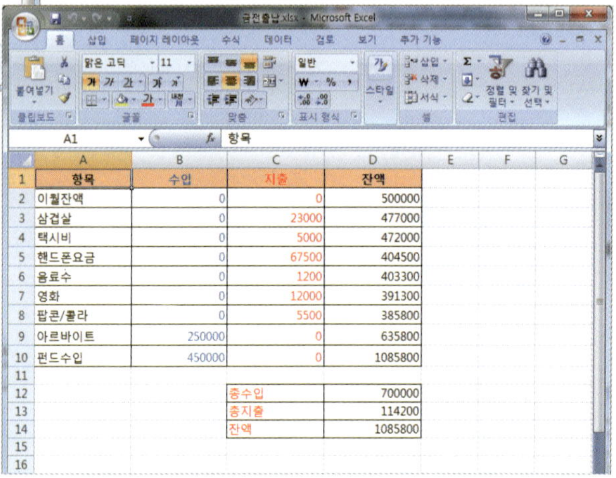

04 Docs에서 친구들과 문서 공유하기

Docs에서 단지 문서의 작성과 수정만 가능하다면, 굳이 페이스북과 연동해서 사용할 이유가 없습니다. 페이스북에 Docs를 연동해 두면 작성한 문서는 다른 친구들과 공유하고 함께 문서를 완성해 나갈 수 있기 때문에 공동으로 작업할 때 좋습니다. 친구들과 여행 계획을 짠다거나 여행 준비물 점검을 함께 하며 문서를 완성해 나갈 수 있어 편리하답니다.

▶ **1** 페이스북에 접속한 후 Docs 페이지의 [My Docs]를 클릭합니다.

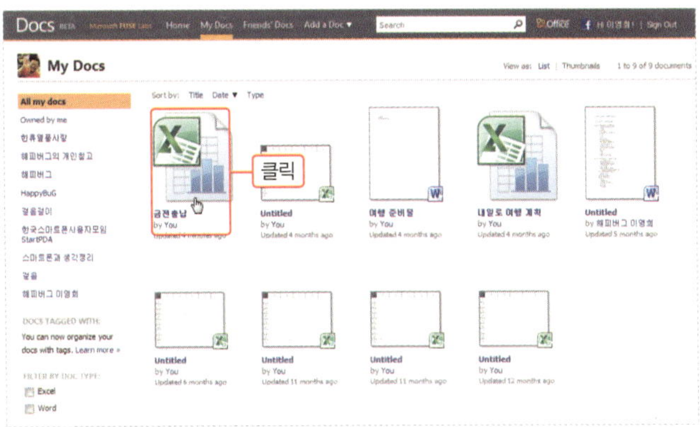

▶ **2** 다른 친구들과 공유하여 사용할 문서를 선택합니다.

3 파일이 열린 상태에서 오른쪽의 [SHARING]이라는 항목에서 파일의 공유를 설정할 수 있습니다. [Viewers]는 보기 권한, [Editors]는 수정 권한입니다. [Viewers]의 [Edit]를 클릭합니다.

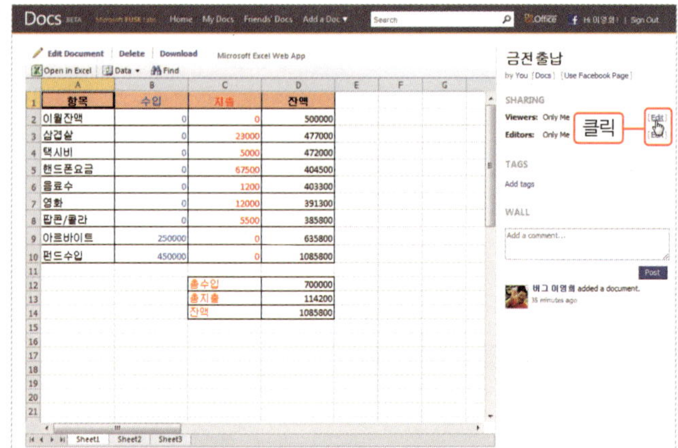

4 금전출납이나 가계부처럼 개인적인 것은 [Only Me]로 설정합니다.

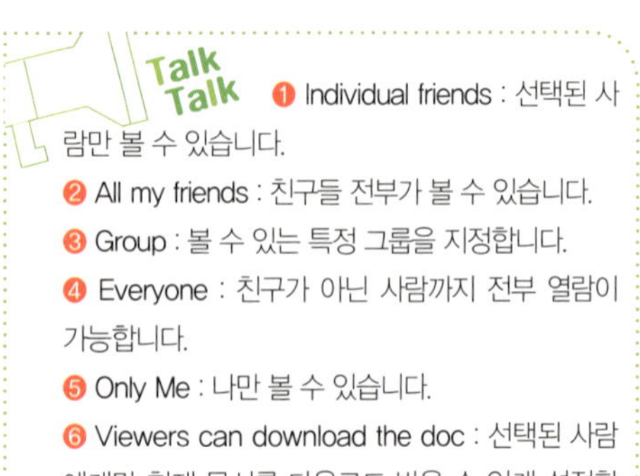

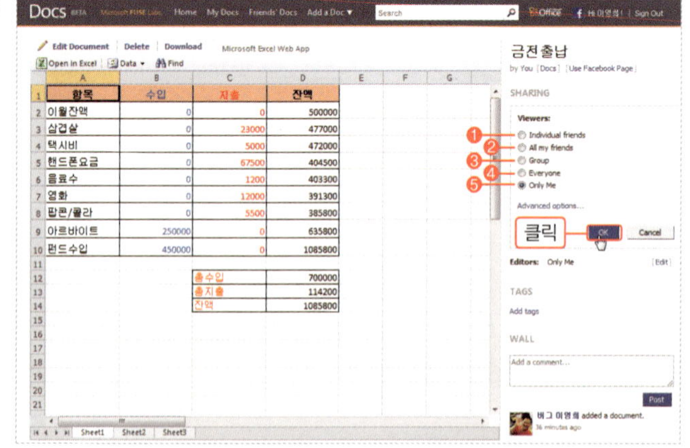

5 [Editors] 역시 [Viewer]와 마찬가지로 선택 항목이 있지만 Everyone은 사용하지 않습니다.

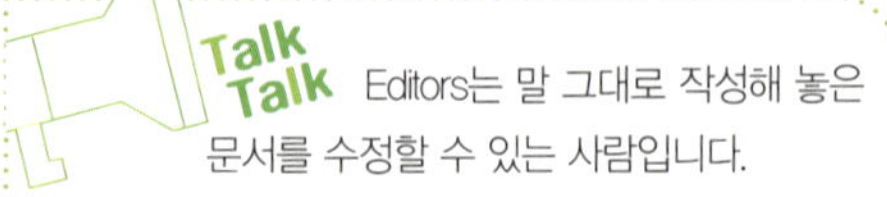

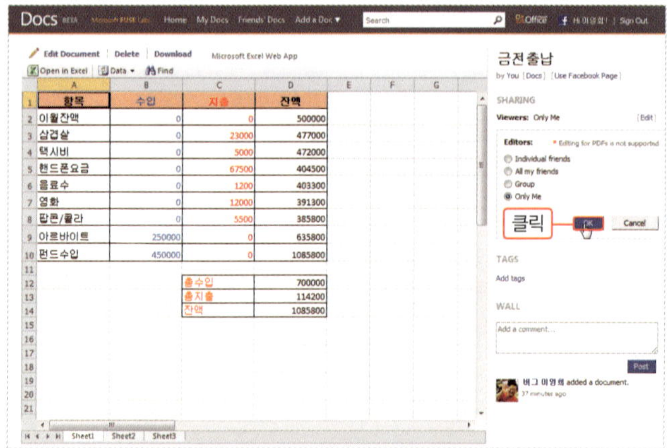

6 같은 방법으로 설정한 공유된 파일을 수정해 보겠습니다. 예를 들어 공동으로 작성해야 할 문서가 있을 때 문서를 작성한 후 페이스북에 연결된 친구도 문서를 수정할 수 있도록 설정하면, 상대방에게 메시지가 전달되어 함께 문서를 수정할 수 있습니다.

Talk Talk 여행 준비물을 작성한다고 할 때, 한 사람이 모든 것을 빠짐없이 준비할 수는 없습니다. 페이스북에 Docs 문서를 공유 놓으면 여러 사람의 의견을 받아서 작성하기에 좋습니다.

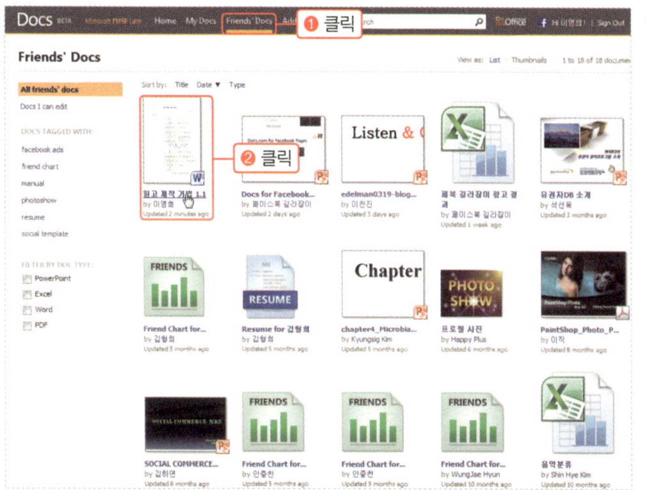

7 Docs로 이동한 후 [Friend's Docs]를 선택하면 친구가 공유해 놓은 문서를 볼 수 있습니다.

8 문서를 열고 내용을 첨부하거나 수정할 수 있습니다. Docs에서는 동시에 두 사람이 접속할 수 없으며, 나중에 접속한 사용자는 문서를 볼 수만 있습니다. [Edit Document]를 클릭하여 문서를 수정할 수 있습니다.

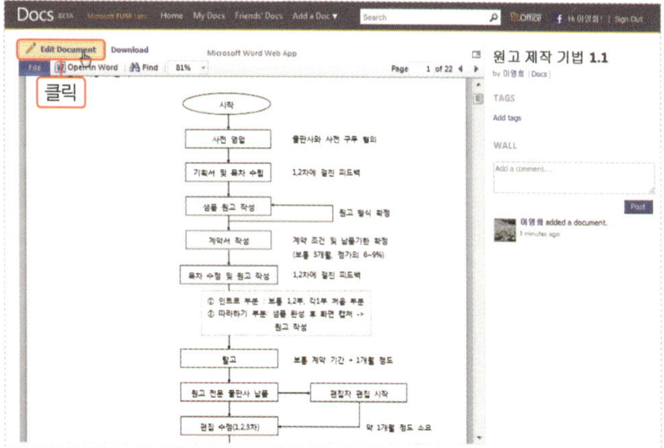

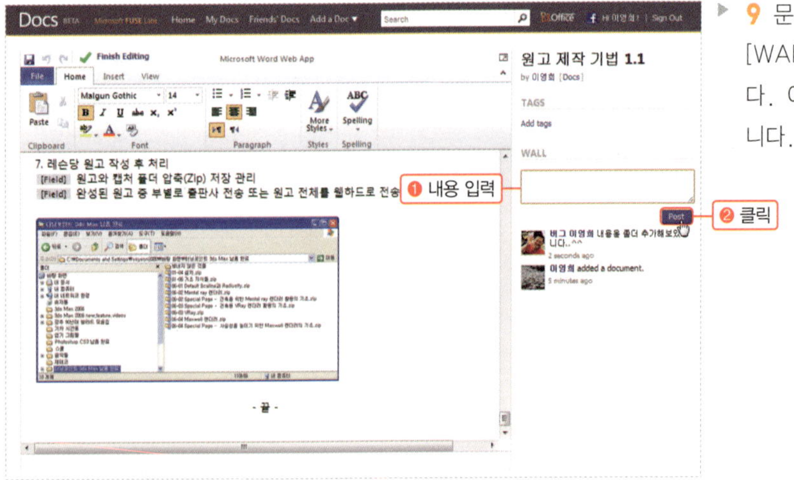

▶ **9** 문서를 수정한 후 오른쪽 메뉴에 있는 [WALL]을 이용하여 글을 남길 수 있습니다. 여기에 남겨진 글은 코멘트로 남겨집니다.

INDEX

INDEX

Spacal Thanks to

Chris Kim	박미정	장성숙
Helena Heekyoung Song	박병선	전영희
임재청	박승준	전용철
엄기영	박애리	전준민
Myoung Bong You	박영우	정경모
강기원	박훈철	정단비
강신영	방효문	정영달
공현용	백정수	정욱래
구홍림	봉호	정원형
김경식	서대선	정청래
김기철	서미숙	제이현
김성수	서윤기	조영선
김용철	송동호	조우영
김윤기	원혜미	조좌형
김일남	유영열	주정석
김진호	유재욱	최연화
김현진	유효승	최유성
김홍기	윤선진	최재언
나영균	이구	한만주
노경훈	이영희	한상준
노준일	이용희	홍은지
박건용	이주자천	이현정
박명수	임경석	
박미선	임현민	